权威·前沿·原创

皮书系列为
"十二五""十三五"国家重点图书出版规划项目

河北省社会科学基金委托项目

京津冀蓝皮书
BLUE BOOK OF
BEIJING-TIANJIN-HEBEI

京津冀经济社会发展报告（2018）

ANNUAL REPORT ON ECONOMIC AND SOCIAL
DEVELOPMENT IN BEIJING-TIANJIN-HEBEI(2018)

区域治理：京津冀协同发展新征程

张 贵 吕荣杰 金 浩 等／著

社会科学文献出版社
SOCIAL SCIENCES ACADEMIC PRESS (CHINA)

图书在版编目(CIP)数据

京津冀经济社会发展报告.2018：区域治理：京津冀协同发展新征程/张贵等著.--北京：社会科学文献出版社，2018.12
（京津冀蓝皮书）
ISBN 978-7-5097-9261-2

Ⅰ.①京… Ⅱ.①张… Ⅲ.①区域经济发展-研究报告-华北地区-2018②社会发展-研究报告-华北地区-2018 Ⅳ.①F127.2

中国版本图书馆CIP数据核字（2018）第281194号

京津冀蓝皮书
京津冀经济社会发展报告（2018）
—— 区域治理：京津冀协同发展新征程

著　者／张　贵　吕荣杰　金　浩　等

出 版 人／谢寿光
项目统筹／恽　薇　高　雁
责任编辑／王婧怡　张春玲

出　　版／社会科学文献出版社·经济与管理分社（010）59367226
　　　　　地址：北京市北三环中路甲29号院华龙大厦　邮编：100029
　　　　　网址：www.ssap.com.cn
发　　行／市场营销中心（010）59367081　59367083
印　　装／三河市龙林印务有限公司
规　　格／开　本：787mm×1092mm　1/16
　　　　　印　张：20.25　字　数：306千字
版　　次／2018年12月第1版　2018年12月第1次印刷
书　　号／ISBN 978-7-5097-9261-2
定　　价／98.00元

皮书序列号／PSN B-2014-380-2/2

本书如有印装质量问题，请与读者服务中心（010-59367028）联系

▲ 版权所有 翻印必究

本书是河北省高等学校人文社会科学重点研究基地、河北省新型智库、河北省软科学基地"河北工业大学京津冀发展研究中心"的标志性成果,获得基地资助;前期相继资助出版了《河北省经济发展报告——率先突破与京津冀协同发展(2017)》《河北省经济发展报告——新常态与京津冀协同发展(2016)》《河北省经济发展报告——京津冀协同发展与河北战略(2015)》《河北省经济发展报告——新型城镇化的路径选择与运行模式(2014)》。

《京津冀经济社会发展报告》蓝皮书编委会

马树强　河北工业大学京津冀发展研究中心教授、博士研究生导师，《京津冀经济社会发展报告》蓝皮书编委会主任

刘　兵　河北工业大学京津冀发展研究中心主任、副校长、教授、博士研究生导师

张　贵　河北工业大学京津冀发展研究中心执行主任、教授、博士研究生导师

孙久文　中国人民大学区域与城市经济研究所所长、教授、博士研究生导师

周立群　南开大学滨海开发研究院常务副院长、教授、博士研究生导师

李家祥　天津师范大学滨海新区经济社会发展研究中心主任、教授、博士研究生导师

武义青　河北经贸大学副校长、教授、博士研究生导师

吕荣杰　河北工业大学经济管理学院院长、教授、博士研究生导师

沈体雁　北京大学首都发展研究院副院长、教授、博士研究生导师

陈鸿雁　河北工业大学宣传部部长、教授

李子彪　河北工业大学人文与法律学院院长、教授、博士研究生导师

梁慧超　河北工业大学马克思主义学院党委书记、教授

任　亮　河北北方学院副院长、教授、博士研究生导师

金　浩　河北工业大学经济管理学院教授、博士研究生导师

王彦林　河北工程大学经济管理学院院长、教授
王雅洁　河北工业大学经济管理学院副教授
张　超　河北工业大学经济管理学院副教授
李　峰　河北工业大学经济管理学院副教授

主要编撰者简介

张　贵　河北工业大学京津冀发展研究中心执行主任、教授、博士研究生导师，英国和澳大利亚的访问学者，河北省政府特殊津贴专家、河北省推进京津冀协同发展专家咨询委员会专家委员、中国工业经济学会工业发展专业委员会副主任、中国经济地理学会常务理事、北京城市管理学会副会长、河北省民营科技实业家协会副会长、河北省政协咨询委员会委员、河北省专家咨询服务协会常务理事、北京市哲学社会科学京津冀协同发展研究基地学术委员会委员、天津发展战略咨询专家、南开大学特约研究员、河北中青年社科专家五十人工程人选、河北省百名优秀创新人才支持计划人选等。研究方向：京津冀区域经济、新型城镇化、战略性新兴产业。在《经济研究》《中国工业经济》等刊物上发表重要学术论文50余篇，出版《高新技术产业成长》《创新驱动与高新技术产业发展》等11部学术著作；主持国家社会科学基金重大项目1项，主持国家社会科学基金项目3项，参与国家重大项目和教育部重大攻关项目4项，主持完成省部级以上项目20多项；获天津市第十四届社科优秀成果一等奖（2016）、第七届高等学校科学研究优秀成果二等奖（集体）（2015）以及其他省市级以上学术成果奖6项。

王雅洁　河北工业大学经济管理学院副教授、硕士生导师，河北省投入产出协会常务理事。研究方向：产业与区域经济发展战略、人力资本管理与组织绩效。主持国家社会科学基金项目1项，参与国家社会科学基金重大项目1项，主持省部级课题4项；发表学术论文20余篇；获得河北省社会科学优秀成果二等奖3项。

张　超　河北工业大学经济管理学院副教授、硕士生导师。研究方向：城市与区域经济。主持国家自然科学基金项目1项，参与国家社会科学基金重大项目、国家自然科学基金重大项目2项，河北省自然科学基金项目1项，河北省社会科学基金项目1项，在《科研管理》《科学学研究》《财经科学》《城市发展研究》等期刊上发表学术论文20余篇。

李　峰　河北工业大学经济管理学院副教授、硕士生导师，中国工业经济学会理事、南开大学滨海开发研究院特邀研究员。研究方向：区域经济与产业创新。参与国家重大项目和教育部重大攻关项目3项，主持完成省部级项目6项；在《光明日报》《河北日报》《经济学家》《天津社会科学》《当代经济管理》等期刊上发表学术论文20余篇，部分论文被《中国社会科学文摘》、人大复印报刊资料《工业经济》转载。

胡　悦　河北工业大学经济管理学院教授、管理学博士，MBA、EMBA、研究生导师，加拿大Guelph大学高级访问学者。主要从事环境管理与可持续发展、组织行为与人力资源管理等领域的研究与教学工作。发表高水平学术论文30余篇；出版专著一部、教材三本；参与国家级重大研究项目3项；主持、参加完成纵、横向科研课题20余项；曾获得河北省教委科技进步一等奖、河北省社会科学优秀成果三等奖等科研奖励。

摘　要

十九大报告从战略高度出发，对国家治理体系和治理能力现代化提出了一系列新要求，首次明确提出了国家治理现代化的时间表和路线图，区域治理是国家治理体系的重要组成部分。京津冀协同发展不断推进，在交通一体化、生态环境保护、产业转移升级等重点领域率先取得了突破，但是，仍然面临一系列深层次的不平衡、不充分发展难题亟待破解，区域治理是京津冀协同发展的制度性选择。本报告以区域治理为主线，深入分析京津冀城市、创新、交通、文化等多方面的治理问题，由总报告和专题报告两部分组成，共12篇研究报告。

总报告通过对京津冀区域治理的理论基础和机理进行分析，结合京津冀区域治理的现状，以及与国内外区域治理进行比较，提出了基于MSMC（使命—系统—机制—共同体）框架的京津冀区域治理思路，并从效能性、公平性、参与度、责任性、安全性五方面构建区域治理指数，对京津冀、长三角、珠三角地区2005～2016年数据进行比较分析，发现京津冀与长三角、珠三角的区域治理指数水平差距不断缩小，并趋于稳定，但仍处于区域治理的初级阶段，政府主导的区域治理模式是最适合京津冀协同发展的方式，但随着京津冀协同发展的不断成熟，网络治理模式将是其最终选择。京津冀在区域治理过程中，应当发挥政府、企业和社会的多方力量，通过构建科学合理的政府行政机制、公平自由的市场机制和立体完善的利益共享机制，进行区域制度创新，推进京津冀区域治理，实现京津冀协同发展。

专题报告分别从城市治理、创新治理、公司治理、文化治理、生态治理、产业治理等方面论述京津冀区域治理问题。报告分析发现：京津冀城市群治理水平与长三角、珠三角差距显著，这主要源于京津冀城市在"地方

品质"上的巨大"落差";京津冀三地之间的区域创新治理体系发展不平衡,呈现北京独占鳌头,津冀落后追赶的状态;中国上市公司治理指数北京最高、河北次之、天津较低,京津冀协同发展中北京、天津、河北三地的上市公司之间可以通过并购重组、交叉持股等方式进行区域融合,通过利益相关者治理促进三地经济水平提升;引入公共参与机制重塑京津冀交通治理的基础、层次和路径;文化治理体系特征更加多元,包括体系结构的复杂化与开放性、运行机制的市场化与平等性、功能内容的复合化与包容性、方式手段的协同化与参与性、整体格局的网络化与互动性;京津冀整体生态状况不断改善,各地区呈现不同的建设程度和治理力度,与产业耦合度不一;雄安新区创新生态系统的构建是与京津冀创新生态体系嵌套、互动的创新生态系统,须从大区域、大创新生态体系实现整个区域创新生态体系的耦合;京津冀人力资源配置效率整体呈现逐年提高的发展态势,聚集特征呈现由负向空间自相关演变为正向空间自相关的发展态势;京津冀三地高技术产业整体治理水平逐步提高,但河北与京津治理水平还存在较大差距;京津冀电子信息产业发展存在发展能力不均衡、政府支持能力和企业战略能力有待提高、产业创新能力相对不足等问题。最后,提出京津冀流动人口治理的政策建议。

Abstract

Starting from a strategic perspective, the report of the 19th National Congress of the Communist Party of China puts forward a series of new requirements for the modernization of the national governmental system and governmental ability. And the timetable and road map for the modernization of state governance are clearly put forward for the first time, and regional governance is an important part of the national governmental system. The coordinated development of Beijing-Tianjin-Hebei has been continuously promoted, and breakthroughs have been made in key areas such as transportation integration, ecological environmental protection, and industrial transfer and upgrading, however, it still faces a series of deep-rooted problems of imbalance and inadequacy to be solved. And regional governance is the institutional choice for the coordinated development of Beijing-Tianjin-Hebei. This report takes the regional governance as the main line, and makes a deep analysis of the governance issues of the Beijing-Tianjin-Hebei in some aspects such as city, innovation, transportation and culture. It consists of two parts, namely the general report and the special reports, with a total of 12 research reports.

Combining the status quo of Beijing-Tianjin-Hebei regional governance, and comparing with regional governance at home and abroad, the general report analyzes the theoretical basis and mechanism of Beijing-Tianjin-Hebei regional governance, and proposes a Beijing-Tianjin-Hebei regional governance approach based on the MSMC (Mission-System-Mechanism-Community) framework, and builds a regional governance index from the aspects of effectiveness, fairness, participation, responsibility and security. After comparing and analyzing the data

of Beijing-Tianjin-Hebei, Yangtze River Delta, and Pearl River Delta regions from 2005 to 2016, it finds that the gap of regional governance index between the Beijing-Tianjin-Hebei region and the Yangtze River Delta and the Pearl River Delta has been narrowed and stabilized, but the regional governance index of Beijing-Tianjin-Hebei is still in the initial stage of regional governance. The government-oriented regional governance model is the most suitable way for the coordinated development of Beijing-Tianjin-Hebei, however, with the continuous development of the coordinated development of Beijing-Tianjin-Hebei, the network governmental model will be its ultimate choice. In the process of regional governance in Beijing-Tianjin-Hebei, we should exert the multi-party strength of the government, enterprises and society, and build a scientific and rational government administrative mechanism, a fair and free market mechanism and a three-dimensional perfect interest sharing mechanism to carry out regional institutional innovation and promote regional governance to achieve coordinated development of Beijing-Tianjin-Hebei.

The special reports discuss the regional governance issues of Beijing-Tianjin-Hebei from the aspects of urban governance, innovation governance, corporate governance, cultural governance, ecological governance and industrial governance respectively. The report finds that the Beijing-Tianjin-Hebei urban agglomeration governance level is significantly different from that in the Yangtze River Delta and the Pearl River Delta, and it is mainly because of the huge gap in the "local quality" of the cities in Beijing-Tianjin-Hebei; the development of regional innovation governance system between Beijing, Tianjin and Hebei is unbalanced, showing the condition that Beijing is the leader and Tianjin and Hebei are catching up; among China's listed company governance index, Beijing is the highest, followed by Hebei and Tianjin; the listed companies in Beijing-Tianjin-Hebei can be regionally integrated through mergers and acquisitions and cross-shareholding in the coordinated development of Beijing-Tianjin-Hebei; and the economic level in these three regions can be improved by stakeholders' governance; public participation mechanism is introduced to reshape the foundation, level and path of Beijing-Tianjin-Hebei traffic management; the characteristics of the cultural governance system are more diverse, including the complexity and openness of the architecture, the marketization and equality of the operational mechanism, the combination and inclusiveness of the functional content, the synergy and participation of the means, and the networking and interactivity of the overall structure; the overall ecological situation of Beijing-Tianjin-Hebei has been continuously improved, and different regions have different levels of construction and governance, and the degree of coupling with the industry is different; the construction of the innovation ecosystem in Xiongan New District is an innovative ecosystem nested and interactive with the Beijing-Tianjin-Hebei innovation ecosystem; it is necessary to realize the coupling of the entire regional innovation ecosystem from large-region and large-innovation ecosystems; the overall efficiency of human resource allocation in Beijing-Tianjin-Hebei has been increasing year by year, and the aggregation characteristics have evolved from negative spatial autocorrelation to positive spatial autocorrelation; the overall level of high-tech industry in Beijing, Tianjin and Hebei has gradually improved, but there is still a big gap between Hebei and Beijing-Tianjin governance; the development of the Beijing-Tianjin-Hebei's electronic information industry has problems such as uneven development capacity, government support capacity and corporate strategic capabilities to be improved, and relatively insufficient industrial innovation capability. Finally, this part puts forward policy suggestions for the management of floating population in Beijing-Tianjin-Hebei.

目 录

Ⅰ 总报告

B.1 区域治理：新时代京津冀协同发展新征程 …………………… / 001
  一 区域治理：有效推动京津冀协同发展的制度性选择 …… / 003
  二 京津冀区域治理的理论基础和机制分析 ………………… / 005
  三 京津冀区域治理的现状与国内外比较分析 ……………… / 010
  四 基于MSMC框架的京津冀区域治理思路和内容 ………… / 019
  五 区域治理指数评价与分析：京津冀、长三角、
    珠三角的比较 ……………………………………………… / 023
  六 京津冀区域治理的模式分析 ……………………………… / 038
  七 推进京津冀区域治理的政策建议 ………………………… / 040

Ⅱ 专题报告

B.2 京津冀城市治理与空间品质升级 ……………………………… / 045
B.3 京津冀区域创新治理指数研究 ………………………………… / 081

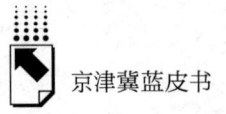

B.4 公司治理与京津冀地区经济发展
　　——基于2003~2017年中国上市公司治理指数CCGI分析
　　………………………………………………………… / 099

B.5 京津冀城市交通治理的路径选择 ……………………… / 121

B.6 京津冀区域文化治理体系的结构与战略选择 ………… / 138

B.7 京津冀生态治理兼论产业结构的生态耦合 …………… / 172

B.8 雄安新区创新生态构建与京津冀协同创新的耦合治理 … / 194

B.9 京津冀人力资源配置的效率与治理 …………………… / 217

B.10 京津冀高技术产业治理与路径选择 …………………… / 241

B.11 京津冀电子信息产业一体化与治理 …………………… / 267

B.12 京津冀协同发展背景下的区域流动人口治理研究 …… / 287

B.13 后　记 …………………………………………………… / 302

皮书数据库阅读使用指南

CONTENTS

I General Report

B.1 Regional governance: a new journey in the new era of Beijing-Tianjin-
Hebei cooperation / 001

    1. Regional governance: an institutional choice to effectively promote the coordinated development of Beijing-Tianjin-Hebei / 003

    2. Theoretical basis and mechanism analysis of Beijing-Tianjin-Hebei regional governance / 005

    3. The status quo of regional governance in Beijing-Tianjin-Hebei and comparative analysis at home and abroad / 010

    4. Regional governance approach and contents based on MSMC framework in Beijing-Tianjin-Hebei / 019

    5. Evaluation and analysis of regional governance index: comparison of Beijing-Tianjin-Hebei, Yangtze River Delta and Pearl River Delta / 023

    6. Analysis of the mode of regional governance in Beijing-Tianjin-Hebei / 038

    7. Policy suggestions for promoting regional governance in Beijing-Tianjin-Hebei / 040

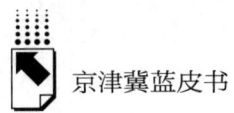

Ⅱ Special Reports

B.2	Urban Governance and Spatial Quality Upgrading in Beijing-Tianjin-Hebei	/ 045
B.3	Regional Innovation Governance and Innovation Development in Beijing-Tianjin-Hebei	/ 081
B.4	Corporate Governance and Regional Economic Development in Beijing-Tianjin-Hebei	/ 099
B.5	The Path Choice of Beijing-Tianjin-Hebei Urban Traffic Management	/ 121
B.6	The Structure and Strategic Choice of Beijing-Tianjin-Hebei Regional Cultural Governance System	/ 138
B.7	Ecological Governance of Beijing-Tianjin-Hebei and Ecological Coupling of Industrial Structure	/ 172
B.8	The Innovation and Ecological Construction in Xiong'an New District and Collaborative Innovation of Beijing-Tianjin-Hebei	/ 194
B.9	Efficiency and Governance of Human Resources Allocation in Beijing-Tianjin-Hebei	/ 217
B.10	High-tech Industry Governance and Path Choice in Beijing-Tianjin-Hebei	/ 241
B.11	Electronic Information Industry Integration and Governance in Beijing-Tianjin-Hebei	/ 267
B.12	Regional Floating Population Governance under the Background of Beijing-Tianjin-Hebei Coordinated Development	/ 287
B.13	Postscript	/ 302

总 报 告

General Report

B.1
区域治理：新时代京津冀协同发展新征程

张贵 王宏 吕荣杰 金浩

摘 要： 设立雄安新区标志着京津冀协同发展进入新阶段。本报告提出，区域治理是京津冀协同发展新阶段的制度性的必然选择。通过对京津冀区域治理的理论基础和机制进行分析，结合京津冀区域治理的现状，以及与国内外区域治理进行比较，本报告提出了基于MSMC（使命—系统—机制—共同体）框架的京津冀区域治理思路，选择京津冀地区、长三角地区和珠三角地区2005～2016年的数据构建区域治理绩效评价指标体

---

* 张贵，河北工业大学教授、博士研究生导师，京津冀发展研究中心执行主任；王宏，河北工业大学经济管理学院博士研究生；吕荣杰，河北工业大学经济管理学院院长、教授、博士研究生导师，京津冀发展研究中心副主任；金浩，河北工业大学经济管理学院教授、博士研究生导师，京津冀发展研究中心副主任。

系（简称"区域治理指数"）进行比较分析；结果表明，近年来京津冀地区、长三角地区和珠三角地区的区域治理指数水平差距不断缩小，并趋于稳定，当前京津冀地区处于区域治理的初级阶段，政府主导的区域治理模式是最适合京津冀协同发展的方式，京津冀协同发展进入成熟阶段后，必然会选择以市场为主的区域治理模式，结合当今社会已经进入网络社会的情况，对京津冀区域治理最终会选择网络治理模式，京津冀在区域治理过程中，应当发挥政府、企业和社会的多方力量，通过构建科学合理的政府行政机制、公平自由的市场机制和立体完善的利益共享机制，进行区域制度创新，推进京津冀区域治理，实现京津冀协同发展。

关键词： 京津冀协同发展　MSMC 框架　区域治理指数

自2017年4月1日中共中央、国务院批准设立雄安新区之后，京津冀协同发展又迈入了一个新的发展阶段，众多标志性历史时刻见证了京津冀协同发展的阔步前进。2017年10月18日，十九大报告明确指出："以疏解北京非首都功能为'牛鼻子'推动京津冀协同发展，高起点规划、高标准建设雄安新区。"2018年4月14日，中共中央、国务院正式批复《河北雄安新区规划纲要》，这是党中央深入推进京津冀协同发展做出的一项重大决策部署。然而，京津冀协同发展是一个长期的历史进程，不是一蹴而就的。京津冀在协同发展的初期，已经取得了一些成就，同时也必然会出现一些新情况，存在一些新问题。那么，如何解决这些新问题？现阶段京津冀区域治理的评价是怎样的？应当如何巩固当前的优势，纠正当前协同过程中出现的问题？上述几个问题将是本报告着重解决的核心问题。

一 区域治理：有效推动京津冀协同发展的制度性选择

（一）不平衡不充分：京津冀协同发展面临的难题

京津冀协同发展开局良好，经过四年多的建设，京津冀在交通一体化、生态环境保护、产业升级转移等重点领域率先取得了突破。然而，在新时代背景下，与较为成熟的大城市群相比，京津冀协同发展还面临一系列深层次的不平衡不充分难题亟待破解。

1. 京津冀协同发展不平衡的难题

京津冀协同发展不平衡具体表现在如下五个方面：一是空间布局不平衡，京津冀区域没有形成合理的城市群等级结构，京津超大城市的"大城市病"与河北省城市整体性不强并存；二是创新发展不平衡，北京一枝独秀，形成的"中心－外围"格局凸显；三是经济发展不平衡，京津冀三地分别处于工业化、信息化、城镇化、农业现代化的不同阶段，经济结构和新旧动能严重不匹配；四是协调发展、行政区分割不平衡，"行政区行政"现象明显，使京津冀区际要素流动、产业转移和商品贸易不畅通；五是城乡之间、居民财产与收入之间不平衡，京津冀三地之间的发展差距形成巨大的"双重三元结构"（"双重"是指发达的中心城市、落后的周边及乡村革命老区，包括"环京津贫困带"；"三元"是指城市居民、乡村农民和外来移民），并且还存在继续拉大的趋势。

2. 京津冀协同发展不充分的难题

京津冀协同发展不充分具体表现在如下五个方面：一是体制机制创新不充分，导致三大重点领域未能持续推进的关键掣肘因素尚未得到有效解决；二是区际合作不充分，京津冀三方合作陷入了共识多、行动少，协议多、落实少，政府行动多、市场和社会响应少，顶层设计多、具体操作少等的怪圈；三是改革开放不充分，导致创新驱动不足和市场活力较弱；四是公共服务供给不充分，导致区域城乡差距逐渐拉大；五是生态环境治理

不充分,导致脆弱的生态环境、超强的开发垦殖、生态与贫困交织等严峻现实。

上述这些难题反映了京津冀协同发展主要存在以下三大瓶颈:一是现行体制硬制约,京津冀协同发展缺乏统一的管理机构协调和解决区域内的各种公共问题;二是市场疲软,呈现"强政府、弱市场"的格局;三是社会组织机构尚缺位,京津冀地区的社会组织数量较少,参与能力较弱,难以承担推进京津冀区域协调发展的职能。

(二)区域治理:京津冀协同发展的制度性选择

区域治理本质上是一种制度的系统创新。区域治理的目的是治理主体在各方利益诉求的调和中通过联合行动获得区域整体利益的最大化;区域治理的本质是区域体制机制的创新;区域治理的路径是在有效的制度架构下通过政府、社会与市场的相互协作实现共治。

总体来说,京津冀协同发展选择区域治理有多方面的原因,主要归纳为如下四个方面。

一是在国外实践方面,发达国家大都市区发展的成功实践,为国内和京津冀区域治理的实施提供了有关经验。

二是在国内实践方面,区域治理的实质是国家空间选择性的权力从中央到地方空间转移下放的过程,是在中央政府为应对城市间的恶性竞争以及区域监管缺位带来的问题的背景下形成的。

三是在京津冀协同发展方面,区域治理已经取得如下成效。例如,"行政区行政"现象明显趋缓,京津冀的城市发展正在从"单中心"向"多中心"转变,政府的行政干预力量有所减弱,行政区分割和行政地位逐步对等。

四是在理论准备方面,在区域治理理论的体系、区域治理的机制、区域治理理论指导实践、区域治理机制四种视角下的区域治理过程既呈现了区域治理的发展规律,也从理论上为京津冀通过区域治理解决协同发展问题指明了方向。

二 京津冀区域治理的理论基础和机制分析

(一)京津冀区域治理的理论基础

本报告拟从多中心治理理论、新经济地理理论、整体性治理理论、适应性治理理论和生态系统理论五大视角,深入探讨区域治理在解决京津冀协同发展重大理论与实践问题中的作用和表现。

1. 多中心治理理论:立足于"决策—协调—执行"相衔接的综合治理新范式

多中心治理理论强调政府向社会分权、权力回归于民众,民间社会兴起,国家政府权力相对弱化,并鼓励民众参与地方公共事务管理的全过程,倡导培养和提升民众的自主管理能力。在多中心治理理论的研究视野下,京津冀协同治理的顶层设计应该具有一种全观性的视野,区域问题的解决或政策的推动,应该做好寻求从中央到地方、从政府到社会、从规划到市场、从正式制度到非正式合作的结合,通过多主体的协作式治理统领全局,推动京津冀协同发展和京津冀一体化进程。

2. 新经济地理理论:创新京津冀区域治理体系

新经济地理理论主要研究市场和地理之间的相互联系,是将运输成本纳入理论分析框架,[①] 得出不同于传统区域经济理论的观点。本报告结合新经济地理理论研究分析京津冀协同发展区域治理过程,分别从京津冀地区的空间结构演进规律、资源环境承载能力评价、区域政策体系和空间规划体系等方面展开研究,提升京津冀地区的空间结构演变预测能力、可持续发展状态的评估能力、区域发展调控决策能力等,完善京津冀区域治理政策体系。

3. 整体性治理理论:突破京津冀区域治理"困境"的新机制、新模式、新途径

英国著名学者希克斯从总体性的视角审视政府失灵问题,主张采取

---

① Krugman, P., "Increasing Returns and Economic Geography", *The Journal of Political Economy*, 1991, Vol. 99 (3).

"整体性政府"策略,并在此基础上提出了整体性治理的要求。整体性治理不仅强调通过对政府内部各部门的整合以应对公共事务的治理,而且强调政府和企业以及非营利组织共同协作形成整体进行治理。整体性治理对于本报告提出的区域治理新机制、新模式以及新途径具有重要的启发与应用意义。

4. 适应性治理理论:基于弹性机制的京津冀区域治理新方案

奥斯特罗姆(Ostrom)在"系统科学的兴起→适应性管理→适应性共管"思想发展脉络的基础上,进一步提出了适应性治理理论。① 适应性治理是一种环境治理的新机制,其治理目标是通过赋予管理体制足够的弹性、多元互动的路径,强化决策过程的开放度与透明性,增加现行制度的适应性。本报告中的适应性治理是指能够根据当地经济、政治、生态环境等因素的实际情况对区域治理做出具有弹性和灵活性的制度安排,以应对区域协同发展和治理问题的动态复杂性。结合适应性治理理论,本报告认为在京津冀重点问题领域合作方面,要优化生态补偿机制,构建全面合理的交通一体化网络,根据京津冀各地的战略定位,重新思考和取舍产业一体化承接的各个方面,全面推进公共服务均等化、普惠化和同城化;在构建整体性的指数考核体系方面,应该协调地方短期利益与长期利益之间的平衡,构建科学的区域治理指数评价指标体系,反映近年来京津冀地区的区域治理水平,剖析京津冀区域治理的进展情况。

5. 生态系统理论:基于创新生态的京津冀创新治理是区域治理思路的升华

区域协同发展和经济社会发展均具有类自然的属性,表现为自组织、自演化的区域生态系统。区域治理亦是从这个角度出发,将区域生态系统作为一种制度分析方法,包括社会生态系统、创新生态系统、产业生态系统、政府生态系统和市场生态系统等。基于创新生态的京津冀创新治理是区域治理思路的升华,京津冀地区已经基本形成了由研究群落(北京)、开发群落(天津)和应用群落(河北)构成的创新生态系统,本报告将从多视角、多

---

① Ostrom, E., *Governing the Commons*: *The Evolution of Institutions for Collective Action*, New York: Cambridge University Press, 1990, p. 94.

层面讨论如何实施和推动创新生态系统战略,进而驱动京津冀地区的企业、产业和科学技术的发展,促进京津冀三大群落在增加自身优势生态位宽度的基础上,提高自身资源优势对系统的贡献,提升京津冀创新生态系统的整体发展水平。

(二)京津冀区域治理的机制分析

京津冀区域治理是一项复杂的系统工程,它涉及京津冀地区社会生活的方方面面,既包括中央政府和京津冀三地政府行政权力的运用,又包括市场力量作用的发挥,同时也涵盖社会公众权利的行使。

1. 京津冀区域治理的要素

(1)京津冀区域治理的主体

京津冀区域治理的主体主要包含以下几个方面。

一是政府。政府是区域治理的主导者,具体分为如下几个方面:首先,中央政府负责制定、颁布法律法规政策,对京津冀区域发展实施间接的调控,同时,中央政府承担统筹协调的重责,引导京津冀三地从各自为政走向协商合作,同时对地方政府的行为进行监督,形成京津冀区域治理的外部激励与约束力量;其次,中央政府的派出机构是中央政府为了更好地实现其对国家事务和社会事务的管理而设立的一种行政组织,是区域治理的推进者与执行者;最后,京津冀三地的地方政府是区域治理体系中最为重要的力量,是有效推进京津冀区域治理的重要力量,必须协调好以地方政府为代表的地方利益。

二是企业。企业是区域治理的主体,具体分为如下几个方面。首先,京津冀区域内的国有企业是贯彻政府经济政策的主要力量,国有企业与政府之间有着密切的联系,国有企业的经营中渗透着浓厚的政府行为,区域的政策对国有企业的利益有着较大的影响,因此,国有企业会积极参与到区域治理中,以保护自己的利益。其次,以跨国公司为主的京津冀区域内的其他大型企业对区域经济的影响至关重要,因此,这些大型企业也会对区域治理产生很大的影响力。区域政策的调整对这些大型企业的利益将会有很大的影响,因此，它们有参与区域治理的动力和能力。最后，京津冀区域内的中小企业数量众多，是吸纳就业的主力军，在区域经济中处于重要地位，但同时，由于其经济实力较弱，在市场经济发展中处于弱势地位，因此，区域治理的实施必须保护中小企业的利益，促进中小企业的健康发展。

三是社会公众。社会公众是京津冀区域治理的参与者与监督者，具体可以分为以下几个方面：首先是非营利组织，京津冀地区的非营利组织在促进区域产业协调发展、生态环境保护、教育卫生发展等方面发挥着重要的作用，其参与区域治理的方式通常是接受政府的委托和授权，协调企业间、企业与居民间的关系，为成员提供行业信息，制定行业规则和标准，规范企业间的竞争行为；其次是民众，区域是民众的生产和生活空间，区域的发展与民众的利益息息相关，通常民众并不直接参与区域治理，而是通过听证会和各类民主恳谈会等形式参与区域治理。

(2) 京津冀区域治理的客体

区域治理的客体主要包含以下几个方面。

一是区域经济发展。区域经济发展是区域协调发展的前提和基础，也是区域协调的重要客体。京津冀两市一省的产业同构严重，分工与合作体系尚未形成，产业转移与扩散进程缓慢，因此需要建立统一的区域市场，制定产业布局规划，引导产业合理转移，达到区域产业协调发展的目的。

二是区域交通基础设施一体化。区域交通基础设施一体化是区域经济一体化的基础，现代化的综合交通体系是实现区域产业合理分工、城市群空间布局优化以及市场要素自由流动的重要物质载体与基础。交通一体化是区域一体化的先行领域，必须加快构建快速、便捷、高效、安全、大容量、低成本、一体化、信息化的互联互通的综合交通网络，整合机场与港口资源，以服务和促进区域的协调发展，实现区域治理。

(3) 京津冀区域公共服务

促进京津冀区域基本公共服务均等化、提高区域公共服务水平，是京津冀区域协调发展的重要内容。由于当前京津冀区域内各城市之间的公共服务水平存在明显的差别，公共服务存在不均等化严重、供求总量和结构失衡等问题。因此，本报告通过促进公共服务制度对接，建立共享的公共服务网络系统，减少制度障碍，实现基本公共服务均等化，建立城乡一体化的基本公共服务制度，以解决京津冀区域治理过程中的重大问题。

2. 京津冀区域治理组织的结构体系

在中国区域治理的实践中，从区域治理制度框架构建的路径上归纳，可以将区域治理组织结构分为以下三种模式："自上而下"模式、"自下而上"模式和"自上而下"与"自下而上"相结合的模式。

当前京津冀地区的区域治理组织模式是"自上而下"的模式，在该模式下，中央政府成立了京津冀协同发展领导小组，京津冀三地分别成立了相应的工作组，构建了一个"自上而下"的区域治理组织结构框架。在该框架下，京津冀三地政府签署了大量的合作协议，使区域协同发展取得了实质性的进展。

3. 京津冀区域治理的运行机制

当前京津冀区域治理的运行机制主要有以下三个：一是决策机制，通过完善现有的政治协商、听证会制度、民主恳谈等以协商形式为主的协商机制，创建符合京津冀区域的决策机制；二是执行机制，决策发挥有效作用的必要条件是决策的有效执行，执行机制主要包括授权委托、沟通和协调，构建完善的执行机制，可以减轻政府的治理压力，调动各方的积极性，建立全方位网络化的京津冀沟通渠道和制度，及时协调执行导致的不利情况，推动京津冀区域治理；三是约束机制，京津冀区域治理的各利益主体面临的约束条件不同，政府要加强自身建设，提高政府的高效率和透明度，同时要强化政府、市场和社会的契约意识，加大宣传，树立规范。

4. 区域治理的模式

根据调控机制不同，本报告将区域治理的模式分为政府主导型治理模式、市场主导型治理模式和网络化治理模式，作为京津冀区域治理模式的筛选对象。

（1）政府主导型治理模式

政府主导型治理模式主张组建统一的具有正式权威的大都市区政府，即

"巨人政府"来促进区域协作,优化区域公共物品的供给,以应对日益增加的相互依赖性要求,采取综合性的和协调性的规划与权威性行动,统一负责区域公共物品和服务的提供。政府主导型治理模式主张构建区域范围的大都市区政府,通过大都市区政府这一集权的、单中心的治理主体,来统筹区域发展,提供公共物品。

(2) 市场主导型治理模式

市场治理模式认为地方政府的碎片化是一项优势,而不是有待纠正的缺陷,关注的焦点是政府与社会的关系,主张以市场机制来提供公共物品。市场治理模式否定了通过合并方式组建大都市区政府的单中心治理模式,突破了传统意义上的政府与市场二元对立思维,将关注的焦点从正式结构的建立转移到个人的需求偏好上,考虑正式与非正式的制度安排。

(3) 网络化治理模式

政府主导型治理模式强调的是科层制基础上的单中心的集中治理,市场主导型治理模式强调的是通过市场机制形成的竞争服务的多中心治理,而网络治理模式是指建立起由政府、私人部门、公众等多方参与的社会合作网络,通过持续的社会实践过程和集体行为来应对可持续发展和区域内各地的均衡发展问题,包括环境污染、发展差距等,实现区域一体化。在网络治理模式中,参与区域治理的主体力量来源于大都市区域不同层次政府间、地方民众团体间或各地方政府与私营机构间形成的社会网络,组建起区域治理的协作或合作组织。

三 京津冀区域治理的现状与国内外比较分析

(一) 京津冀区域治理的现状

1. 京津冀区域治理的历史进程

改革开放40年以来,伴随着我国经济体制不断改革的进程,京津冀区域治理也经历了曲折的过程,京津冀区域治理的历史进程依次经历了如下三个阶段。

第一个阶段为开始启动阶段,从20世纪80年代至90年代,本阶段相继成立了以政府为主导的区域合作及治理组织,其中包括华北地区经济协作会、环渤海地区经济联合市长联席会和环京津经济协作区,以加强区域间合作共赢。在此阶段,中央到地方逐步开展京津冀地区的规划编制工作。一是《京津唐地区总体规划》。1982~1984年,国家纪委牵头组织编制了《京津唐地区总体规划》。1982年,北京市编制了《北京城市建设总体规划方案》,第一次提到了首都圈的概念。1986年,河北省提出环京津战略,拟依托京津的区位优势,带动当地发展。

第二个阶段为停滞不前阶段,从1990年至2013年。在此阶段,区域合作治理的具体行动并无实质推进。京津冀区域治理的工作基本进入了停滞状态。

第三个阶段为快速发展阶段,从2014年至今。在此阶段,京津冀协同发展上升为国家战略,区域治理将进一步走向实质阶段。2014年2月,习近平总书记主持召开了京津冀三地协同发展专题座谈会,首次将京津冀协同发展上升为重大国家战略。2014年3月,国务院总理李克强作了《政府工作报告》,将"加强环渤海及京津冀地区经济协作"列为2014年的重点工作之一。随后,京津、京冀和津冀签订了15项协议和3个备忘录,京津冀三地联合签署5项重要协议。2015年4月30日,中央通过《京津冀协同发展规划纲要》,京津冀协同发展上升为重大国家战略。2017年4月1日,中共中央、国务院批准设立雄安新区之后,京津冀协同发展迈入新的发展阶段。2017年10月18日,十九大报告指出:"以疏解北京非首都功能为'牛鼻子'推动京津冀协同发展,高起点规划、高标准建设雄安新区。"2018年4月14日,中共中央、国务院正式批复《河北雄安新区规划纲要》。

2. 京津冀区域治理的现状分析

(1) 政府力量强势

政府在区域治理中的垄断地位是历史形成的,由于政治体制改革落后于经济体制改革,这就使得政府尤其是地方政府依然具有不可撼动的地位。京津冀区域内,北京市、天津市和河北省地方政府,掌握着各行政区域内的经济资源,发挥着重要的影响力。京津冀地区是国家行政中心、首都所在地,政府行政力量强大,在京津冀协同发展过程中,政府在资源配置中起主导作用,产业集聚和城市发展主要依靠政府的推动,形成了强政府、弱市场格局。

(2) 中小企业和私营经济的弱势

在京津冀协调发展的过程中,区域内的中小企业和私营经济的布局比较分散,规模小、实力弱、效益差、活力不足、创新动力不够,处于弱势地位。

(3) 社会组织力量日益增加的态势

近几年来,在京津冀区域内,出现了大量学会、研究会、协会和商会等社会组织,以及民办学校、民办医院等民办机构,并且随着社会财富的增加,还出现了基金会等民间资助机构,京津冀区域内的社会组织力量整体呈现日益增加的态势。

(二)国外区域治理的比较分析

京津冀地区是一个联系紧密、相互依托的区域。从历史上看,京津冀三地的发展始终有着很高的依托度和关联度,三地之间的合作随着我国经济体制改革的推进在不同时期展现了不同的发展态势。区域治理的历史路径对现阶段构建新的区域治理机制有着重要的影响,本报告首先回顾历史,审视现状,然后分析国内外区域治理实践,以对京津冀区域治理提供借鉴和启示。

1. 国外首都区区域治理实践

首都城市是一个全球性的城市,更是一个区域融合发展的共同体,而有效的区域治理,是提升首都功能、促进区域协调发展的保障。

(1) 美国华盛顿:特区 + 区域委员会治理

华盛顿是美国的首都,其区域治理最主要经历了以下两个阶段:第一阶段为治理完善阶段(20世纪初期至20世纪中期),在这一阶段,美国国会在1952年通过了《首都规划法》，1962年正式提出公元2000年的首都地区规划方案，1957年成立了大华府地区的统一管理协调机构——华盛顿大都市区委员会，旨在促进区域领导者应对交通运输、环境、住房和规划、公共卫生服务、居住安全和公共安全和联合采购等区域性公共事务；第二阶段为治理修订阶段（20世纪末），1994~1997年，美国联邦政府和华盛顿市政府共同对华盛顿的城市治理进行修订，注重保持城市的历史延续性，完善城市道路交通系统和强调整个城市应以国会为中心。

其对华盛顿核心区域及其周边地区，采用了特区和大都市委员会两种治理实践。一是特区治理实践，其拥有独立于一般政府的行政和财政自主权，为社会区域公共事务的管理提供管辖区公共物品和服务。二是区域委员会治理实践，即华盛顿大都市区委员会，成立于1957年4月11日，面积为3020平方公里，包括哥伦比亚特区（核心区）及马里兰州、弗吉尼亚州的21个地方政府成员、120名雇员、年预算1000万美元的非政府、非营利跨行政区统一正规的协调组织。

（2）英国伦敦：大伦敦市政府治理

伦敦是英国的首都，其治理经历了以下五个阶段：第一阶段的治理是伦敦法团和教区分散治理，19世纪初，为了应对新事务，伦敦逐渐设立了多个专门机构，伦敦处于多头多层而又各自为政的管理状态；第二阶段是都市工作委员会治理，1855年，英国通过都市管理法案，创造了一套两级体制，分别从上层和基层两个层面对伦敦进行治理；第三阶段为伦敦郡议会治理，1889年，其依法设立了"伦敦郡议会"，不仅承担了都市工作委员会原来承担的市政基础设施建设等方面的职能，而且具有了更广泛的职权，包括城市规划、住宅、交通运输、教育等；第四阶段为大伦敦会议治理，其1965年成立了大伦敦区，设立了跨界治理新机构——大伦敦议会，主要的战略功能体现在土地利用规划、公路网的建设和住房分配等方面；第五阶段为大伦敦市政府治理，1997年，公决和立法重建大伦敦市政府，伦敦城市圈进入了现代治理阶段，治理更加注重经济的振兴、产业的转型以及城市的可持续发展。

大伦敦市政府治理有以下三个特点：一是市、区两级政府的治理职能划分清晰明确；二是以城市功能为导向实施大伦敦行政区治理；三是适应大都市区经济发展，适时调整政府间权限，扩充区域政府的跨界协调权力。

（3）法国巴黎：巴黎大区议会治理

巴黎是法国的首都，巴黎地区经历了三个重要的治理阶段。第一阶段为战后重建阶段。第二次世界大战之后，城市治理建设工作的重点是战后重建。该阶段行政干预力量非常微弱，巴黎地区的发展明显呈松散式管理状态，导致了人口增长、住房危机、交通设施落后等公共问题。第二个阶段为20世纪60年代巴黎地区总体治理与实践，其于1961年设置了"巴黎大区城市规划与开发研究所"，随后，1963年出台了《巴黎大区规划指导方案》，1965年提出了巴黎地区《城市规划和地区整治战略规划》。第三阶段为20世纪90年代可持续发展的主要措施，20世纪90年代以来，巴黎政府当局出台了一系列规划来保护巴黎地区农业发展、自然环境以及城市综合环境等。

巴黎大区政体包括大区议会、由大区议会产生的政府、大区行政结构以及大区议会咨询机构——经济社会理事会。巴黎大区最为成功的区域治理方法是城市规划这一核心机制，其通过区域规划的手段来解决诸多政治上的矛盾和区域发展的冲突。巴黎大区治理的一个重要特点和趋势是不断从传统的集权化走向分权化，在重大规划的决策和执行上，中央政府对巴黎大区的控制力明显减弱，而地方议员、企业、居民团体等社会力量不断增强，公私之间的跨界合作伙伴关系不断紧密，决策和规划的民主化程度显著提升。

（4）日本东京：东京都特别区治理

东京都市圈治理迄今为止进行了以下五次治理。第一次治理发生于1958年，颁布了第一次首都圈基本计划，将东京都的地域面积扩大为以东京区部为中心、半径为50公里的圈层，规定在东京都的外圈8~10公里的地域规划出绿化带，在该区域不得大规模兴建住宅，绿化带外建立卫星城市，吸纳东京都市圈外的人口，减轻东京都市圈的压力。第二次治理发生于20世纪60年代，提出加强以首都为中枢的城市建设，修建铁路、公路等交通体系，设立近郊整备带，对城市外围进行绿化，使其构成统一整体。第三次治理发生于 20 世纪 70 年代初，提出在东京都市圈中建立分散型网络的城市结构布局，分散中枢的管理功能。第四次治理发生于 20 世纪 80 年代中期，强化中心区的国际金融职能和高层次中枢管理功能，同时将周边核心城市建成次中心城市，强化城市服务功能。第五次治理发生于 20 世纪末，提出重振首都圈，逐渐形成了以东京都为中心的圈层结构。

2. 国外首都区治理实践的经验启示

比较分析国外四大首都跨行政区治理，对于推动当前京津冀区域治理制度创新，促进区域协调发展具有重要的启示意义。

（1）区域治理：不能脱离政府的治理

纵观世界四大首都区域治理模式，没有一种治理模式能够脱离政府而单独发生作用。华盛顿大都市区模式是一种政府主导的合作治理模式，大伦敦市政府模式是一种政府不同层级之间的治理模式，巴黎大区议会模式是一种通过政府设置一级行政区——大区制并推行有效跨行政区规划的治理模式，东京都特别区及正式与非正式并举模式虽然存在正式和非正式的治理模式，但通过都政府承担广域事务、统一事务、协调事务和补全事务。因此，构建京津冀区域治理机制，首要的任务是协调三地政府之间的关系，推动三地政府的合作。

（2）区域治理：多方力量博弈的治理

区域内存在不同的利益群体，它们彼此之间的联合或对立形成了特定区域治理模式，区域治理的推进是政府、市场和社会公众之间的利益博弈的结果，例如，华盛顿的都市区政府委员会在协调地方政府进行统一规划方面发挥了作用。由于京津冀区域内利益主体的多元化，利益追求存在分散化，政策的制定、选择和执行充满了多元治理主体之间的反复博弈、寻求合作的互动行为，因此，只有考虑各种利益相关者的利益，使得所有的利益主体都参与到京津冀区域治理当中，区域治理才能顺利开展。

（3）区域治理：从一元到多元的治理

从国外四大首都区域治理经验看，它们的区域治理主体是多元化的，构成了多元利益主体协同治理区域公共事务的格局。当前，京津冀区域治理仍然以政府为主导，其他治理主体参与的广度和深度还不够，因此，借鉴国外的经验，京津冀应着力构建非政府组织、私人部门和社会公众参与的区域公共事务治理，广泛吸纳区域非政府组织、企业和民众的政策建议，提高区域治理的参与性。

(4) 区域治理：从初级到高级的治理

区域治理一般经历很多过程，每个过程都有各自的特点，区域治理是一个从初级到高级的渐进过程。从国外四大首都区治理理念来看，早中期的治理主要关注城市和区域本身的发展问题，而到了后期，治理的视野变得更加开阔，从全球角度出发，致力于区域整体竞争力的提升，强调生活质量，达成可持续发展的目标；从治理的驱动机制来看，早中期主要是发展中的问题促成治理措施的制定和实施，而后期则是治理主体从大都市区未来的发展着眼，主动提出治理措施，引导区域发展；从治理的核心内容来看，早期治理主要解决都市无序扩张问题，中期治理除了解决大都市区蔓延之外，还开始关注社会问题，而后期治理则从经济、环境和社会公平方面综合治理，更趋全面。

（三）国内区域治理的比较分析

京津冀地区、长三角地区和珠三角地区是我国三大沿海区域，是我国最重要的三个区域经济圈。本报告通过研究长三角地区和珠三角地区的国内区域治理实践，同时与京津冀区域治理进行比较，以对京津冀区域治理提供借鉴和启示。

1. 国内区域治理实践

当前，国内进行区域治理的地区有很多，但是与京津冀地区比较类似的东部沿海区域只有长三角地区和珠三角地区。

(1) 长三角地区："自上而下"与"自下而上"相结合的区域治理组织结构

改革开放以来，长三角地区的区域治理先后经历了以下四个阶段。第一阶段是从1982年至1992年。1982年12月，国务院发出《关于成立上海经济区和山西能源基地规划办公室的通知》，确立了以上海为中心，包括部分周边城市的上海经济区，这是长江三角洲的雏形。第二阶段是1992年至

2003 年。1992 年，国家领导人江泽民同志指出，"要以上海浦东开发开放为龙头，尽快把上海建成国际经济、金融、贸易中心之一，带动长江三角洲和整个长江流域地区经济的新飞跃"，政策的推动促使"长三角大都市圈"飞速发展。第三阶段是从 2003 年至 2008 年。2003 年 8 月，长江三角洲 16 座城市的市长联合签署了《以承办"世博会"为契机，加快长江三角洲城市联动发展的意见》（又称《南京宣言》），这是长江三角洲 16 座城市第一次迈出实质性合作的步伐，具有里程碑意义。第四阶段是从 2008 年至今。2008 年，国务院发布《关于进一步推进长江三角洲地区改革开放和经济社会发展的指导意见》，将长三角区域的范围界定为 25 个城市。2016 年 3 月，国家发改委发布《长江三角洲城市群发展规划》，对优化提升长三角城市群具有重要推动作用。

纵观长三角地区的区域治理历程，可以判断出其为典型的"自上而下"与"自下而上"相结合的区域治理组织结构。在长三角地区的区域治理实践方面，中央政府给予了长三角地区一些较为明确的间接支持，用以促进原本就已经由地方政府自发组织的较为成熟的区域治理规划和合作。

（2）珠三角地区："自下而上"的区域治理组织结构

改革开放后，珠三角地区区域治理的演变可以划分为以下三个阶段。第一阶段从改革开放开始，深圳的崛起使广州和深圳成为珠三角地区的双中心城市，珠三角的城市布局为双核模式。第二阶段从 1997 年香港回归开始，之后澳门回归，珠海、佛山、中山、东莞等相继发展为大城市，使得珠三角区域内各城市的功能呈多样化，交流更加密切，发展为多层次城镇体系，双核模式逐渐向网络化、多中心模式演化，形成了网络化的区域治理。第三阶段始于 2008 年，国家颁布《珠三角改革发展规划纲要（2008~2020 年）》，标志着珠三角区域治理进入一个新阶段，逐步形成了以广州为中心的内部交通网络和以香港为中心的外部交通网络，珠三角地区将逐步成为国家区域治理的主导区域。

从珠三角地区的区域治理历程可以看出，珠三角地区的区域治理组织结构是"自下而上"的区域治理组织结构。珠三角地区地方政府努力将自发形成的区域治理实践以珠三角区域规划等形式得到中央政府层面的认可，增强了珠三角地区区域治理组织的权威性。

2.国内区域治理实践的经验启示

比较分析国内长三角地区和珠三角地区的区域治理历史和经验，对于推动当前京津冀区域治理制度创新，促进区域协调发展具有重要的启示。

（1）区域治理：动态调整治理范围的治理

在整个长三角区域治理过程中，长江三角洲地区所涵盖的城市是处于不断变化和调整中的。从1982年刚起步时仅包含的10座城市，到1992年，长三角地区扩展为包含16座城市，再到2008年，国务院正式在国家战略层面上将长三角区域的范围界定为25个城市，2016年，国家发改委发布《长江三角洲城市群发展规划》，形成了当前阶段的26个城市的版本，长三角地区区域治理所包含的城市范围一直处于动态调整过程。

同样地，在珠三角地区的区域治理过程中，珠江三角洲地区所涵盖的城市也是处于不断变化和调整中的。改革开放后，深圳崛起，成为珠三角地区的双中心城市之一。1997年之后，香港和澳门相继回归，进入了珠三角城市群的范围。2000年之后，珠海、佛山、中山、东莞等相继崛起，最终使得珠江三角洲地区形成了网络化的区域治理结构。

当前，京津冀地区在区域治理过程中所包含的城市主要是北京、天津和河北所涵盖的地区。伴随着京津冀地区的不断发展，本报告认为对京津冀地区所包含的城市范围也可以进行如下的动态调整。可以使山西省大同市、山东省德州市、山东省东营市、内蒙古自治区的乌兰察布市和赤峰市进入京津冀协同发展的城市范围。同时，随着中原城市群的不断建设，本报告认为已经加入中原城市群的河北省邢台市和邯郸市将会逐渐淡出京津冀城市群的区域治理范围。

（2）区域治理：河北需要强支撑点的治理

1984年，长三角地区的区域治理范围扩大为上海市、江苏省、浙江省、安徽省和江西省。其中，上海市、江苏省、浙江省的经济发展状况相对良好，安徽省和江西省的经济发展相对落后，地区经济发展程度的巨大差距导致其在利益分配上产生了难以协调的矛盾，在长三角地区内部始终无法平衡区域整体的经济利益和区域内部各省级行政区利益的取舍，各省级行政区的地方政府保护主义政策造成长三角内部在利益分配上的巨大矛盾，最终导致1988年长三角经济区试点的"流产"，这是区域治理历史上的惨痛教训。

京津冀地区的区域治理过程同样要吸取长三角的历史教训。当前，京津冀地区的区域治理范围，以北京市、天津市和河北省为主。其中，北京市和天津市的经济发展处于全国领先的地位，而河北省则处于落后的地位，河北省缺乏一个经济强点的支撑，无法完成与北京市和天津市的对接。2017年4月1日，雄安新区的提出和建设，给河北省提供了一个未来经济增长的支撑强点。雄安新区的建立和发展，为河北省主动参与京津冀区域治理提供了强大的自信。随着雄安新区的建设和发展，未来，北京市和天津市将会与河北省有更多、更广、更深入的合作，会进一步化解京津冀区域内部各省级行政区在利益分配上的矛盾，减弱各地方政府内部的经济干预和保护政策，为京津冀地区区域治理的进一步发展做出贡献。

四　基于MSMC框架的京津冀区域治理思路和内容

（一）京津冀MSMC区域治理框架

本报告以区域治理为视角，引入多中心治理理论、新经济地理理论、适应性治理理论和生态系统理论，以及复杂系统理论和组织行为理论等其他学科的研究成果，深入探讨并解决京津冀协同发展重大理论与实践，构建京津冀MSMC（使命—系统—机制—共同体）区域治理的基本框架：一是提出京津冀区域治理的三大使命（Mission），重点通过对"系统架构、创新驱动、优势再造"三大使命的研究，破解京津冀协同发展的约束；二是建立区域政府网络系统、区域市场网络系统、区域社会网络系统，形成京津冀区域治理的政府网络系统、市场网络系统和社会网络系统"三个系统"（System），补充、完善、发展区域治理的理论体系；三是明确京津冀区域治理的核心机制不再是单一机制而是由市场、政府和社会相结合，组成"三位一体"机制（Mechanism），发挥政府、市场和社会分别在宏观、微观和中观领域中的作用，解决区域治理问题；四是建立以"三重共同体"（Community）为基础的区域治理新体系，即在政府、市场和社会层面分别形成利益、经济和命运共同体，为京津冀协同发展提供战略新思路，该框架如图1所示。

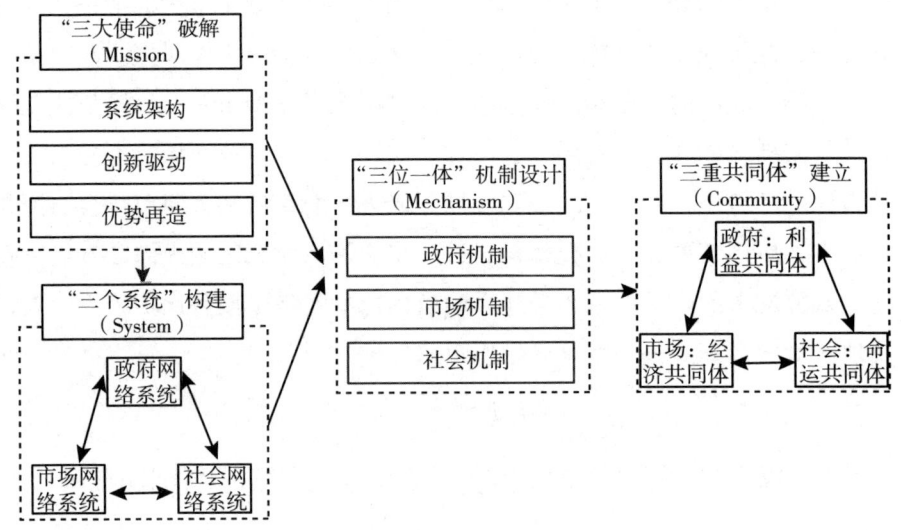

图1　京津冀 MSMC 区域治理框架

（二）京津冀区域治理的"三大使命"破解

1. 系统架构

本报告将京津冀区域作为一个包含各种主体要素（政府、企业、中介、科研机构等）、各种资源、各种产业和各种政策（货物贸易自由化、投资自由化、公平竞争、知识产权保护等）等匹配协调的复杂区域系统，以顺利实现京津冀协同发展。

2. 创新驱动

创新驱动是京津冀区域的必然选择，实施创新驱动战略，有利于促进京津冀区域内部要素的流动，进一步有效配置京津冀区域资源，重塑经济增长的动力源泉，将京津冀地区建成世界级的技术和产业创新中心。

3. 优势再造

对京津冀区域的基础设施、市场、产业、资源、金融、发展规划等内容进行再造，实现该区域能量聚合、优势互补、合理分工与协作，提升京津冀区域整体竞争力。

（三）京津冀区域治理的"三个系统"构建

1. 政府网络系统

建立京津冀区域政府网络系统，应该从以下两个方面来考虑：一是区域内政府功能再造，通过引进市场竞争机制、使用电子政务等途径和手段，提高政府服务的效率和透明度，实现政府职能向提供优质公共服务转变，促使政府管理方式向规范、透明、高效转变，建设令人民满意的政府；二是区域内政府间关系重塑，在京津冀区域内，在三地不同政府之间，在政府和非政府组织之间，通过加强交流和互动，形成多渠道、多层次的多边合作伙伴关系，重塑区域内政府间的关系，共同解决面临的重大区域公共问题。

2. 市场网络系统

构建京津冀区域市场网络系统，实现商品和要素在区域内自由流动，可以从以下三个角度来考虑：一是建立区域企业网络系统，通过优化企业所有制结构，推进企业治理结构改革，打破企业传统生产方式的束缚，实现生产方式的转型，进一步提高企业在高端市场上的竞争力，促进企业跨区域扩张，建立区域企业网络系统；二是建立区域产业网络系统，通过对京津冀三地的地区分工进行准确定位，重整和再编产业网络系统，形成竞争力较强且相互联系的产业集群和产业带，通过产业集群的发展，进一步建立区域产业网络系统；三是建立健全区域市场网络系统，建立商品和要素市场系统，健全京津冀区域统一开放的市场，着力推进要素市场建设。

3. 社会网络系统

建立区域社会网络系统从以下两个方面展开：一是建立区域社会信用系

统，通过完善区域征信法规保障系统，推进行业信用建设，培育信用服务市场，加快信贷征信系统建设，建立金融业统一征信平台，建立社会信用系统的基本框架和运行机制；二是建立区域非政府组织系统，通过完善非政府组织的法律制度系统、内部组织系统、规章制度等，提高非政府组织的自我治理能力，是我国由传统社会向现代社会跃进的必然选择。

（四）京津冀区域治理的"三位一体"机制设计

京津冀协同发展应调动社会各界积极性，从政府机制、市场机制和社会机制三个维度构建京津冀区域治理的"三位一体"机制，推动京津冀区域治理。

1. 政府机制

强化区域政府机制，就是要使中央政府统一组织和协调，使京津冀三地的地方政府转变行政管理角色和职能，解决自身职能存在的各种问题，使区域内各个政府之间互相支持和配合，进一步深化区域治理，实现京津冀协同发展。

2. 市场机制

强化区域市场机制，就是通过运用价格机制、竞争机制、供求机制等，发挥市场在区域治理中的主要作用，让市场成为配置资源的决定力量，释放出市场的巨大潜能，推动京津冀区域之间的合作，实现京津冀区域的全面崛起，进一步推动京津冀区域治理进程。

3. 社会机制

强化区域社会机制，就是通过社会组织广泛参与区域治理，使得社会组织发挥参与政府决策、传递市场信息与政策信息、协调各方利益冲突、监督政府政策等功能，维护京津冀协同发展的社会环境和运行机制。

（五）区域治理的新体系：建立三重共同体

京津冀协同发展是一项重大国家战略，需要通过在政府、市场和社会层面分别形成利益共同体、经济共同体和命运共同体，即建立"三重共同体"

的京津冀区域治理新体系，减少京津冀协同发展的束缚，推动实现新目标。

1. 政府：利益共同体

京津冀三地政府只有通过行政性力量扫除行政壁垒，建立一个适合京津冀协同发展的财政支持制度，把京津冀区域的整体利益当作共同利益来对待，立足京津冀三地各自不同的定位，发挥各自优势，才能共同促进京津冀地区长足发展。

2. 市场：经济共同体

京津冀三地应当发挥京津冀协同发展多年来的优势（"硬件"规划多，宏观规划多），克服劣势（"软件"细则少，微观对策少），共建一批公共服务平台、基础设施和金融机构，从微观运行的视角引导和规范市场经济主体的经济行为，形成经济共同体，实现京津冀协同发展。

3. 社会：命运共同体

基于社会的角度，京津冀地区应尝试从高端向低端流动的"逆城市化"分散过程，"稀释"北京的大型企业、医院、高校和商品市场等到河北省，提高河北省每平方公里的年产出，提高河北省对高端人才的吸引力，解决河北省极不协调的城乡二元矛盾，减少京津冀地区的大气污染，最终创建京津冀一体化的命运共同体。

五 区域治理指数评价与分析：京津冀、长三角、珠三角的比较

（一）区域治理指数评价指标体系的构建

1. 区域治理指数评价指标体系的构建原则

为了直观、准确地反映近年来京津冀地区的区域治理水平，本报告从效能性、公平性、参与度、责任性和安全性五个维度出发，剖析京津冀、长三角、珠三角的区域治理的进展情况，并将三者进行对比，进而更好地研究京津冀地区的区域治理进展情况。在构建区域治理指数的过程中，有以下三个原则：

一是科学性与可行性相结合,力求全面客观地反映区域治理指数评价的结果,选取的指标应具有可测性和可比性;二是定性与定量相结合,定量指标比较客观和易于获取,定性指标用来描述难以量化且意义重大的指标;三是实用性与有效性相结合,目的是使选取的指标清晰明了,通俗易懂,便于实际操作,同时要符合我国的具体国情和区域实际情况,能有效反映研究对象的特性。

2. 区域治理评价指标的研究设计

区域治理评价指标的体系主要包括指标设计、权重设定和方法选取三个环节。本报告以区域治理指数评价作为一级指标(A),包含效能性(B1)、公平性(B2)、参与度(B3)、责任性(B4)和安全性(B5)5个二级指标,每个二级指标又根据指标理念的需求下设若干三级指标。表1是本报告所采用的区域治理指数评价指标体系。

表1 区域治理指数评价指标体系

一级指标	二级指标	三级指标
区域治理指数评价(A)	效能性(B1)	城镇居民人均可支配收入(元)(C11)
		地方政府税收返还和收入转移(亿元)(C12)
		地方政府预算支出(亿元)(C13)
		资源的获取(C14)
		居民满意度调查(C15)
		制定区域远景目标(C16)
	公平性(B2)	失业率(%)(C21)
		女性领导在地方领导中的比例(%)(C22)
		私营工业企业单位数(个)(C23)
		城乡居民收入差距(元)(C24)
		人均基本公共服务支出(千元)(C25)
		城镇最低生活保障平均标准(元)(C26)
		居民公平感(C27)
	参与度(B3)	居民对参与社会管理的满意度(C31)
		万人志愿者数量(人/万人)(C32)
		每万人民众组织的数量(个/万人)(C33)
		重大决策听证率(%)(C34)
		媒体监督的有效性(C35)

续表

一级指标	二级指标	三级指标
区域治理指数评价(A)	责任性(B4)	定期的官方公示,合约、采购预算及财务状况(C41)
		政府机关工作作风(C42)
		厅级腐败案件涉案人数占行政人员比例(%)(C43)
		管理能力(C44)
		官员收入和财产公示(C45)
		独立的预算/审计(C46)
	安全性(B5)	区域环境污染治理(C51)
		犯罪率(C52)
		妇女保护政策(C53)
		每万亿元生产总值生产安全事故死亡人数(人/万亿元)(C54)
		居民安全感(C55)

其中的定性指标可以通过专家访谈法和问卷调查法等进行综合评价而得出。

本套评价指标体系紧紧围绕"市场—政府—社会"编制评价指标,做到评价结果能为京津冀区域治理提供决策依据,为政策实施提供可行性方案和可操作性措施,具体如下。

一是效能性指标,突出资源的获取、预算的增减和消费者的满意,属于政府机制。该项指标不同于其他评价体系的是增加了资源的获取和地方政府预算,主要考察政府机制推动京津冀的协同发展和一体化。

二是公平性指标,突出民众参与、女性参政和兼顾弱势群体,属于市场机制。该项指标不同于其他评价体系的是突出女性领导在地方领导中的比例、私营工业企业单位数和城乡居民收入差距,这是区域治理中公平性的核心问题。

三是参与度指标,突出投票率、听证率和民众对话参与,属于社会机制。不同于其他评价体系的是对万人志愿者数量、重大决策听证率和媒体监督的有效性进行的考察。存在政府失灵和市场失灵的状况下,社会组织日益成为一支弥补"市场失灵"和"政府失灵"的强大社会力量,尽可能地考察社会组织参与度的问题。

四是责任性指标,突出政府透明度、工作作风、政策回应性和反贪污,属于政府机制。不同于其他评价体系的是突出了定期的官方公示,合约、采购预算及财务状况、政府机关工作作风、厅级腐败案件涉案人数占行政人员比例以及独立的预算/审计等方面反映的政府的责任性。

五是安全性指标,突出环境治理、治安状况、妇女保护和弱势群体保护,属于政府机制。不同于其他评价体系的是通过增加妇女保护政策和每万亿元生产总值生产安全事故死亡人数两个指标反映区域治理的安全性问题。

3. 区域治理评价指标的数据来源及处理

评价指标数据主要来自2006~2017年的《中国统计年鉴》《中国城市统计年鉴》《中国民政统计年鉴》《各省(区、市)财政预算报告汇编》《国民经济和社会发展统计公报》,部分指标通过换算得到。评价指标有成本型,即指标越小越好;效益型,即指标越大越好。本报告关于区域治理指数评价的指标主要采用改进的成本型和效益型指标。以下为成本型、效益型指标无量纲化标准函数,$r_i \in [0, 1]$,其中$x_{i\max}$和$x_{i\min}$分别为评价指标值域中的最大值和最小值。

成本型指标无量纲化的标准函数:

$$r_i = \begin{cases} 0 & x_i > x_{i\max} \\ \dfrac{x_{i\max} - x_i}{x_{i\max} - x_{i\min}} & x_{i\min} \leq x_i \leq x_{i\max} \\ 1 & x_i < x_{i\max} \end{cases}$$

效益型指标无量纲化的标准函数:

$$r_i = \begin{cases} 1 & x_i > x_{i\max} \\ \dfrac{x_i - x_{i\min}}{x_{i\max} - x_{i\min}} & x_{i\min} \leq x_i \leq x_{i\max} \\ 0 & x_i < x_{i\max} \end{cases}$$

(二)研究方法

1. 专家访谈法

在区域治理指数评价中,按照评估内容(指标)的要求,设计专家咨询意见表，选择符合条件要求的专家参与区域治理指数评价咨询。根据评估需要，采用专家会议集中讨论形式进行评估咨询，评估人员通过专家填写的会议评估意见收集相关评估信息。

2. 问卷调查法

按照区域治理指数评价内容的要求，需要采用问卷调查方式收集信息。调查对象包括区域地方政府人员、区域企业、区域居民以及社会组织，由评估机构工作人员统一进行问卷的发放和回收，这种以问卷调查收集评估信息的方式的针对性和时效性较强。

3. 基于改进型层次分析法确定权重的方法

层次分析法是综合定性、定量分析的决策方法，可以保证模型的系统性、合理性。本报告通过改进型的层次分析法确定二级指标权重和三级指标权重的步骤如下：第一步，按照要求填写二级指标权重评价表；第二步，将专家所独立填写的两两比较评价表做统计汇总；第三步，调查数据的处理与分析；第四步，得到改进方法后的成对比较矩阵；第五步，回到层次分析法，计算上面矩阵的最大特征值并按照要求进行一致性检验；第六步，确定各因素的权重；第七步，经过进一步讨论、分析、研究，对各指标权重进行调整。

4. 模糊综合评价法

由于区域治理的绩效评价指标既有定量的，也有定性的，具有难以准确度量、模糊性的特点，因此，适宜使用模糊的方法进行评价，本报告依据上述指标体系建立模糊综合评价模型，最终对区域治理进行综合评价。

（三）区域治理指数评价过程及计算结果

本报告对京津冀、长三角、珠三角地区进行研究，应用前文建立的区域治理绩效评价指标体系进行实证分析。为了确定各级指标的权重，按照上面的改进层次分析法，设计了相关的调查问卷。通过对京津冀、长三角、珠三角地区地方政府人员、区域企业代表、区域居民、相关专家等500余人的问卷调查，以及进一步的问卷分析，确定了二级、三级指标的权重。

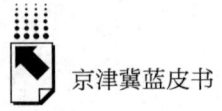

1. 二级指标的权重

二级指标净票数占比见表2。

表2 二级指标净票数占比

单位：%

	效能性	公平性	参与度	责任性	安全性
效能性		+17.16	+26.51	+33.54	+27.03
公平性	/		+16.34	+25.47	+16.81
参与度	/	/		+12.13	+7.22
责任性	/	/	/		-11.60
安全性	/	/	/	/	

基于改进型层次分析法的权重，可以得到两两比较的矩阵，如表3所示。

表3 方法改进后的成对比较矩阵

	效能性	公平性	参与度	责任性	安全性
效能性	1	2	3	4	3
公平性	1/2	1	2	3	2
参与度	1/3	1/2	1	2	1
责任性	1/4	1/3	1/2	1	1/2
安全性	1/3	1/2	1	2	1

由于成对比较矩阵是非一致矩阵，因此要用方根法（特征根法）确定权向量，最终利用方根法计算的权重向量为 $W = (0.40, 0.24, 0.14, 0.08, 0.14)^T$，最大特征值 $\lambda_{max} = 5.033$，一致性偏差指标 $CI = 0.008$，随机一致性比率指标 $CR = 0.007 < 0.1$，认为矩阵的不一致程度可以接受。二级指标各要素的权重见表4。

表4 二级指标各要素的权重

因素	效能性	公平性	参与度	责任性	安全性
权重（计算值）	0.40	0.24	0.14	0.08	0.14

相关专家经过进一步讨论、分析，综合考虑各方面的情况，最后将各因素进行的权重调整见表5。

表5 调整后二级指标各要素的权重

因素	效能性	公平性	参与度	责任性	安全性
权重(计算值)	0.38	0.24	0.15	0.09	0.14

2. 三级指标定性和定量分析

本次区域治理绩效评价的各个三级指标对于定性指标，采用专家打分法。每位专家通过区域调研的成果，综合各方面因素如网站、宣传报道、公共事件等给区域各三级指标打分，最高5分，最低1分。对于定性指标的分析结果，先对定性指标无量纲化，无量纲化的结果再乘以各自得分与满分5分之比。对于定量指标，采用改进型无量纲化的标准函数，然后采用先乘后和的模型求得各指标的结果。

（1）效能性

区域治理指数评价的效能性二级指标中共设置了城镇居民人均可支配收入、地方政府税收返还和收入转移、地方政府预算支出、资源的获取、居民满意度调查和制定区域远景目标6个三级指标，表6为2016年效能性指标无量纲化结果。

表6 2016年效能性指标无量纲化结果

	C11	C12	C13	C14	C15	C16
北京	0.9859	0.0000	0.2778	0.7095	0.6000	0.8695
天津	0.3010	0.0161	0.0000	0.4995	0.4995	0.6720
河北	0.0000	1.0000	0.2412	0.2755	0.4680	0.5320
上海	1.0000	0.0261	0.3304	0.6720	0.6355	0.9120
江苏	0.4043	0.3542	0.6446	0.5320	0.5320	0.7095
浙江	0.6449	0.2182	0.3360	0.6000	0.6000	0.9120
广东	0.3205	0.4439	1.0000	0.6355	0.5655	0.8280

取效能性三级指标的权重分别为0.24、0.16、0.12、0.15、0.18、0.15，利用模糊评价法，则计算出效能性的评价向量为：

$$(0.6148, 0.3404, 0.3943, 0.6358, 0.5130, 0.5648, 0.5892)$$

表6矩阵中每一列数据分别为北京、天津、河北、上海、江苏、浙江和广东的城镇居民人均可支配收入、地方政府税收返还和收入转移、地方政府预算支出、资源的获取、居民满意度调查和制定区域远景目标的无量纲化结果。表7为效能性无量纲化结果排名。

表7 效能性无量纲化结果排名

单位：分

区域	上海	北京	广东	浙江	江苏	河北	天津
得分	0.6358	0.6148	0.5892	0.5648	0.5130	0.3943	0.3404
排名	1	2	3	4	5	6	7

（2）公平性

区域治理指数评价的公平性二级指标中共设置了失业率、女性领导在地方领导中的比例、私营工业企业单位数、城乡居民收入差距、人均基本公共服务支出、城镇最低生活保障平均标准和居民公平感7个三级指标，表8为2016年公平性指标无量纲化结果。

表8 2016年公平性指标无量纲化结果

	C21	C22	C23	C24	C25	C26	C27
北京	1.0000	0.0000	0.0000	0.0000	1.0000	0.7889	0.9732
天津	0.2222	0.0000	0.0485	0.9622	0.5163	0.7361	0.7480
河北	0.1481	0.0392	0.2951	1.0000	0.0000	0.0000	0.5520
上海	0.0000	0.0412	0.0855	0.1499	0.5351	1.0000	0.9732
江苏	0.4074	1.0000	1.0000	0.6664	0.4330	0.2902	0.7955
浙江	0.4444	0.0000	0.9099	0.5685	0.4644	0.4565	0.8949
广东	0.5926	0.0412	0.5796	0.6328	0.3191	0.1979	0.8949

取公平性三级指标的权重分别为 0.14、0.10、0.11、0.19、0.18、0.12、0.16，利用模糊评价法，则计算出公平性的评价向量为：

(0.5704,0.5202,0.3354,0.4140,0.6337,0.5519,0.4954)

表8矩阵中每一列数据分别为北京、天津、河北、上海、江苏、浙江和

广东的失业率、女性领导在地方领导中的比例、私营工业企业单位数、城乡居民收入差距、人均基本公共服务支出、城镇最低生活保障平均标准和居民公平感的无量纲标准化结果。表9为公平性无量纲化结果排名。

表9　公平性无量纲化结果排名

单位：分

区域	江苏	北京	浙江	天津	广东	上海	河北
得分	0.6337	0.5704	0.5519	0.5202	0.4954	0.4140	0.3354
排名	1	2	3	4	5	6	7

（3）参与度

区域治理指数评价的参与度二级指标中共设置了居民对参与社会管理的满意度、万人志愿者数量、每万人民众组织的数量、重大决策听证率和媒体监督的有效性5个三级指标，表10为2016年参与度指标无量纲化结果。

表10　2016年参与度指标无量纲化结果

	C31	C32	C33	C34	C35
北京	0.3423	1.0000	0.2787	0.4520	0.6386
天津	0.2827	0.5471	0.0572	0.3649	0.4983
河北	0.2641	0.0000	0.0000	0.3226	0.3937
上海	0.3634	0.7823	0.3969	0.4936	0.6698
江苏	0.3020	0.9870	1.0000	0.3882	0.5297
浙江	0.3423	0.8415	0.7398	0.4597	0.6174
广东	0.3219	0.1254	0.3379	0.4269	0.5948

取参与度三级指标的权重分别为0.15、0.24、0.26、0.18、0.17，利用模糊评价法，则计算出参与度的评价向量为：

$$(0.5537, 0.3390, 0.1646, 0.5482, 0.7021, 0.6334, 0.3442)$$

表10矩阵中每一列数据分别为北京、天津、河北、上海、江苏、浙江和广东的居民对参与社会管理的满意度、万人志愿者数量、每万人民众组织

的数量、重大决策听证率和媒体监督的有效性的无量纲化结果。表11为参与度无量纲化结果排名。

表11 参与度无量纲化结果排名

单位：分

区域	江苏	浙江	北京	上海	广东	天津	河北
得分	0.7021	0.6334	0.5537	0.5482	0.3442	0.3390	0.1646
排名	1	2	3	4	5	6	7

（4）责任性

区域治理指数评价的责任性二级指标中共设置了定期的官方公示，合约、采购预算及财务状况，政府机关工作作风，厅级腐败案件涉案人数占行政人员比例，管理能力，官员收入和财产公示以及独立的预算/审计6个三级指标，表12为2016年责任性指标数据无量纲化结果。

表12 2016年责任性指标无量纲化结果

	C41	C42	C43	C44	C45	C46
北京	0.5764	0.7222	0.1831	0.7156	0.9513	0.8293
天津	0.4572	0.5542	0.2409	0.5596	0.7462	0.6496
河北	0.3868	0.4177	0.2764	0.4566	0.5931	0.5227
上海	0.6431	0.7611	0.1811	0.8119	0.9523	0.9020
江苏	0.4849	0.5884	0.2459	0.5920	0.7922	0.6885
浙江	0.5937	0.6969	0.2027	0.7445	0.9204	0.8301
广东	0.5463	0.6720	0.0611	0.6800	0.8873	0.7802

取责任性三级指标的权重分别为0.18、0.23、0.10、0.24、0.12、0.13，利用模糊评价法，则计算出责任性的评价向量为：

(0.6819, 0.5422, 0.4420, 0.7353, 0.5739, 0.6845, 0.6301)

表12矩阵中每一列数据分别为北京、天津、河北、上海、江苏、浙江和广东的定期的官方公示，合约、采购预算及财务状况，政府机关工作作

风,厅级腐败案件涉案人数占行政人员比例,管理能力,官员收入和财产公示以及独立的预算/审计的责任性无量纲化结果。表13为责任性无量纲化结果排名。

表13 责任性无量纲化结果排名

单位：分

区域	上海	浙江	北京	广东	江苏	天津	河北
得分	0.7353	0.6845	0.6819	0.6301	0.5739	0.5422	0.4420
排名	1	2	3	4	5	6	7

（5）安全性

区域治理指数评价的安全性二级指标中共设置了区域环境污染治理、犯罪率、妇女保护政策、每万亿元生产总值生产安全事故死亡人数、居民安全感5个三级指标,表14为2016年安全性指标无量纲化结果。

表14 2016年安全性指标无量纲化结果

	C51	C52	C53	C54	C55
北京	0.9120	0.0268	0.7895	0.9995	0.8829
天津	0.8280	0.1329	0.5570	0.4442	0.7058
河北	0.6573	0.2030	0.3088	0.6827	0.5076
上海	0.9555	0.2289	0.7480	0.7163	0.7471
江苏	0.8737	0.1925	0.5930	0.1519	0.6893
浙江	0.9555	0.2022	0.6683	-0.0016	0.7448
广东	0.9732	0.1604	0.7076	0.4543	0.7981

取安全性三级指标的权重分别为0.15、0.32、0.10、0.26、0.17,利用模糊评价法,则计算出安全性的评价向量为：

$$(0.6343, 0.4579, 0.4582, 0.6046, 0.4086, 0.4011, 0.5219)$$

表14矩阵中每一列数据分别为北京、天津、河北、上海、江苏、浙江和广东的区域环境污染治理、犯罪率、妇女保护政策、每万亿元生产总值生

产安全事故死亡人数、居民安全感的安全性无量纲化结果。表 15 为安全性无量纲化结果排名。

表 15　安全性无量纲标准化结果排名

单位：分

区域	北京	上海	广东	河北	天津	江苏	浙江
得分	0.6343	0.6046	0.5219	0.4582	0.4579	0.4086	0.4011
排名	1	2	3	4	5	6	7

3. 区域治理指数综合评价

对北京、天津、河北、上海、江苏、浙江和广东区域治理的指数进行综合评价，各地区 2016 年的二级指标得分如表 16 所示。

表 16　各地区 2016 年的二级指标得分

单位：分

	B1	B2	B3	B4	B5
北京	0.6148	0.5704	0.5537	0.6819	0.6343
天津	0.3404	0.5202	0.3390	0.5422	0.4579
河北	0.3943	0.3354	0.1646	0.4420	0.4582
上海	0.6358	0.4140	0.5482	0.7353	0.6046
江苏	0.5130	0.6337	0.7021	0.5739	0.4086
浙江	0.5648	0.5519	0.6334	0.6845	0.4011
广东	0.5892	0.4954	0.3442	0.6301	0.5219

取二级指标的权重分别为 0.38、0.24、0.15、0.09、0.14，则计算出 2016 年各地区区域治理指数综合评价向量为：

(0.6037,0.4180,0.3590,0.5740,0.5612,0.5598,0.5242)

表 16 矩阵中每一列数据分别为北京、天津、河北、上海、江苏、浙江和广东的 2016 年区域治理指数得分，对北京、天津、河北、上海、江苏、浙江、广东区域治理的指数进行综合评价的结果排名如表 17 所示。

表17　北京、天津、湖北、上海、江苏、浙江、广东区域治理指数的综合评价结果排名

单位：分

区域	北京	上海	江苏	浙江	广东	天津	河北
得分	0.6037	0.5740	0.5612	0.5598	0.5242	0.4180	0.3590
排名	1	2	3	4	5	6	7

对京津冀、长三角、珠三角区域治理的指数进行综合评价，可以通过对北京、天津、湖北、上海、江苏、浙江、广东区域治理指数的综合评价结果进行权重赋值，取北京、天津、河北三地的权重分别为 0.45、0.35、0.20，取上海、江苏、浙江三地的权重分别为 0.45、0.30、0.25，取广东的权重为 1.00，则京津冀、长三角、珠三角区域治理的指数综合评价结果分别为：

$$B_{京津冀} = (0.45, 0.35, 0.20) \cdot \begin{bmatrix} 0.6037 \\ 0.4180 \\ 0.3590 \end{bmatrix} = 0.4898$$

$$B_{长三角} = (0.45, 0.30, 0.25) \cdot \begin{bmatrix} 0.5740 \\ 0.5612 \\ 0.5598 \end{bmatrix} = 0.5666$$

$$B_{珠三角} = (1.00) \cdot [0.5242] = 0.5242$$

根据前面所述的指标标准化方法，对 2005～2016 年京津冀、长三角、珠三角区域的数据指标进行同样处理，得出最终结果见表18。绘制京津冀、长三角和珠三角区域比较的折线图（如图2所示），能够更加直观地比较京津冀、长三角、珠三角区域治理指数评价的结果。

表18　2005～2016 年京津冀、长三角、珠三角区域治理指数综合评价结果

	2005年	2006年	2007年	2008年	2009年	2010年
京津冀	0.3768	0.3837	0.3919	0.411	0.3925	0.4134
长三角	0.4732	0.4858	0.5076	0.4886	0.4635	0.5585
珠三角	0.4843	0.5089	0.5203	0.4937	0.4610	0.5067
	2011年	2012年	2013年	2014年	2015年	2016年
京津冀	0.4298	0.4347	0.4785	0.4679	0.4779	0.4898
长三角	0.5823	0.6002	0.6144	0.5720	0.5676	0.5666
珠三角	0.5295	0.5564	0.5607	0.5266	0.5098	0.5242

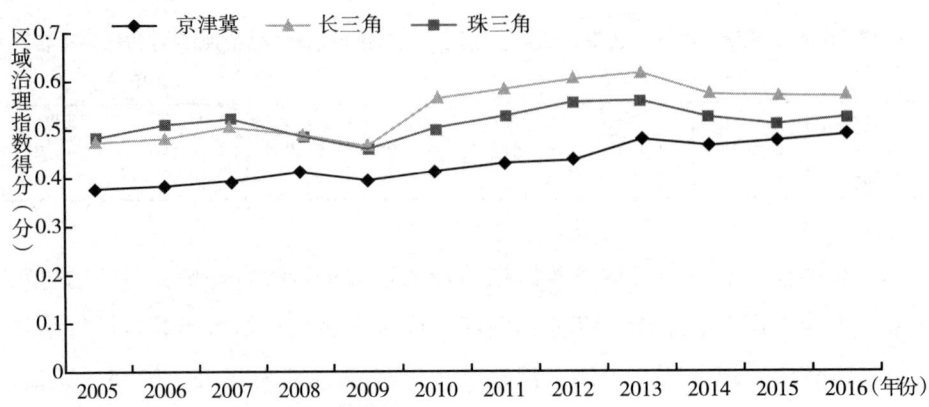

图2　2015~2016年京津冀、长三角、珠三角区域治理指数综合评价结果比较

（四）区域治理指数评价结果分析与对比

按照本报告的评价模型和评价指标的分级标准，参考区域治理指数综合判断标准以及国内外各种综合评价价值的分级方法，本报告根据阈值原则给出如下判别标准：$Score<0.3$，区域治理指数水平低；$0.3\leqslant Score<0.4$，区域治理指数水平中；$0.4\leqslant Score<0.5$，区域治理指数水平良；$Score\geqslant 0.5$，区域治理指数水平高。结合表18、图2以及原始数据进行分析可知以下几点。

1. 大幅下降：2008年金融危机后的三大区域治理绩效水平整体态势

通过图2可以看出，从2005年到2007年，中国三大区域治理绩效水平整体上升，但是，从2008年开始，京津冀、长三角和珠三角区域治理绩效水平出现下降的趋势，呈现这种态势的主要原因是金融危机对中国的影响，此次受影响的主要是出口业，其导致了三大区域的失业率上升、人均收入减少、公共财政预算支出减少等，使区域治理绩效评价结果呈现下降趋势。2008年，京津冀区域治理绩效水平出现了上升趋势。呈现这种态势的主要原因是2008年北京举办奥运会，提高了公共资源的利用率，增强了公众的优越感和满足感，增加了公共财政的投入，扩大了志愿者的影响力，提升了区域治理绩效水平。但是从2009年开始，随着北京奥运会的结束，京津冀区域也受到了金融危机的影响，区域治理绩效水平呈现下降趋势。

2. 反弹回升：2010年之后京津冀、长三角和珠三角区域治理指数水平的整体态势

从2010年开始，京津冀、长三角和珠三角区域治理指数水平出现反弹回升的趋势。2010年京津冀地区的区域治理指数为0.4134，与该地区2009年的区域治理指数0.3925相比，提高幅度是0.0209；2010年珠三角地区的区域治理指数为0.5067，与该地区2009年的区域治理指数0.4610相比，提高幅度是0.0457；2010年长三角地区的区域治理指数为0.5585，与该地区2009年的区域治理指数0.4635相比，提高幅度是0.0950。出现反弹态势的整体原因是，国家推出的4万亿经济刺激计划，拉动了经济的快速回升，带动了长三角、珠三角和京津冀区域的居民收入的增加和失业率的降低，区域治理指数整体呈现上升的趋势。而长三角的提高幅度最大，主要原因是，2010年5月，国务院批准实施《长江三角洲地区区域规划》，推进了产业分工、基础设施体系建设与资源要素市场体系建设，提出了体制改革与制度创新的路径，提升了长三角区域治理水平。

3. 趋于稳定：2014年之后京津冀、长三角和珠三角区域治理指数水平的整体态势

从2014年开始，京津冀、长三角和珠三角区域治理指数都出现了短暂的下滑，并逐步趋于稳定。这是因为全球经济复苏缓慢，俄罗斯金融危机的爆发等导致中国经济实现了软着陆，经济增长开始步入新常态，中国三大区域的区域治理指数整体呈现稳定的趋势。其中，京津冀区域治理指数稳定攀升，其原因是从2014年开始，国家陆续颁布了许多京津冀协同发展的政策，政府政策带动使得京津冀地区区域治理整体状况要优于长三角和珠三角。

4. 差异缩小：2014年之后京津冀与长三角、珠三角区域治理指数水平的比较

京津冀地区的区域治理指数从2010年的0.4134稳步攀升到2016年的0.4898，这说明京津冀地区的区域治理效果越来越好。长三角和珠三角的区域治理指数从2010年起，就高于0.5，达到区域治理指数水平良，而京津冀地区的区域治理指数从未达到过0.5，这说明，虽然近几年京津冀地区的区域治理指数一直处于上升的态势，但是从整体来看，京津冀地区的区域治理指数一直低于长三角和珠三角的区域治理指数。因此，京津冀区域治理指

数水平与长三角、珠三角区域治理指数水平存在差异,而且这种差异是不断缩小的。

六 京津冀区域治理的模式分析

京津冀区域治理模式是指区域治理的具体形式和实现方式,作为区域治理得以实现的制度框架和运行载体,其直接决定着区域治理的效果。

(一)政府主导:当前京津冀区域治理模式的持续选择

从近几年的京津冀、长三角、珠三角区域治理指数评价对比结果可以看到,自2010年以来,京津冀区域治理指数稳步攀升,特别是在2014年之后,在长三角和珠三角区域治理指数都显著下降、缓慢增长的情况下,京津冀区域治理指数能够稳住态势、稳定攀升,这表明京津冀区域治理取得了良好的效果。原因是近几年来,政府密集出台了一系列京津冀协同发展的战略、规划和发展纲要,使得政府主导的京津冀区域治理取得了显著的成绩。

结合区域治理的原理,从总体上分析,当前的京津冀还处于区域治理的初级阶段,京津冀三地的政府致力于追求各自的利益,无法解决日益复杂的各种区域矛盾,效率低下、公共服务不均、缺乏对区域的整体性关注,因此,政府主导的区域治理模式是当前最适合京津冀协同发展的方式。

从京津冀区域治理的实践角度来看,政府主导的区域治理模式也是应对"碎片化"政府弊端的良方。2017年4月1日,国家批准设立了雄安新区,将河北省雄县、容城、安新3个县及周边部分区域进行合并,促进了区域协作,优化了区域公共物品的供给,产生了统一的行动、更公平的服务、更强的京津冀区域治理能力。

(二)市场主导:将来京津冀区域治理模式的必然选择

从近几年的京津冀、长三角和珠三角区域治理指数评价对比结果可以看到,虽然自2010年之后,京津冀区域治理指数稳步攀升,但是京津冀区域治理指数始终低于0.5，并未达到区域治理水平良的状态，而长三角和珠三角从2010年之后，它们的区域治理指数从未低于0.5，一直保持着区域治理水平良的状态。原因是长三角和珠三角的区域治理起步早，现在已经进入区域治理的成熟阶段，已经处于以市场为主导的区域治理模式，而京津冀区域治理起步晚，现在还处于区域治理的初级阶段，仍然需要以政府为主导的区域治理模式发挥作用。

随着京津冀区域治理的不断进行，将来的京津冀区域治理势必会进入成熟阶段，进入成熟阶段后，将会重新定位京津冀三地的政府职能，对于那些不应该由政府承担的角色，将其卸下来，对于那些由市场承担区域治理角色主体更有效率的角色，由市场去进行区域治理，政府退出这部分的区域治理领域，重新强调市场的作用。

在进入成熟阶段之后，京津冀区域治理必然会选择以市场为主导的区域治理模式，以市场机制来提供公共物品，将关注的焦点转移到个人需求的偏好上，许多相互独立的决策主体在竞争关系中相互重视对方的存在，相互签订各种合约，并从事协作性的活动，通过京津冀政府的重构，建立多中心、多层次的京津冀区域公共管理体系，对区域公共事务进行综合治理，以便实现对社会资源的优化配置与利用，提供更优质、更便捷的服务。

（三）网络治理：未来京津冀区域治理模式的终极选择

政府主导型治理模式强调的是科层制基础上的单中心的集中治理，无法回避高额执行成本和"政府失败"。市场主导型治理模式强调的是通过市场机制形成的竞争服务的多中心治理，无法回避市场失灵。本报告认为，在中国情境的影响下，这两种治理模式都无法达到完美的状态，都不是适合京津冀协同发展的最终选择。

结合当今社会已经进入网络社会的具体实情，本报告认为网络治理模式是京津冀区域治理模式的终极选择。在网络治理模式下，只有建立起京津冀三地不同层次政府、私人部门、京津冀民众、各种社会组织和民众团体等多方参与的京津冀社会合作网络，通过持续的社会实践过程和集体行为来应对

京津冀地区可持续发展和京津冀区域内各地的均衡发展问题，包括环境污染、发展差距等，才能实现京津冀区域协同发展。

七 推进京津冀区域治理的政策建议

（一）京津冀协同发展各治理主体的应然角色

与长三角、珠三角地区相比，京津冀区域治理的成熟度较低，市场和社会公众的参与度相对较低，发挥主要作用的是京津冀各级党委和政府。在京津冀协同发展的过程中，只有使京津冀区域的全部利益相关者参与到区域治理中，才能实现全方位的区域治理。

1. 发挥各级党委和各级政府在区域治理中的主导作用

（1）党中央和中央政府：京津冀区域治理的最终决策者

党中央和中央政府通过运用多种手段统筹区域发展，解决京津冀协同过程中出现的制度性问题和障碍，是京津冀区域治理的最终决策者。

（2）京津冀三地地方各级党委和地方各级政府：京津冀区域治理的执行者

京津冀三地地方各级党委和政府在党中央和中央政府的领导下，管辖各自行政区内的事务，化解利益冲突，尽最大可能满足本区域内经济发展的需要，推进京津冀区域治理的顺利进行。

2. 京津冀三地各类型企业：京津冀区域治理的主体

（1）国有企业：京津冀区域治理的先遣军

京津冀国有企业"政企合一"的领导管理模式决定了国有企业作为区域治理的重要利益主体，是打赢京津冀协同发展这场战斗的先遣军。京津冀地区的国有企业资本雄厚、覆盖面积广泛、分支机构众多、员工数量庞大，其利益与京津冀区域治理存在较强的联系，必定会广泛参与区域治理。在疏解北京非首都功能方面，国有企业发挥着重要的带头作用，北京地区的高耗能、高污染的国有企业正在向津冀两地迁移，重点是向河北省迁移，例如，首钢集团由北京市迁至唐山市。雄安新区作为疏解北京非首都功能的重要承载地，将承接北京的高端高新产业的国有企业，促进京津冀健康发展。

（2）其他企业：京津冀区域治理的主力军

在京津冀地区，存在数量众多的跨国企业和民营企业，这些企业数量多、行业齐全、覆盖范围广泛、提供大量就业岗位，是推动京津冀地区经济发展的活跃动力，是京津冀区域治理的主力军。这些企业通过行业商会、企业联盟等组织平台进行自治，同时积极与政府部门进行协商，既维护自身经济利益，也为其提供公平良性的平台，参与京津冀区域治理。

3. 居民和民众组织：区域治理的积极参与者

（1）居民

京津冀地区的居民通过参加公益组织、社区组织和政府组织的听证会等形式参与区域治理，有助于增强居民的区域治理意识，推行区域治理政策。

（2）民众组织

当前，由于政府未充分认识到民众组织的重要性，京津冀地区的民众组织整体力量相对偏弱、组织数量较少。要发挥民众组织在京津冀区域治理中的积极作用，应当正确认识民众组织，引导其健康发展，为其提供多方面支持。

（二）京津冀区域治理的制度创新

1. 构建科学合理的政府行政机制

京津冀区域治理是各级政府联合运用行政机制实现区域发展的过程。要对其进行治理，既要发挥中央政府的统筹协调作用，又要发挥地方政府良好的执行力。

（1）完善中央协调区域治理的机制

虽然京津冀三地间的交流合作频繁，但是，"强交流，弱合作"的局面依旧存在，由于三地政府的利益诉求不同，实质性的合作并不多。要打破这种局面，应该完善中央协调区域治理的机制，建立京津冀三地协调发展平台，实现三地政府常态化合作，有力推进政策落实到地。

（2）健全地方政府行政协调机制

京津冀三地各级地方政府要努力建设健全的协调机制，依据京津冀区域规划中对各城市的定位，明确各城市的权责和义务，强化落实各项政策，实现京津冀各城市的合作共赢。例如，"可以成立由京津冀各城市的市长组成的市长联席会，定期召开会议处理日常事务，以多数表决同意原则解决区域发展中的分歧与矛盾"。①

2. 构建公平自由的市场机制

当前，京津冀区域在产业转移、人才流动等方面存在壁垒，应破除京津冀区域市场壁垒，建立统一的市场准入制度，建立具有开放性、竞争性的现代区域市场体系，整合京津冀区域资源，进一步发挥市场在资源配置中的决定作用。例如，各地政府下放审批权限、消除各种障碍，为企业在京津冀区域内自由流动迁移提供条件；进一步根除地方保护主义，实现资本、技术、人才等生产要素在京津冀区域内的自由流动。

3. 构建立体完善的利益共享机制

在区域治理的过程中，应当通过共享资源和利益来调动区域内各方的积极性，同时对在京津冀协同发展过程中做出重大牺牲的地区进行利益补偿，建立利益补偿机制，保障京津冀地区协同发展的顺利进行。

（1）资源共享机制

京津冀协同发展要有效而全面地整合区域内的资源，打破行政界限，实现区域内的基础设施、公共服务设施、信息资源、人才资源、科技资源等的共享，"根据资源所有权的属性使各主体共同参与资源获益的分配，避免其中任意一方在市场运行过程中垄断公共资源"，② 兼顾各主体利益，建立完备的资源共享机制，协调京津冀三地区域共同发展。

（2）利益共享机制

京津冀协同发展应考虑各方参与者在区域治理过程中的投入比重，采取

---

① 杨明：《京津冀一体化过程中政府合作机制研究》，《中国国情国力》2014年第8期。
② 马海龙：《京津冀区域治理协调机制与模式》第1版，东南大学出版社，2014，第191页。

谁投资谁受益的基本原则，按比例分配利益，同时建立使各主体畅通表达利益的完整渠道，努力满足各方利益，实现区域合作发展。

（3）利益补偿机制

为了治理京津冀地区出现的大气污染问题，自2014年开始，中央大幅削减河北省的水泥、煤炭、玻璃等的工业产能，这对河北省的经济发展造成了巨大的经济损失，大幅增加了河北省的失业人口。中央政府在改善京津冀地区环境问题的同时，需要加强财政补偿和转移支付，针对河北省的牺牲加快形成利益补偿机制，辅助河北省处理好京津冀协同发展中的棘手问题，推动京津冀协同发展。

参考文献

胡爱荣：《京津冀治理环境污染联防联控机制的应用研究》，《生态经济》2014年第8期。

张莉、唐茂华：《京津冀都市圈发展新格局与合作机制创新研究》，《天津社会科学》2012年第6期。

崔晶：《区域地方政府跨界公共事务整体性治理模式研究：以京津冀都市圈为例》，《政治学研究》2012年第2期。

张亚明、刘海鸥：《协同创新博弈观的京津冀科技资源共享模型与策略》，《中国科技论坛》2014年第1期。

孙久文：《京津冀合作难点与陷阱》，《人民论坛》2014年第13期。

周立群、曹知修：《京津冀协同发展开启经济一体化新路径》，《中共天津市委党校学报》2014年第4期。

陶希东：《发达国家跨行政区治理模式启示》，《行政管理改革》2015年第4期。

耿云：《新区域主义视角下的京津冀都市圈治理结构研究》，《城市发展研究》2015年第8期。

陆大道：《京津冀城市群功能定位及协同发展》，《地理科学进展》2015年第3期。

徐祺娟：《区域公共科技服务平台长效机制及治理模式研究——基于失灵的视角》，《特区经济》2016年第7期。

程栋、周洪勤、郝寿义：《中国区域治理的现代化：理论与实践》，《贵州社会科学》2018年第3期。

张贵、王树强、刘沙、贾尚键：《基于产业对接与转移的京津冀协同发展研究》，《经济与管理》2014年第4期。

张贵、李佳钰：《构建京津冀现代化交通网络系统的战略思考》，《河北工业大学学报》（社会科学版）2015年第2期。

张贵、李佳钰：《京津冀协同发展的新形势与新思路》，《河北师范大学学报》（哲学社会科学版）2017年第4期。

张贵、李佳钰、郭婷婷：《创新生态系统、高技术产业与京津冀协同发展新动能——基于我国三大区域行业数据的比较分析》，《河北工业大学学报》（社会科学版）2017年第2期。

张贵、刘霄：《雄安新区：创新生态系统建设与金融支撑》，《金融理论探索》2017年第6期。

张贵、李涛、原慧华：《京津冀协同发展视阈下创新创业生态系统构建研究》，《经济与管理》2017年第6期。

张贵、齐晓梦：《京津冀协同发展中的生态补偿核算与机制设计》，《河北大学学报》（哲学社会科学版）2016年第1期。

张贵、梁莹、郭婷婷：《京津冀协同发展研究现状与展望》，《城市与环境研究》2015年第1期。

张贵、徐杨杨、梁莹：《京津冀协同创新驱动因素及对策建议》，《中国高校科技》2016年第10期。

刘雪芹、张贵：《京津冀产业协同创新路径与策略》，《中国流通经济》2015年第9期。

丁梅、张贵、陈鸿雁：《京津冀协同发展与区域治理研究》，《中共天津市委党校学报》2015年第3期。

专题报告

Special Reports

京津冀城市治理与空间品质升级*

张　超　张意博　张晓瑞　陈　思**

摘　要： 城市和区域治理现代化既是国家治理体系和治理能力现代化的重要组成部分，也是推进国家治理能力现代化的基础性问题。本文从"表达与沟通""创新与发展""绿色与宜居""开放与包容""生机与活力"五大维度构建指标评价体系并对京津冀地区各城市治理水平进行评价。研究发现，从全国城市看，在京津冀内部，北京、天津治理水平在全国的位次较高，而河北省各城市排名均相对落后，尤其是冀中南地区

---

* 国家自然科学青年基金项目"区域房价差异影响中国制造业产业转移的机制与对策研究"（71503067），项目负责人，张超；河北省社会科学基金项目"京津冀'多重城镇化'对城乡收入差距的影响研究"（HB15YJ100），项目负责人，张超；河北省自然科学基金面上项目"协同发展背景下京津冀城市群空间形态演化模拟及优化策略"（G2018202263）。

** 张超，博士，河北工业大学经济管理学院副教授、硕士生导师，研究方向为城市与区域经济；张意博，河北工业大学经济管理学院硕士研究生；张晓瑞，河北工业大学经济管理学院硕士研究生；陈思，河北工业大学经济管理学院硕士研究生。

的城市治理排名更是处于末位。就城市群治理综合水平而言，京津冀城市群治理水平与长三角、珠三角差距显著，这主要源于京津冀城市在"空间品质"上的巨大"落差"。环境污染、活力不足、包容性差等问题已经严重制约了河北城市空间品质及其高端创新创意人才的吸引力，如不及时扭转这一局面，河北省将失去未来"赶超发展"的可能。京津冀协同发展下一时期的发展策略重心在于"构筑宜居宜业宜游的空间品质"，"空间品质"的构筑应重点从完善创新生态系统、公共服务均等化、人才一体化、城市包容度提升四个维度切入。

关键词： 城市治理　地方品质　治理指数

一　引言

人类社会治理模式的演变内生于人类群居模式的演变。从中国文明五千年历史长卷看，以乡村为核心的聚落模式所衍生的治理思维长期占据主导地位，然而这一治理思维在中国城市化进程快速推进的当下正在迅速转变，"城市治理"无论在理论上还是在实践上均受到广泛关注，不同学科从不同视角对"城市治理"的理念、目标及实现过程进行了广泛而有益的探讨。

当前，强化城市的"治理思维"，逐渐实现城市政府由全能型政府向服务型政府转变是当前城市转型发展的时代要求。党的十八届三中全会明确提出要推进国家治理体系和治理能力现代化。城市是现代国家的基本地域单元，是国家公共权力基础和市场社会基础的叠合体，国家治理目标主要依靠城市和区域贯彻落实。而中国是一个幅员辽阔、地域差异十分显著的巨型国家，城市和区域治理现代化既是国家治理体系和治理能力现代化的重要组成部分（杨开忠，2014），也是推进国家治理能力现代化的基础性问题（王浦劬、雷雨若，2018）。城市治理还是当前解决我国城市发展中突出矛盾的关键。当前中国城市化过程中出现的一系列问题，其关键原因在于"治理机制缺位"。目前，在市场经济体制的框架基本建立以后，政府职能转变不到位是经济社会领域诸多矛盾和问题的体制性根源。传统的城市政府命令式、家长式管制思维已经无法满足当前新型城市化发展的需要，下一阶段最紧迫的任务就是大力推进政府改革，改变现行城市管理模式，通过"善治"实现城市发展，解决城市问题。

京津冀地区应是城市和区域治理现代化的"首善之区"，习近平总书记在2014年初次部署京津冀协同发展时明确强调首都治理现代化是国家治理体系和治理能力现代化的重要组成部分，强调区域协调发展体制机制是京津冀协同发展的重要使命和责任。作为国家首都所在地区，京津冀地区未来将被打造成为国家区域治理现代化"首善之区"，成为向世界展示我们国家治理体系和治理能力现代化的"窗口"，未来实现京津冀地区城市"善治"对于实现京津冀协同发展的战略目标至关重要。那么何谓"善治"？现阶段京津冀城市治理的目标是什么？本报告认为就我国当前城市化的发展阶段而言，完善和提升一个城市的"空间品质"应是城市"善治"的核心，这里的"空间品质"所关注的重点在"生活"和"生态"层面，而非"生产"层面。对京津冀城市群而言，空间治理应以品质提升为核心，以一体化为导向，以功能转型升级为关键（杨开忠，2018）。

那么，我们为什么将"空间品质"作为"善治"的最终归宿呢？其主要存在以下两点原因。首先，在技术进步下，国民对生产的掌控能力超越了其他生产资料，"以人为本"理念深入人心，就京津冀城市群而言，人才、技术等是驱动城市化和区域发展的核心要素，能否通过提升空间品质从而吸引并留住具备创新精神的"创意人才"将是城市未来持续快速发展最关键的一环。其次，当前我国正处于从"生产时代"向"消费时代"过渡的时期，在国家富裕程度普遍提升、消费不断升级的背景下，人们赋予了"生活和生态"更大的意义，尤其对京津冀这一处于高收入国家发展阶段的城市群而言，"更宜居、更绿色"本身就是区域发展的落脚点。实际上，提升"空间品质"也是现阶段京津冀协同发展的核心诉求。《京津冀协同发展规划纲要》在涉及的京津冀协同发展近中远发展目标中强调，近期到2017年，在交通一体化、生态环境保护、产业升级转移等重点领域率先取得突破；中期到2020年，北京"大城市病"等突出问题得到缓解，生态环境质量得到有效改善，公共服务共建、共享取得积极成效。北京城市定位于建设"国际一流的和谐宜居之都"。这些发展目标本质上均指向"空间品质"的升级跃迁。

因循这一理念，本报告认为京津冀城市治理既应立足于城市创新转型的愿景导向，又应坚持着力解决城市病的问题导向，应以推进城市"开放"和提升城市"空间品质"，实现"创意人才"集聚，解决城市化过程中的突出矛盾和问题为"善治"标准，未来京津冀实现"国家区域治理现代化首善之区"这一战略目标的核心举措应是推动区域内城市迈向"品质城市"。

二 城市治理研究述评

根据世界银行在1992年所出版的《治理与发展》（*Governance and Development*）一书中的定义，治理是用来管理国家经济与社会资源以促进发展的政治权力行使的方式，亦即政府权威、管理、控制与权力的使用。从这一概念出发，城市治理就是"用来管理城市经济与社会资源以促进城市发展的政治权力行使的方式，亦即政府权威、管理、控制与权力的使用"。城市治理评价是治理理论在城市管理方面的应用，城市治理水平则是衡量一个城市治理效果的综合体现。由于早期城市治理模式以政府为主，因此，多将城市政府治理能力用于城市治理的评估。

世界银行（1999）发布的"世界治理指数"（WGI）最早对全球多个国家和地区的"治理水平"进行了综合评价，也是目前影响最大、应用最广泛的治理评价体系。该评价体系将治理水平划分为六个维度。(1) 话语权与问责：公民的政治权利和自由。(2) 政治稳定与非暴力：政治暴力威胁的程度。(3) 政府效率：政府机构和公共服务的质量。(4) 监管质量：政府制定和实施政策法规的能力。(5) 法治：司法程序是否迅速和公正。(6) 防治腐败：公权力介入腐败的程度。除国际组织发展的治理评估体系外，西方发达国家也针对政府及城市治理状况建立起了各自的治理评估体系，如澳大利亚公共服务委员会 APSC 对公共服务和政府治理的评价以及美国政府 1993 年颁布《政府绩效与结果法案》(GPRA) 来评价政府的治理绩效等。

此外，一直以来，"治理"是服务于区域发展的，治理研究范式也是在当代治理理论不断向区域经济学和发展经济学渗透的过程中逐步确立的。"治理"这一概念在世界范围内被提上日程，最初是与经济援助联系在一起的。1989 年，世界银行在《撒哈拉以南非洲：从危机到可持续增长》(Sub-Saharan Africa: from Crisis to Sustainable Growth) 的报告中率先提出了"治理危机"的概念（俞可平，1999）。在此之后，世界范围内快速形成了一波通过"治理"实现国家和地区发展的热潮。20 世纪 90 年代，OECD 国家区域经济发展政策范式逐渐从中央政府主导下的以资源再分配为目标的"援助补贴范式"向强调中央、地方政府、公众、社会组织等多主体共同参与下的以培育地方竞争力为目标的"治理范式"转变。当前，中国的"治理时代"也已经到来，区域治理成为推进我国空间高质量发展的一个重要抓手，杨开忠（2018）提出我国应从点、线、面、体、能、质、度七大领域推进空间高质量发展，其中，"度"即在机构调整改革和"三规合一"的基础上，从城市、区域治理改革入手，打造与高质量发展相适应的空间治理体制机制。

从 21 世纪初开始，国内学者在借鉴国外治理理论和评价体系的基础上，开始探索适合中国国情的评估体系。这一时期的研究大多停留在框架讨论的层面，但也为今后我国治理评价体系的建构指明了方向。其中的代表性成果有，从国家治理角度提出的包括"公民参与、人权与公民权、党内民主、法治、合法性、社会公正、社会稳定、政务公开、行政效益、政府责任、公共服务和廉政"12个方面的治理目标（俞可平，2008）。其也有围绕公共治理展开的评价体系："中国省市公共治理指数"包括公民权利、公共服务和治理方式三大类共20项指标（天则研究所，2008）；"治理评估通用指标"包括竞争、成本、能力、透明、公平公正、时限、效率、质量、责任、创新、环保、效果和满意度13个维度（胡税根、陈彪，2008）；"中国公共治理绩效评价指标体系"包括公平、法治、可持续性、参与、透明度、责任、效能7个维度（包国宪、周云飞，2009）。

其后，有学者开始尝试用实证分析的方法来综合评估中国城市的治理水平。过勇和程文浩（2010）基于"参与、公正、有效、管制、法制、透明和廉洁"7个维度构建了治理评价框架，并采用主客观指标相结合的方法，测算了北京、上海、长沙、深圳和成都5个城市综合治理水平的"治理指数"。廖加固（2014）选取了经济规模、产业结构、城市功能、社会公平、可持续发展5个层面的城市治理指标，采用绩效衡量的方法对北京、上海、成都、武汉、长沙、广州、重庆7个城市的治理水平进行了评测。另有学者从城市治理的某一方面出发，构建了城市治理能力的部分评价体系，如基于行政体制、行政能力、经济治理、政治治理、社会治理、文化治理和生态治理建立的地方政府治理现代化测度指标体系（唐天伟、李林，2016）；使用城市的经济总量发展能力、社会服务发展能力、生态改善发展能力、内涵提高发展能力和城乡统筹发展能力5个维度对城市可持续科学发展能力的评价指标体系（张国玉、余斌，2012）；选取工业固体废物综合利用率、生活垃圾无害化处理率、工业废水排放达标率等9个指标建立的城市环境治理能力评价体系（邬文帅、寇纲，2010）；基于政府保障层和基础环境层对数字城市治理能力的评估（张亚明等，2010）；以及也可归纳为城市治理评价研究内容的城市生活质量指数、城市宜居指数、城市幸福度、公众满意度等，从而使得城市治理体系的内容越来越丰富，研究的议题也更倾向于城市的可持续性和城市中"人"的生活品质（徐林、卢昱杰，2016）。

目前，学术界对于城市治理水平的综合评价并没有统一的标准，但近年来随着政府明确其公共服务职能，尤其是提出建设服务型政府的目标后，中国政府在治理改革中日益偏重公共服务的内容。服务型政府的内容包括提供更多的社会公共品，特别是在环境保护、生态平衡、义务教育、基础交通、公共安全、社会福利等方面增加公共服务支出；简化行政审批程序，放松政府对社会经济事务的管制；改善政府官员的服务态度，增强政府与公民之间的相互信任；强化行政责任，实行各种形式的承诺制度和问责制度等（俞可平，2008）。而十九大报告提出的中国经济发展的终极目标是"以人为本"这一执政理念，更是明晰了城市治理的最终目的。城市治理目标的人本化即应以人为核心，不断满足人民日益增长的美好生活需要，全面提升空间品质。从这一视角出发，王珺、夏宏武（2015）从基础设施、文化教育、医疗卫生、社会保障、环境保护、园林绿化的城市治理的6大维度，对5个区域中心城市的治理能力进行了综合评价分析。

三 中国"城市治理指数"构建

"城市治理"强调在"多主体参与"这一权力运行方式下达到"善治"的目标，即"城市治理"既有"过程"属性，也有"结果"属性。我们认为，一个城市的民意"表达"与政府"问责"很好地捕捉了"多主体参与"这一"过程"属性，然而对于"城市治理评价"而言，仅强调和捕捉"过程属性"显然是不够的，当前更重要的是要捕捉其"善治"的"结果属性"。目前，中国正处于经济由高速增长向高质量增长的转型和城市化由"量"的扩张向"质"的提升转型这一"双重转型"时期。在经历了"要素驱动型""资本驱动型"之后，中国城市化步入"创新驱动"发展阶段，人才取代资本和劳动成为驱动发展的第一动力，"空间品质"成为"善治"的核心标准。此外，评价一个城市治理的优劣不仅要着重考量城市民众、社会在"城市事务"中的"参与度"这一"过程指标"，更要考量城市"空间品质"水平及是否提升这一"结果指标"。

基于这一判断,本文城市治理评价体系将聚焦于"表达与沟通""创新与发展""绿色与宜居""开放与包容""生机与活力"5大维度。首先,为集中反映市民及社会对城市事务意见建议的顺畅表达程度,本报告设置了"表达与沟通"这一维度。本报告认为,城市政府、社会力量和民众间的有效沟通互动是城市治理的内在形态,而一个城市能否为民众留足"意愿表达的空间"是衡量这个城市"治理能力"大小的核心要义。治理的本质是实现秩序与发展的统一,所有的发展主体既是秩序的创造者,又是秩序的维护者。市民既是所在城市的建设者又是亲历者,是城市真正的主人,城市治理离不开民众参与。在此,本报告选取能集中反映市民参与城市治理意愿的"关键词",并以地级城市搜索"关键词"得到的百度指数作为衡量城市民众的表达意愿。

其次,本报告认为,既然迈向"创新、宜居、开放包容、富有活力"的"高品质"城市应是现阶段"城市治理"的核心诉求,那么,一个城市的"空间品质"该如何衡量?这一点,理查德佛罗里达的代表性著作《创意新贵》已经给出了明确答案,即"品质"取决于该地区的技术(Technology)、人才(Talent)和包容性(Tolerance)。所谓的技术是指一个城市的创新和高科技的集中表现;人才是指创新型人才或人力资本,一个城市生活设施越完善、生活环境越宜居,对创意人才的吸引力就越强,城市就越有"活力",年轻人是一个城市最典型的"活力人群",同时,随着一个城市消费的增长,人们对住房、工作的搜寻均从不同侧面反映了城市活力。包容性是指开放性、宽容性和多样性。"流量经济"时代,一个城市能否在未来发展中胜出很大程度上源于其"开放度",开放条件下频繁的人口流动同时也伴随着文化、习俗的输入,这些都为城市发展带来多元性,让城市更加开放与包容,而开放与包容的城市氛围在吸引创意人才以及支持高科技产业发展和城市经济增长方面具有关键作用。

从这一理念出发,本报告设置了"创新与发展""绿色与宜居""开放与包容""生机与活力"4个维度并进行分析。"创新与发展"维度主要选取人均GDP、人均可支配收入、人均财政收入、工业单位企业平均利润、创新指数①、人均教育支出、人均科学技术支出 7 个二级指标；"绿色与宜居"维度主要选取人均公共财政支出、房价收入比、人均医疗床位、小学生生师比、人均公园绿地面积、人均道路、AQI 7 个二级指标；"开放与包容"维度主要选取人口净流入、人口总流量、外来人口比重、总客运量、总货运量 5 个二级指标；"生机与活力"维度主要选取社会消费品零售总额、普通高等学校数、高校在校生数、有关"租房"这一关键词的百度指数、有关"工作"这一关键词的百度指数 5 个二级指标。具体如表 1 所示。

表 1 城市治理水平评价指标体系

一级指标	二级指标	内容
表达与沟通	有关"政务公开"这一关键词的百度指数	反映城市民众对政府政务公开的意愿表达
	有关"投诉"这一关键词的百度指数	反映城市民众对城市服务的意愿表达
	有关"城市建设"这一关键词的百度指数	反映城市民众对城市建设的意愿表达
创新与发展	人均 GDP	反映城市竞争力
	人均可支配收入	反映城市经济发展阶段
	人均财政收入	反映城市富裕程度
	工业单位企业平均利润	反映企业生命力及高端化程度
	创新指数	反映城市创新产出水平
	人均教育支出	反映城市财政在人力资本投入上的倾斜力度
	人均科学技术支出	反映城市财政在科技上的倾斜力度
绿色与宜居	人均公共财政支出	反映居民社保福利水平
	房价收入比	房价水平/职工年均工资,反映居民居住压力
	人均医疗床位	反映居民就医难易程度
	小学生生师比	反映城市居民子女入学难易程度
	人均公园绿地面积	反映居民绿色空间大小及休闲服务
	人均道路	反映城市交通拥堵情况
	AQI	反映城市空气质量

---

① 在此处的"创新指数"请借鉴《中国城市和产业创新力报告 2017》关于城市创新的指标体系及计算方法。

续表

一级指标	二级指标	内容
开放与包容	人口净流入	城市人口总迁入－城市人口总迁出，反映城市对人口吸引度
	人口总流量	城市人口总迁入＋城市人口总迁出，反映城市"人流"枢纽性
	外来人口比重	（常住人口－户籍人口）/常住人口
	总客运量	反映城市"人流"枢纽性
	总货运量	反映城市"物流"枢纽性
生机与活力	社会消费品零售总额	反映城市市场繁荣程度
	普通高等学校数	反映城市"活力空间"数量
	高校在校生数	反映城市"活力人群"数量
	有关"租房"这一关键词的百度指数	反映城市生活节奏
	有关"工作"这一关键词的百度指数	反映城市生活节奏

四 中国"城市治理指数"数据来源及评价方法

在上一节构建的指标体系的基础上，本节将采用因子分析法和熵值法，对京津冀城市的治理水平进行综合评价。

（一）数据来源

根据表1所示的城市治理水平评价指标体系，同时又考虑到数据的可得性，本文城市层面的数据主要来自2014年、2016年《中国城市统计年鉴》、《中国区域经济统计年鉴》和《中国统计年鉴》和全国第六次人口普查数据等。需要特别说明的是，部分指标如AQI、百度指数、外来人口占比数据等通过专门网站获取。表1中所有的统计指标数据均是在该城市的市辖区范围内进行的统计。

（二）分析方法

本报告采用因子分析法和熵值法进行分析。因子分析法即利用降维思想,在尽可能不损失信息的前提下,利用少数几个因子反映原始资料的相关关系。其具体步骤如下:(1) 对原始数据进行标准化处理,以消除数量级和量纲的不同;(2) 通过计算相关系数矩阵得到特征值和特征向量,以及方差贡献率与累计方差贡献率;(3) 利用特征值和累计贡献率确定公因子;(4) 根据情况利用正交旋转法进行因子旋转;(5) 通过回归估计法等计算各因子得分。为使指标的评价分析更有针对性,不同于因子分析法一般采用各因子的方差贡献率为权重来计算综合得分,我们采用熵值法对公因子进行客观赋权,从而计算出治理水平的综合得分。熵值法是根据各影响因子提供信息量的大小来确定权重的一种综合定权法。借助熵值法可以判断各公因子的变异程度,变异程度越大,提供的信息量越大,在综合评价中作用越重要,其权重也就越大,反之亦然。具体步骤如下。

(1) 指标的标准化处理。由各因子得分可以得到初始的数据矩阵:$X = (x_{ij})_{n \times m}, i = 1,2,\cdots,n; j = 1,2,\cdots,m$,由于数据中可能存在负数,所以需要对初始矩阵进行标准化处理,同时,本研究因子得分均是正向指标,因此,需要进行如下处理:

$$Y_{ij} = \frac{X_{ij} - \min(X_{1j}, X_{2j}, \cdots, X_{nj})}{\max(X_{1j}, X_{2j}, \cdots, X_{nj}) - \min(X_{1j}, X_{2j}, \cdots, X_{nj})}, i = 1,2,\cdots,n; j = 1,2,\cdots,m \quad (1)$$

(2) 计算第 j 项指标下第 i 个样本占该指标的比重:

$$P_{ij} = \frac{Y_{ij}}{\sum_{i=1}^{n} Y_{ij}} (j = 1,2,\cdots,m) \quad (2)$$

(3) 计算第 j 项指标的熵值:

$$e_j = -k \times \sum_{i=1}^{n} P_{ij} \ln(P_{ij}) \quad (3)$$

其中 k 为调节系数,一般令 $k = \frac{1}{\ln m}$,由此得到的熵值 $0 \leq e_j \leq 1$。

(4) 计算第 j 项指标的权重：

对于第 j 项指标，指标值的差异越大，对系统评价的作用越大，熵值就越小，则第 j 项指标的权重为：

$$W_j = \frac{g_j}{\sum_{j=1}^{m} g_j}, g_j = 1 - e_j, j = 1,2\cdots,m \tag{4}$$

(5) 计算各评价指标的综合得分：

$$S_i = 100 \times \sum_{j=1}^{m} W_j \times P_{ij}(i = 1,2,\cdots,n) \tag{5}$$

在借鉴其他学者利用因子分析法和熵值法（伏润民等，2010；孙守恒、王维才，2017）研究的基础上，我们首先针对各类二级指标分别进行因子分析，提取相应的测度因子。其次，根据"表达与沟通""创新与发展""绿色与宜居""开放与包容""生机与活力"等各评价指标得分情况，采用熵值法确定其权重。最后，将各指标的权重与其所对应的得分相乘求积，得到各城市治理水平的综合得分。

"表达与沟通"维度下的二级指标主要提取了1个公共因子，其特征值为2.812，累计方差贡献率为93.72%，说明这个公因子可以很好地反映原始3个指标的信息，具有较高的代表性。"创新与发展"维度下的二级指标主要提取了两个公共因子，其特征值分别为4.589和1.046，累计方差贡献率为65.562%和80.505%，说明这两个公因子保留了绝大部分原始变量的信息。由旋转后的因子载荷矩阵可知，公因子F1在"创新指数"、"人均科学技术支出"、"人均教育支出"、"人均GDP"、"人均可支配收入"和"人均财政收入"上有较大载荷，分别为0.822、0.873、0.927、0.755、0.802和0.962，其方差贡献率为65.562%；公因子F2在"工业单位企业平均利润"上有较大载荷，为0.926，其方差贡献率为14.943%。"绿色与宜居"维度下的二级指标主要提取了3个公共因子，其特征值分别为3.323、1.101和1.056，累计方差贡献率接近78.276%，说明这3个公因子保留了绝大部分原始变量的信息。由旋转后的因子载荷矩阵可知，公因子F1在"人均公共财政支出"、"人均道路"、"人均公园绿地面积"、"医疗服务"和"房价收入比"上有较大载荷，分别为0.834、0.859、0.910、0.756和0.703，其方差贡献率为47.464%；公因子F2在空气质量等变量上有较大载荷，为0.946，其方差贡献率为15.722%；公因子F3在基础教育等变量上有较大载荷，为0.968，其方差贡献率为15.089%。"开放与包容"维度下的二级指标主要提取了两个公共因子，其特征值分别为3.109和1.043，累计方差贡献率为83.036%，说明这两个公因子保留了绝大部分原始变量的信息。由旋转后的因子载荷矩阵可知，公因子F1在"人口净流入""外来人口比重"上有较大载荷，分别为0.886和0.882，其方差贡献率62.173%；公因子F2在"人口总流量"、"总客运量"和"总货运量"上有较大载荷，分别为0.909、0.889和0.701，其方差贡献率为20.863%。"生机与活力"维度下的二级指标主要提取了1个公共因子，其特征值为4.335，累计方差贡献率为86.693%，说明这个公因子可以很好地反映原始5个指标的信息，具有较高的代表性。

表2 因子提取结果

单位：%

分类	成分	特征值	方差贡献率	累计方差贡献率
表达与沟通	1	2.812	93.720	93.720
创新与发展	1	4.589	65.562	65.562
	2	1.046	14.943	80.505
绿色与宜居	1	3.323	47.464	47.464
	2	1.101	15.722	63.276
	3	1.056	15.089	78.276
开放与包容	1	3.109	62.173	62.173
	2	1.043	20.863	83.036
生机与活力	1	4.335	86.693	86.693

在提取因子的基础上，以旋转后各公因子的方差贡献率占累计方差贡献率的比重作为权重，对各维度下公因子的因子得分进行加权汇总，从而

分别得到各城市"表达与沟通""创新与发展""绿色与宜居""开放与包容""生机与活力"等指标的因子得分 Y，其计算公式如下：

$$Y = \frac{\alpha_1}{\sum_{i=1}^{k}\alpha_i}y_1 + \frac{\alpha_2}{\sum_{i=1}^{k}\alpha_i}y_2 + \cdots + \frac{\alpha_k}{\sum_{i=1}^{k}\alpha_i}y_k \tag{6}$$

其中，k 为同一维度下的公因子个数，y_k 为公因子得分。

城市治理水平的高低体现在城市发展演变的诸多层面，各因素间相互联系、相互支持共同决定了城市的治理水平的评估结果。本文在选取5个维度进行因子分析的基础上，借助熵值法判断各公因子的离散程度，根据因子的离散程度大小，判断该因子对城市治理水平的影响程度。首先，对分析得到的5个公因子得分进行相应的标准化处理。其次，按照熵值法的计算公式求出各城市"表达与沟通"、"创新与发展"、"绿色与宜居"、"生机与活力"和"开放与包容"指标的熵值，分别为0.877、0.917、0.876、0.918和0.976，进而得到以上各类指标的权重，分别为0.282、0.191、0.285、0.187和0.055。最后，将这些指标的权重分别与其所对应的得分相乘求和，得到各城市治理水平的综合分数。

五 京津冀"城市治理指数"结果分析及评价

从京津冀地区各城市治理水平在全国的排位看，京津冀地区呈现巨大的差距。北京、天津排名相对靠前，其余城市排名均相对落后，尤其是冀中南地区的城市治理排名更是处于末位。在全国，北上广深四大城市综合得分均超过1.8，治理水平明显高于其他城市，是中国城市治理水平"第一阵列"。紧随其后的是杭州、武汉、东莞、成都、南京和苏州，城市治理综合得分在1.3以上，是中国城市治理的"第二阵列"。天津、郑州、重庆、长沙、厦门、西安、珠海、济南、合肥和福州分列地级城市中的第11~20位，为中国城市治理的"第三阵列"。京、津两地城市治理综合指数分别为2.46和1.25，排名分别位居第2和第11，是京津冀"城市治理"的"第一世界"。

河北省内城市治理排名靠前的城市如石家庄、廊坊、保定、唐山都处于全国上游水平，其综合治理指数得分分别为0.71、0.42、0.42和0.40，排名分别为第29、第56、第59和第63位，是京津冀"城市治理"的"第二世界"。除以上城市外，河北大部分城市尤其是冀中南城市的"城市治理"指数均较低，其中邯郸、邢台、衡水城市治理指数排名分别为第85、第125和第231位，构成了京津冀"城市治理"的"第三世界"。

由表3可知，在"表达与沟通"维度，京津位于全国前列，其中，北京在城市民众"表达与沟通"层面显著高于其他城市，排名全国首位，表明民众对城市事务的意见表达意愿明显高于其他城市，同时天津也高居第14位。而除张家口、衡水、承德三市排名靠后，分别为第134、第175和第216位外，河北省内其余城市排名基本在前100，其中，石家庄在河北省内排名最高，为第24位。总体而言，在多主体参与城市治理上，京津冀是领先全国平均水平的。就全国而言，各省域内城市在得分上分布相对均匀，而在东部沿海的京津冀、山东省、江苏省、上海市以及浙江省中较为集中，直辖市及省会城市在该维度上的得分普遍较高，如上海、杭州、广州、成都、重庆、武汉、郑州、南京等，可见，作为地区政治活动中心和信息汇集地，直辖市和省会城市居民对城市治理的参与度明显更高。

在"创新与发展"维度中，京津位于全国前列，其中北京以4.66分位列全国第2，天津以1.96分位列全国第8，表明这两地是京津冀城市群创新发展的主要驱动力量。而唐山作为河北省经济第一强市，其排名在这项指标上仅位列第69，而石家庄、沧州、邯郸这些省内传统强市也仅位列第95、第143、第196，保定、衡水、邢台这三市排名最为靠后，分别位列第209、第235、第254。河北省内城市整体排名不高，表明其仍未摆脱过去粗放、落后的发展方式，创新拉动经济发展动力不足，亟待进行新旧动能的转换。就全国而言，深圳、北京、上海、珠海、苏州、东莞、广州、天津等城市得分较高，这些城市均位于东部沿海的大都市区内，其中深圳以7.78分拉开了与其他城市的巨大差距，表明就城市创新而言，深圳远远走在了全国前列，而珠三角和长三角城市群是"创新与发展"最显著的"高水平"聚集

区，这两大城市群成为支撑我国创新发展的核心区域，其在城市创新治理方面为京津冀城市提供了"样板"。

在城市治理的"绿色与宜居"维度中，北京以2.36分位列全国第5，天津以1.12分位列全国第11，相较而言，这两大地区的宜居性始终位于京津冀城市群前列。河北省在全国城市排位最高的城市石家庄在全国层面则仅位列第58，其余省内城市排名大多处于中游及以下，如承德、秦皇岛、邯郸、唐山、沧州，分别位列第140、第142、第175、第194、第200。特别是衡水、邢台两市排名更是分别处于全国倒数位置，分别位列第235、第257。城市"绿色与宜居"指标排名较低与其生态环境密切相关，尤其是省内诸多城市的空气污染排名始终处于全国前列，这极大影响了城市的宜居程度。这一维度上，深圳、东莞和珠海三个珠三角城市位居全国前三，厦门、北京、上海、广州、三亚、嘉峪关和南京分列第4~10位。其中，厦门宜居性突出表现为良好的环境质量和较高的居民社会福利水平；三亚宜居性突出表现为优良的环境质量；嘉峪关宜居性主要体现为较高医疗水平和城市绿色空间；南京则主要体现为较高的工资福利水平和良好的基础教育。"绿色与宜居"维度的得分受地理的影响非常显著，不同城市"绿色与宜居"分值高低的空间格局与"胡焕庸线"，我国第二、第三阶梯分界线和长江水域等高度吻合，且呈现巨大的南北差距。"绿色与宜居"分值居前的城市主要集中在南方地区，且大致沿着我国第二、第三阶梯分界线以及长江流域所包围的区域分布。

在"流量经济"时代，占据"流量"枢纽地位的城市对外来人口有更强的吸附力，在未来城市角力中将会"胜出"。这一点集中体现在"开放与包容"维度上。目前，京津冀整体开放包容性较差，尤其是冀中南地区的衡水、邯郸、邢台三市，其开放包容度分别位居第147、第169、第170，这三大区域从区位分布来看，远离京津发展地，受到的辐射带动作用不足，同时自身发展又相对不足，很容易造成人口流失。深圳、北京、上海和广州在"开放与包容"程度上分列前四位，而东莞、成都、苏州、佛山、杭州和郑州在"开放与包容"指标上也表现优异。东莞、成都、苏州、杭州则属于

"包容性"更强的城市,而佛山和郑州则属于"开放性"更高的城市。河北南部、河南南部、安徽、长江中游城市群等地的城市开放、包容性与沿海地区差距明显,形成一道明显的"低开放包容城市带",未来如何构筑开放包容的空间品质将是中部城市亟待解决的关键问题。

城市治理的"生机与活力"维度上,京津位于全国前列,其中,北京城市居民的活力水平显著高于其他城市,排名全国首位,同时,天津也高居第12位。而除张家口、承德、衡水三市排名处于全国中游水平及以下,分别位列第145、第159、第160外,河北省内其余城市排名均位于前100,其中,石家庄在河北省内排名最高,位列第20。总体而言,城市的年轻与活力方面,京津冀是领先全国平均水平的,这也是京津冀城市群能位于全国发展前列的重要因素。就全国而言,北上广三地活力明显高于其他城市,武汉、成都、重庆、杭州、郑州等城市活力水平也相对较高,部分原因在于其中高校及年轻群体集聚,如北京、上海、武汉、成都等;也有部分城市的活力源于快速的生活节奏,如杭州、郑州等。

表3 京津冀各城市治理指数及排名

单位:分

城市	表达与沟通		创新与发展		绿色与宜居		开放与包容		生机与活力		综合评价	
	得分	排名	得分	排名	得分	排名	得分	排名	得分	排名	得分	排名
北京市	5.60	1	4.66	2	2.36	5	4.44	2	5.38	1	2.46	2
天津市	2.20	14	1.96	8	1.12	11	1.04	20	2.73	12	1.25	11
石家庄市	1.34	24	-0.05	95	0.16	58	0.46	44	1.75	20	0.71	29
廊坊市	0.21	55	0.07	72	0.13	65	0.54	37	0.12	61	0.42	56
保定市	0.50	43	-0.44	209	-0.07	109	0.07	73	0.51	40	0.42	59
唐山市	0.27	49	0.11	69	-0.28	194	0.12	66	0.37	45	0.40	63
邯郸市	0.21	54	-0.41	196	-0.24	175	-0.25	169	0.09	65	0.32	85
秦皇岛市	-0.25	102	-0.05	94	-0.15	142	0.07	74	0.02	75	0.29	93
沧州市	-0.13	86	-0.28	143	-0.30	200	-0.04	96	-0.01	79	0.27	101
张家口市	-0.37	134	-0.04	89	-0.02	94	-0.01	91	-0.35	145	0.26	102
邢台市	0.06	66	-0.53	254	-0.49	257	-0.25	170	-0.11	91	0.24	125
承德市	-0.54	216	-0.35	175	-0.15	140	-0.29	181	-0.40	159	0.18	181
衡水市	-0.48	175	-0.49	235	-0.41	235	-0.20	147	-0.40	160	0.15	231

城市群作为我国加快推进城镇化进程的主体空间形态，是中国未来经济发展中最具活力和潜力的核心增长极点。大城市群内部各城市应是我国"城市治理"最重要的空间载体，城市"善治"应从城市群开启。对比京津冀、珠三角、长三角、成渝和长江中游城市群整体治理水平发现，珠三角城市群城市治理综合水平遥遥领先，长三角次之，京津冀、长江中游、成渝城市群分列第3～5位。京津冀城市群治理最大的优势在于其"开放包容度"，而其主要大短板在于缺乏"生机与活力"及"开放包容度"。在未来创新发展过程中，京津冀应重点关注通过"空间品质营造"、提升"城市软环境"、推进内部城市开放程度及城市多元文化建设等吸引高端创意人才的进入（见图2）。

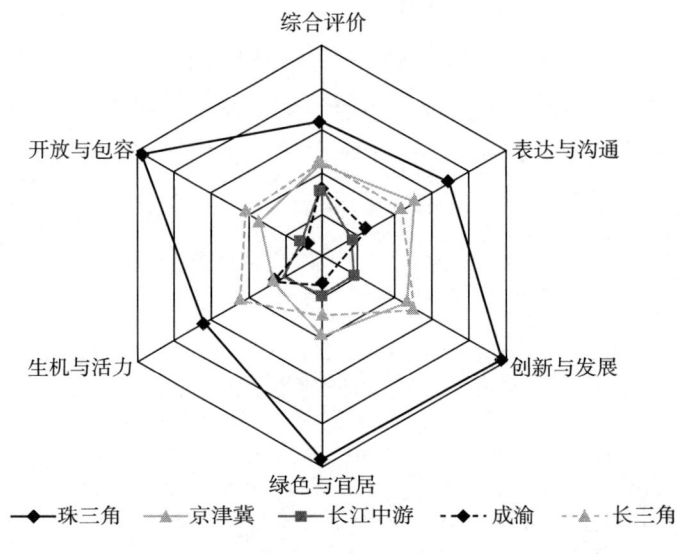

图1　中国五大城市群平均分项治理指数

"空间品质"主宰了一个城市的竞争力和未来成长性，目前具有较强竞争力的城市无一例外是典型的"高品质"城市。如深圳是"创新包容型"城市，北京是"活力表达型"城市，上海是"创新活力型"城市，广州是"活力开放型"城市，杭州是"包容表达型"城市，武汉是"活力表达型"城市，东莞是"宜居开放型"城市，成都是"活力开放型"城市，南京是"宜居活力型"城市，苏州是"创新包容型"城市，天津是"创新宜居型"

城市，郑州是"活力开放型"城市，重庆是"活力表达型"城市，长沙是"活力包容型"城市，厦门是"创新宜居型"城市。而目前京津冀发展滞后的症结在于城市的"低品质"，尤其是河北省与京、津两地存在明显的"品质断崖"。这种"品质断崖"一方面是京津冀城市间在社会资源、创新资源和公共资源配置上的显著差距所造成的；另一方面则是京津冀地区间"协同创新"、"公共服务"和"社会资源"的对接合作、共享机制尚未建立，公共服务一体化水平显著滞后所导致的。

首先，京津冀三地在创新生成和转化上存在"断崖式"落差。京津冀都市圈是我国智力资源最为密集的地区之一，知识创新能力在全国占有明显的优势，但科技创新转化能力相对较弱，在高端产品开发、高新技术产业发展方面未有较大突破。这源于河北省创新生态系统不完善，缺乏包括金融支撑、产业公地、市场环境、创新联盟、创新政策等的创新转化"土壤"。目前，京津冀地区创新成果并未出现期待的由北京、天津向河北转移的现象，而是更多的呈现由河北向北京、由河北向天津的"逆向转移"现象，究其原因在于河北未能建立起完善的创新生态系统。北京研发成果往往跳过京津冀转向其他沿海地区，呈现所谓的"炮弹效应"。

其次，京津冀三地在教育机会、工作机会和福利享受机会上存在"断崖式"落差，这使河北出现人才"倒虹吸效应"现象，即河北人才尤其是接受高等教育的年轻群体在福利差距下大量外流。据调查，北京和天津常住外地人口中约有一半以上为河北人，相比留在河北的群体而言，这些"走出去"的人群往往更具创新精神和文化素养，人力资本大量外流进一步加剧了河北省发展持续低迷的恶性循环。以受教育机会为例，京津冀三地大学的一本录取率差异巨大，河北一本录取率较北京低约15个百分点，较天津低约12个百分点。且从全国看，河北省一本录取率处于全国第10名左右，而北京和天津均处于前5名的位置。从高考升学率看，河北省升入985高校的比重约为1.48%，而在北京和天津，这一比重分别为4.29%和5.81%，分别约是河北省的3倍和4倍。河北省升入211高校的比重约为4.42%，而在北京和天津，这一比重分别为13.99%和12.68%，约为河北省的3倍，北京和天津在重点大学录取率上远高于河北。此外，京津冀三地高等教育资源配置"质量"也极不均衡，北京92所本科院校中有8所985高校；26所211高校；天津31所本科院校中有2所985高校，4所211高校；而河北省61所本科院校中985高校个数为0，仅有河北工业大学一所211高校，且地处天津。高等教育资源的巨大"势差"已经成为当前河北籍人力资本迁往京津两地的重要驱动力。

表4　京津冀三地2013~2018年一本录取率

单位：%

一本录取率	2013年	2014年	2015年	2016年	2017年	2018年
河北	9.03	10.23	12.00	15.86	14.55	约20.00
北京	24.33	24.81	24.13	30.53	30.50	>35.00
天津	24.52	24.25	23.39	24.05	25.00	>32.00

最后，京津冀地区整体"开放包容度"和"环境宜居性"有待进一步提升。城市"包容性"集中体现为该城市对多元文化和多元人群的"容忍度"，更加开放的城市将接纳更多外来人口，并使本地文化更多元。历史和首都体制的原因使京津冀区域内官本位文化相对更为严重，非公经济发展不够活跃，国有企业、政企纽带、寻租行为过多，城市内企业家群体和企业家文化相对缺乏，这是京津冀"开放包容度"相对滞后的集中体现。在较低的"开放包容度"下，京津冀城市在对企业家人才的重视程度及引进力度上与长三角和珠三角地区城市还有较大差距。此外，京津冀整体"环境宜居性"较低，在全国范围内，京津冀地区是大气污染和水污染最严重、资源约束最紧的地区之一，在重度污染天数、严重污染天数及平均污染超标天数比例三项指标上，京津冀均远高于长三角和珠三角，这其中以河北省城市污染最为严重。可以说，河北省城市在"空间品质"构筑上已经全面落后，环境污染、活力不足、包容性差等问题已经严重制约了河北省城市对高端创新创意人才的吸引力，如不及时扭转这一局面，河北省将失去创新发展的"后劲"，从而也将失去未来"赶超发展"的可能。

六 政策建议

京津冀协同发展下一时期的发展策略重心在于"构筑宜居宜业宜游的空间品质","空间品质"的构筑应重点从完善创新生态系统、公共服务均等化、人才一体化、城市包容度提升四个维度切入。

第一,完善区域创新生态系统,塑造"京津冀创新-转化命运共同体"。以雄安新区为抓手,从创业培育、创新研发、成果转化、生活服务、人才集聚、融资服务和企业孵化等切入,重点推进河北省创新生态系统建设,提升河北省对科技成果的吸收转化能力,着力打造"京津冀创新-转化命运共同体",逐步推进京津创新成果在河北转化。

第二,推动公共服务供给"去边界化",打造"京津冀宜居都市圈"。应着力健全公共服务异地支付和结算体系,加强京津冀三地在医疗、养老、社保等领域的互联互通,尝试组建跨区域的公共服务联动综合体。此外,应进一步加大力度疏解首都医疗卫生资源,鼓励以多种方式为津冀地区提供服务,提升服务质量。最终逐步推进京津冀公共服务一体化。

第三,促进教育机会公平及人才一体化,建设"京津冀教育、人才共享服务平台"。首先,为推进京津冀教育机会公平,应重点参考京津冀三地历年高考升学率和录取率,着力推动建立京津冀统一的"高考圈",创造有利于河北人才"回流"的制度基础。其次,进一步加快首都高等教育资源向河北疏解,以雄安新区建设为纽带,加强京津冀高校的深度合作,推动和支持有条件的北京普通高校、职业学校通过有序搬迁、办分校、联合办学等多种方式向河北转移。再次,联合教育部在河北建立一所国际知名大学,支持河北工业大学主校区逐步从天津市域转移到河北省域,研究在河北高起点高标准恢复重建京津冀历史上部分著名高校。复次,进一步推进京津冀高等教育合作共建,完善京津冀高等教育资源共享,将省部共建、校校协同、校校联盟等协同成果做实做牢,并开拓校企合作、产教融合等新的合作共建方式。最后,逐步建立京津冀三地

"户籍共同体"，强化京津冀三地人才流动，力争打造"京津冀教育、人才共享服务平台"。

第四，厚植企业家创新创业精神，构筑"京津冀开放包容新社区"。京津冀各城市应树立重商意识和市场意识，破除封闭保守观念；遵从企业成长规律，树立开放意识和服务意识，创建企业家宜居宜业的空间品质，涵养好企业茁壮成长的"生态湿地"；制定人才政策、设立人才绿卡、人才基金等大力吸引创新人才进驻，通过开放包容的地方品质留住人才，着力构筑"京津冀开放包容新社区"。

参考文献

俞可平：《治理和善治引论》，《马克思主义与现实》1999年第5期。

王浦劬、雷雨若：《我国城市治理现代化的范式选择与路径构想》，《深圳大学学报》（人文社会科学版）2018年第2期。

俞可平：《中国治理评估框架》，《经济社会体制比较》2008年第6期。

过勇、程文浩：《城市治理水平评价：基于五个城市的实证研究》，《城市发展研究》2010年第12期。

廖加固：《快速城市化背景下的中国城市治理模式创新研究》，武汉大学，2014。

唐天伟、李林：《我国地方政府治理现代化测度与分析——以内地292个地级市为例》，《地方治理研究》2017年第4期。

张国玉、余斌：《基于城市可持续科学发展能力评价的城市治理——以宁波市等37个城市为例》，《四川行政学院学报》2013年第1期。

邬文帅、寇纲：《城市环境治理能力评估：一种基于熵权的动态组合评价方法》，中国系统工程学会学术年会，2010。

张亚明、裴琳、刘海鸥：《我国数字城市治理成熟度实证研究》，《中国科技论坛》2010年第5期。

徐林、卢昱杰：《城市治理研究的问题域和方法论——历史流变与研究展望》，《理论与改革》2016年第4期。

王珺、夏宏武：《五区域中心城市治理能力评价》，《开放导报》2015年第3期。

伏润民、常斌、缪小林：《我国地区间公共事业发展成本差异评价研究》，《经济研究》2010年第4期。

孙守恒、王维才:《基于因子分析的城市汽车共享环境评价》,《经济地理》2017年第6期。

杨开忠:《打造国家区域治理现代化首善区——关于京津冀协同发展机制的研究与建议》,《国家治理》2014年第19期。

世界银行和国务院发展研究中心联合课题组:《2030年的中国:建设现代、和谐、有创造力的社会》,中国财政经济出版社,2013。

Bank W., "Governance and Development", *Working Papers*, 1992, 10 (2).

Karis T. G., "Sub-Saharan Africa: From Crisis to Sustainable Growth", *Foreign Affairs*, 1990.

Kaufmann D., Kraay A., Mastruzzi M., "The Worldwide Governance Indicators: Methodology and Analytical Issues", *Social Science Electronic Publishing*, 2010, 3 (2).

杨开忠:《推进国家空间高质量发展的七个方面》,凤凰网,http://finance.ifeng.com/a/20180711/16379483_0.shtml。

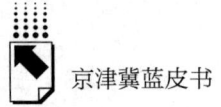

附表 样本城市治理水平的各项指标得分与排名

单位：分

城市	表达与沟通		创新与发展		绿色与宜居		开放与包容		生机与活力		综合评价	
	得分	排名	得分	排名	得分	排名	得分	排名	得分	排名	综合得分	排名
深圳市	3.89698	5	7.778586	1	5.465782	1	4.802288	1	2.84728	11	2.688716	1
北京市	5.60316	1	4.663552	2	2.360666	5	4.436661	2	5.37905	1	2.455665	2
上海市	4.69574	2	3.900071	3	2.010522	6	4.132992	3	4.79288	3	2.146719	3
广州市	4.08324	4	1.981458	7	1.919212	7	4.036431	4	5.08475	2	1.865554	4
杭州市	4.2119	3	1.911564	11	0.920144	16	1.895275	9	3.22693	7	1.581014	5
武汉市	3.54743	8	1.345718	17	0.745455	18	1.413486	12	3.83061	4	1.442212	6
东莞市	1.20608	26	2.258695	6	4.447629	2	2.945158	5	0.7713	30	1.395008	7
成都市	3.74969	6	0.581648	33	0.269998	45	2.749531	6	3.72353	5	1.348788	8
南京市	2.71931	10	1.722891	12	1.236858	10	1.395082	14	2.90938	10	1.339971	9
苏州市	2.51402	12	2.335475	5	1.051594	12	2.10259	7	2.21323	15	1.305891	10
天津市	2.20295	14	1.964006	8	1.120746	11	1.036723	20	2.72698	12	1.253532	11
郑州市	3.26654	9	0.514683	37	0.593389	23	1.823232	10	3.09805	8	1.243038	12
重庆市	3.59746	7	0.145168	65	0.135168	64	0.04328	83	3.65961	6	1.219611	13
长沙市	2.44419	13	1.016588	22	0.358411	39	1.260457	15	2.37829	14	1.077662	14
厦门市	0.7951	37	1.921342	10	2.880025	4	1.092256	18	0.60229	37	1.073416	15
西安市	2.65266	11	0.474301	41	0.093513	68	1.548749	11	2.91158	9	1.068538	16
珠海市	0.04847	70	2.413117	4	3.413888	3	0.802224	24	0.17293	53	1.035629	17
济南市	2.07107	15	0.681463	29	0.217813	50	0.697958	30	2.63724	13	0.982245	18
合肥市	1.93103	16	0.648402	30	0.519249	29	0.704139	28	1.81519	19	0.927426	19
福州市	1.78132	18	0.483239	40	0.925522	15	0.65805	33	1.50379	23	0.90963	20
青岛市	1.49959	21	1.124194	18	0.556944	26	0.937067	22	1.58707	22	0.901335	21

续表

城市	表达与沟通		创新与发展		绿色与宜居		开放与包容		生机与活力		综合评价	
	得分	排名	得分	排名	得分	排名	得分	排名	得分	排名	得分	排名
昆明市	1.90662	17	0.351611	48	0.590743	24	1.1072	17	1.63488	21	0.892774	22
佛山市	1.45753	22	1.349622	16	0.431755	33	2.070144	8	0.73639	32	0.852633	23
宁波市	0.97842	32	1.589072	13	0.618364	22	1.227674	16	0.91498	29	0.828749	24
沈阳市	1.76245	19	0.421556	44	0.065505	73	0.715043	27	1.81673	18	0.825483	25
南昌市	1.1369	28	0.314147	51	0.528191	28	0.528154	39	1.82199	17	0.771508	26
无锡市	0.6349	40	1.569601	15	0.461141	32	1.061911	19	0.73535	33	0.739582	27
南宁市	1.66595	20	-0.11851	103	0.242011	48	0.656703	34	1.18576	26	0.724148	28
石家庄市	1.34142	24	-0.05258	95	0.163171	58	0.463241	44	1.74966	20	0.714819	29
太原市	1.14921	27	0.255218	56	0.355641	40	0.824031	23	1.35159	24	0.713878	30
温州市	1.38504	23	0.382736	47	0.42806	34	0.664963	32	0.64849	35	0.712869	31
呼和浩特市	1.12054	30	0.618463	32	0.725953	19	0.478931	43	0.42074	43	0.711354	32
大连市	0.97561	33	0.647378	31	0.34451	41	0.508295	41	1.17364	27	0.70828	33
哈尔滨市	1.29758	25	0.070431	73	-0.1524	143	0.317058	53	1.95586	16	0.698341	34
贵阳市	1.01918	31	0.411421	45	0.360441	38	0.519984	40	0.97084	28	0.676172	35
长春市	1.1357	29	0.15958	64	0.090945	69	0.450869	45	1.31474	25	0.662452	36
中山市	0.07231	65	1.581085	14	0.812784	17	1.405197	13	0.06967	69	0.648804	37
常州市	0.47289	44	1.049633	20	0.511756	30	0.698439	29	0.49784	41	0.642577	38
泉州市	0.84756	35	0.281795	52	0.370567	37	0.632342	35	0.72138	34	0.619665	39
鄂尔多斯市	-0.23201	101	1.958102	9	0.928713	14	0.391237	49	-0.50566	209	0.594734	40
海口市	0.53959	42	0.132334	66	0.999282	13	0.716299	26	0.18253	52	0.589378	41
兰州市	0.73045	39	0.194262	60	0.075643	72	0.573464	36	0.75069	31	0.559785	42

续表

城市	表达与沟通		创新与发展		绿色与宜居		开放与包容		生机与活力		综合评价	
	得分	排名	得分	排名	得分	排名	得分	排名	得分	排名	得分	排名
惠州市	0.30781	48	0.567805	35	0.622319	21	0.985127	21	0.09439	64	0.552447	43
金华市	0.60269	41	0.465281	42	0.184719	54	0.752423	25	0.16901	55	0.537675	44
台州市	0.44022	45	0.349682	49	0.411229	35	0.349802	50	0.20351	50	0.524398	45
烟台市	0.22983	51	0.553363	36	0.170728	55	0.203933	60	0.53397	38	0.509828	46
潍坊市	0.9733	34	0.108336	70	-0.46363	250	0.081401	70	0.62213	36	0.506937	47
银川市	0.32718	47	0.247435	57	0.57184	25	0.53909	38	0.02119	73	0.503707	48
绍兴市	0.15369	60	0.802097	27	0.037299	77	0.413154	47	0.27066	47	0.490661	49
三亚市	-0.60201	254	0.716201	28	1.56683	8	0.498314	42	-0.46427	194	0.489093	50
嘉兴市	0.0946	63	0.817687	25	0.079797	71	0.684046	31	0.15822	56	0.483346	51
南通市	0.23478	50	0.487026	39	0.036189	78	0.027636	85	0.41553	44	0.475875	52
威海市	-0.08024	77	0.816657	26	0.300901	44	0.181581	61	0.07974	67	0.469004	53
舟山市	-0.41523	151	1.053244	19	0.685377	20	0.160677	62	-0.43187	173	0.446845	54
临沂市	0.74999	38	-0.29818	151	-0.23317	171	-0.11639	117	0.28542	46	0.428051	55
廊坊市	0.20544	55	0.0723	72	0.132936	65	0.54258	37	0.12074	61	0.423678	56
徐州市	0.21465	53	0.048132	76	-0.06062	106	-0.1944	143	0.50768	39	0.419894	57
南阳市	0.80352	36	-0.50769	245	-0.11354	125	-0.57852	244	0.24723	48	0.418485	58
保定市	0.50254	43	-0.43863	209	-0.06696	109	0.072446	73	0.50568	40	0.415814	59
镇江市	-0.28304	109	0.899583	23	-0.07068	112	0.276512	55	0.06642	70	0.403798	60
江门市	0.11337	62	0.010666	78	0.214338	51	0.409053	48	0.01858	74	0.402747	61
淄博市	-0.11693	84	0.492287	38	-0.19246	152	0.158414	63	0.46432	42	0.402277	62
唐山市	0.2664	49	0.112824	69	-0.28171	194	0.124652	66	0.36902	45	0.402218	63

续表

城市	表达与沟通		创新与发展		绿色与宜居		开放与包容		生机与活力		综合评价	
	得分	排名	得分	排名	得分	排名	得分	排名	得分	排名	得分	排名
包头市	-0.41426	149	0.894044	24	0.38415	36	0.284879	54	-0.36786	152	0.402097	64
湖州市	-0.16252	90	0.573563	34	0.168152	56	0.33638	52	-0.12259	94	0.401861	65
扬州市	0.03687	72	0.409147	46	-0.13906	137	0.054238	82	0.13941	59	0.395685	66
嘉峪关市	-0.59365	251	0.326882	50	1.328969	9	0.339116	51	-0.83963	275	0.389703	67
东营市	-0.37954	137	1.039205	21	0.046925	76	0.260915	56	-0.29241	128	0.388646	68
洛阳市	0.19768	57	-0.13679	106	-0.12876	131	0.059184	79	0.21115	49	0.370191	69
汕头市	-0.11537	82	-0.29008	147	0.504189	31	0.255576	57	-0.03893	83	0.363926	70
西宁市	-0.05317	76	-0.05632	97	0.236016	49	0.249136	58	-0.08289	87	0.362669	71
盐城市	0.04214	71	0.062947	74	-0.11528	127	-0.40624	207	0.14044	58	0.356525	72
济宁市	0.22146	52	-0.14876	110	-0.23881	174	-0.18754	140	0.20028	51	0.355153	73
遵义市	0.40355	46	-0.30538	153	-0.11828	128	-0.71359	261	-0.09877	90	0.348893	74
宜昌市	-0.11179	81	0.270603	53	-0.06938	111	-0.13631	126	-0.14816	99	0.341186	75
新乡市	0.17539	59	-0.37414	183	-0.13044	133	0.023502	87	0.17277	54	0.338332	76
株洲市	-0.2708	106	0.124939	67	0.138144	63	-0.06122	101	-0.03133	81	0.336693	77
芜湖市	-0.35434	128	0.451127	43	-0.07184	113	-0.17422	137	-0.04911	84	0.33034	78
泰州市	-0.11066	80	0.264607	54	-0.22918	169	-0.18576	139	-0.03817	82	0.330071	79
桂林市	0.05445	68	-0.25019	136	-0.12813	130	-0.14596	131	0.15509	57	0.329299	80
绵阳市	0.19768	58	-0.34011	168	-0.25928	186	-0.1011	109	0.12467	60	0.324489	81
赣州市	0.12568	61	-0.41025	195	-0.06509	108	-0.4995	229	0.09782	63	0.321013	82
漳州市	-0.12494	85	-0.1189	104	-0.0025	87	-0.07507	104	-0.00005	77	0.319206	83
湛江市	0.04967	69	-0.4296	204	0.026095	79	-0.50915	231	0.09119	66	0.317503	84

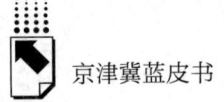

续表

城市	表达与沟通		创新与发展		绿色与宜居		开放与包容		生机与活力		综合评价	
	得分	排名	得分	排名	得分	排名	得分	排名	得分	排名	得分	排名
邯郸市	0.21442	54	-0.41234	196	-0.24127	175	-0.25264	169	0.09241	65	0.316804	85
连云港市	-0.04373	75	-0.13024	105	-0.03467	98	-0.25554	171	-0.0963	89	0.316204	86
淮安市	-0.01188	74	-0.04468	90	-0.1872	151	-0.51498	232	-0.00895	78	0.315212	87
泰安市	0.06142	67	-0.15619	113	-0.32355	210	-0.27564	176	0.11752	62	0.312351	88
丽水市	-0.32135	117	0.108164	71	0.207404	52	-0.24902	167	-0.32287	138	0.309383	89
柳州市	-0.38732	139	-0.00987	85	0.153514	60	0.230481	59	-0.13466	96	0.302896	90
衢州市	-0.11639	83	0.059327	75	-0.113	124	-0.26845	174	-0.34648	144	0.295627	91
榆林市	-0.22741	99	0.217066	58	-0.11283	123	0.055558	80	-0.43295	174	0.293151	92
秦皇岛市	-0.25209	102	-0.05244	94	-0.15233	142	0.069844	74	0.0173	75	0.29287	93
莆田市	-0.33389	121	-0.07016	99	0.205325	53	-0.09769	108	-0.34107	142	0.289463	94
大庆市	-0.50814	199	0.181032	63	0.09768	66	0.115837	67	-0.25624	124	0.286564	95
吉林市	-0.09529	79	-0.20283	121	-0.29625	199	-0.08781	105	0.02617	71	0.282471	96
衡阳市	-0.14985	88	-0.3306	163	-0.10506	119	-0.64717	250	0.02475	72	0.274939	97
九江市	-0.21594	96	-0.14553	109	-0.12949	132	-0.36678	195	-0.13686	98	0.272587	98
肇庆市	-0.26069	103	-0.25772	137	-0.01016	93	-0.08832	106	-0.17756	108	0.26897	99
新余市	-0.60715	257	0.260323	55	0.165587	57	-0.10198	110	-0.46375	193	0.268024	100
沧州市	-0.12727	86	-0.27923	143	-0.29968	200	-0.03591	96	-0.01467	79	0.266788	101
张家口市	-0.36981	134	-0.04372	89	-0.01569	94	-0.0105	91	-0.35021	145	0.261466	102
北海市	-0.59281	249	-0.01158	86	0.260222	47	0.144748	65	-0.45863	191	0.257019	103
景德镇市	-0.54632	223	-0.0526	96	0.261965	46	-0.12839	122	-0.46038	192	0.255819	104
上饶市	-0.22508	98	-0.38174	187	-0.00608	89	-0.82164	266	-0.16525	104	0.252094	105

续表

城市	表达与沟通		创新与发展		绿色与宜居		开放与包容		生机与活力		综合评价	
	得分	排名	得分	排名	得分	排名	得分	排名	得分	排名	得分	排名
湘潭市	-0.49153	183	-0.00685	83	-0.10582	120	-0.06192	102	-0.14838	100	0.251682	106
宿迁市	-0.14985	89	-0.27008	139	-0.24223	176	-0.42189	210	-0.19503	111	0.250971	107
岳阳市	-0.29231	112	-0.20151	119	-0.2083	163	-0.31865	187	-0.09049	88	0.250392	108
龙岩市	-0.55546	228	0.002996	80	0.154092	59	-0.23375	160	-0.41178	164	0.249917	109
防城港市	-0.53198	212	0.000366	82	0.315374	43	0.054477	81	-0.74385	256	0.249837	110
郴州市	-0.37171	135	-0.23888	132	0.096087	67	-0.3705	196	-0.35708	148	0.248095	111
攀枝花市	-0.48776	181	0.191449	61	0.000025	86	0.05941	78	-0.64126	238	0.247755	112
日照市	-0.34519	123	-0.11217	102	-0.12019	129	-0.1764	138	-0.31032	133	0.246569	113
黄冈市	0.082	64	-0.4977	241	-0.3455	218	-0.948	274	-0.15309	101	0.245848	114
赤峰市	-0.13587	87	-0.27469	141	-0.18426	150	-0.28129	179	-0.39103	157	0.245831	115
盘锦市	-0.58767	246	0.181823	62	0.012739	82	0.074687	72	-0.48546	200	0.245782	116
呼伦贝尔市	-0.36293	132	0.027578	77	-0.1115	122	0.025745	86	-0.52553	213	0.245262	117
石嘴山市	-0.50013	193	-0.05092	92	0.320581	42	0.080265	71	-0.80872	272	0.245133	118
鞍山市	-0.35511	129	-0.22288	127	-0.2141	165	-0.02678	95	-0.06066	86	0.244674	119
三明市	-0.43697	156	-0.01678	88	-0.03167	97	-0.19874	146	-0.42537	171	0.24347	120
十堰市	-0.39478	142	-0.31942	157	0.060153	74	-0.26561	173	-0.23667	119	0.243168	121
宁德市	-0.31322	116	-0.19686	117	-0.0754	114	-0.28133	180	-0.3657	150	0.241868	122
玉溪市	-0.50013	192	0.124504	68	-0.03904	100	0.062991	75	-0.58452	226	0.238921	123
滨州市	-0.34853	125	0.000585	81	-0.40087	234	-0.04737	97	-0.16843	105	0.238164	124
邢台市	0.06155	66	-0.53238	254	-0.4905	257	-0.25405	170	-0.11419	91	0.235509	125
眉山市	-0.40392	146	-0.37694	184	0.086606	70	-0.39927	205	-0.2625	126	0.234864	126

续表

城市	表达与沟通		创新与发展		绿色与宜居		开放与包容		生机与活力		综合评价	
	得分	排名	得分	排名	得分	排名	得分	排名	得分	排名	得分	排名
聊城市	-0.19676	93	-0.37106	182	-0.24738	178	-0.23248	159	-0.20479	112	0.234777	127
咸阳市	-0.17369	91	-0.27938	144	-0.57582	264	-0.06734	103	0.07487	68	0.234105	128
黄石市	-0.42777	154	-0.14481	108	-0.00459	88	-0.31534	186	-0.43382	177	0.232312	129
枣庄市	-0.29457	113	-0.23934	133	-0.26913	190	-0.21376	150	-0.21313	115	0.230756	130
马鞍山市	-0.46995	170	0.19568	59	-0.34104	216	-0.15528	134	-0.35672	147	0.230494	131
茂名市	-0.30611	115	-0.35577	176	-0.0874	116	-0.74683	263	-0.21989	116	0.229765	132
宜春市	-0.33563	122	-0.29324	149	-0.20659	162	-0.42705	211	-0.15953	103	0.227386	133
吉安市	-0.38528	138	-0.31335	155	0.003339	84	-0.65471	252	-0.30838	132	0.227127	134
菏泽市	-0.08275	78	-0.53585	255	-0.3913	231	-0.58032	245	-0.02792	80	0.227003	135
南平市	-0.44844	162	-0.21394	123	-0.00673	90	-0.23472	162	-0.41754	168	0.224228	136
通辽市	-0.28137	108	-0.14309	107	-0.2997	201	-0.11889	118	-0.42233	170	0.223904	137
安阳市	-0.3471	124	-0.3994	192	-0.20323	159	-0.12878	123	-0.11889	92	0.222638	138
延安市	-0.36293	131	-0.04792	91	-0.25422	183	0.0629	76	-0.51785	212	0.221857	139
泸州市	-0.37818	136	-0.33478	164	-0.0581	105	-0.45749	221	-0.3246	139	0.220393	140
蚌埠市	-0.4381	157	-0.20232	120	-0.15839	144	-0.34437	191	-0.2878	127	0.21798	141
萍乡市	-0.52971	209	-0.01497	87	-0.04437	102	-0.21701	151	-0.55614	223	0.217442	142
荆州市	-0.39646	143	-0.41923	200	-0.15088	141	-0.64162	248	-0.05524	85	0.216749	143
德州市	-0.20907	95	-0.32064	159	-0.46484	251	-0.27583	177	-0.15805	102	0.215796	144
晋中市	-0.39359	140	-0.36129	180	-0.35699	223	0.150183	64	0.00373	76	0.215467	145
渭南市	-0.19982	56	-0.49338	238	-0.7131	275	-0.24182	165	-0.37043	153	0.214166	146
宜宾市	-0.26966	105	-0.34485	174	-0.24617	177	-0.5065	230	-0.32889	140	0.212679	147

续表

城市	表达与沟通		创新与发展		绿色与宜居		开放与包容		生机与活力		综合评价	
	得分	排名	得分	排名	得分	排名	得分	排名	得分	排名	得分	排名
常德市	-0.26386	104	-0.32925	162	-0.35679	222	-0.52647	233	-0.23226	117	0.209645	148
曲靖市	-0.29457	114	-0.40309	194	-0.19288	153	-0.56785	242	-0.31448	135	0.209334	149
抚州市	-0.35146	126	-0.33959	167	-0.21425	166	-0.47194	225	-0.31297	134	0.206369	150
焦作市	-0.41319	148	-0.23055	131	-0.3999	233	0.042761	84	-0.16909	106	0.205716	151
南充市	-0.17902	92	-0.51134	249	-0.34389	217	-0.69795	259	-0.20481	113	0.204697	152
黄山市	-0.5021	194	-0.23968	134	0.001698	85	-0.3411	190	-0.53883	217	0.203174	153
玉林市	-0.35224	127	-0.42298	202	-0.11138	121	-0.6587	254	-0.3732	154	0.202057	154
阳江市	-0.5061	198	-0.32057	158	0.014444	81	-0.26244	172	-0.48209	197	0.201328	155
巴彦淖尔市	-0.41976	153	-0.15311	112	-0.16051	145	0.004523	89	-0.68243	249	0.199294	156
鹰潭市	-0.57733	239	-0.00971	84	-0.05295	103	-0.3894	202	-0.67059	244	0.19811	157
抚顺市	-0.40793	147	-0.27919	142	-0.36872	226	-0.10682	113	-0.23326	118	0.197775	158
韶关市	-0.4381	158	-0.27985	145	-0.20021	157	-0.22085	154	-0.42031	169	0.196267	159
梧州市	-0.44844	163	-0.2897	146	-0.13878	135	-0.43103	214	-0.45095	189	0.195324	160
鹤壁市	-0.54119	220	-0.29282	148	-0.06937	110	-0.04749	98	-0.44891	188	0.194915	161
梅州市	-0.28537	110	-0.44969	214	-0.2019	158	-0.71209	260	-0.41204	165	0.194909	162
营口市	-0.41426	150	-0.21907	126	-0.31496	206	0.008137	88	-0.43688	179	0.19482	163
牡丹江市	-0.55146	226	-0.21821	125	-0.13904	136	-0.13917	129	-0.41509	166	0.194316	164
伊春市	-0.62783	266	-0.57019	262	0.534969	27	-0.27603	178	-0.78036	268	0.193876	165
运城市	0.03151	73	-0.55904	260	-0.791	276	-0.11429	116	-0.13485	97	0.193426	166
潮州市	-0.50294	196	-0.39433	190	-0.05409	104	-0.01632	92	-0.44374	181	0.192796	167
许昌市	-0.39359	141	-0.27158	140	-0.45361	249	-0.22804	158	-0.18748	110	0.192663	168

续表

城市	表达与沟通		创新与发展		绿色与宜居		开放与包容		生机与活力		综合评价	
	得分	排名	得分	排名	得分	排名	得分	排名	得分	排名	得分	排名
阜阳市	-0.2194	97	-0.62493	273	-0.23388	172	-0.94049	273	-0.24935	122	0.192515	169
平顶山市	-0.46882	168	-0.43559	208	-0.22953	170	-0.1264	121	-0.18649	109	0.192023	170
资阳市	-0.44307	159	-0.46891	225	0.052541	75	-0.53975	236	-0.54402	218	0.190854	171
本溪市	-0.4938	184	-0.17713	116	-0.26447	187	-0.1086	114	-0.44757	186	0.19049	172
永州市	-0.29051	111	-0.5098	246	-0.22903	168	-0.8797	270	-0.31448	136	0.19001	173
天水市	-0.22825	100	-0.61072	269	-0.19859	155	-0.41633	209	-0.44876	187	0.18861	174
河源市	-0.49577	187	-0.4143	197	-0.00999	92	-0.43093	213	-0.48595	201	0.187484	175
德阳市	-0.35977	130	-0.31131	154	-0.53552	262	-0.19697	144	-0.16943	107	0.185953	176
莱芜市	-0.63099	267	-0.06913	98	-0.20485	160	-0.22103	155	-0.46601	195	0.184828	177
怀化市	-0.20667	94	-0.5231	251	-0.41595	238	-0.52948	234	-0.3216	137	0.184024	178
通化市	-0.48459	177	-0.19711	118	-0.19906	156	-0.23515	163	-0.61422	230	0.182301	179
孝感市	-0.39759	144	-0.36109	179	-0.37706	230	-0.54252	237	-0.2504	123	0.182046	180
承德市	-0.53712	216	-0.35204	175	-0.14821	140	-0.28608	181	-0.39604	159	0.180836	181
信阳市	-0.33049	120	-0.53597	256	-0.35707	224	-0.87383	269	-0.13445	95	0.180698	182
自贡市	-0.48753	180	-0.38598	188	-0.14296	139	-0.67083	256	-0.38611	155	0.180537	183
开封市	-0.44815	161	-0.46582	220	-0.31752	208	-0.10612	112	-0.20543	114	0.180491	184
酒泉市	-0.57417	236	-0.10729	101	-0.13922	138	0.061501	77	-0.75137	259	0.178538	185
揭阳市	-0.41827	152	-0.49439	240	-0.28982	196	-0.36402	193	-0.24869	120	0.178025	186
漯河市	-0.52164	205	-0.34394	172	-0.25367	181	-0.20931	149	-0.34273	143	0.17706	187
淮北市	-0.54548	221	-0.35585	177	-0.17852	147	-0.19041	142	-0.43408	178	0.174003	188
达州市	-0.32278	118	-0.52469	253	-0.25379	182	-0.90454	272	-0.40147	161	0.173375	189

续表

城市	表达与沟通		创新与发展		绿色与宜居		开放与包容		生机与活力		综合评价	
	得分	排名	得分	排名	得分	排名	得分	排名	得分	排名	得分	排名
宣城市	-0.46398	166	-0.16005	115	-0.37622	229	-0.34081	189	-0.53801	216	0.173058	190
宝鸡市	-0.47832	174	-0.21701	124	-0.43696	244	-0.2088	148	-0.38986	156	0.171615	191
锦州市	-0.4987	190	-0.37959	185	-0.37171	227	-0.1305	124	-0.26038	125	0.170733	192
鄂州市	-0.64133	270	0.010531	79	-0.2731	192	-0.13753	127	-0.66997	243	0.168528	193
娄底市	-0.61032	258	-0.51119	248	0.017804	80	-0.44752	219	-0.43338	176	0.167274	194
大同市	-0.4338	155	-0.33728	166	-0.41268	236	-0.22201	156	-0.40822	163	0.167015	195
邵阳市	-0.47593	172	-0.61665	270	-0.10146	118	-0.87337	268	-0.30588	131	0.166555	196
丽江市	-0.56299	229	-0.35825	178	-0.02405	96	-0.14162	130	-0.72897	253	0.166383	197
清远市	-0.55146	227	-0.29709	150	-0.28587	195	-0.21989	153	-0.4333	175	0.166275	198
佳木斯市	-0.53311	214	-0.44345	212	-0.18358	149	0.100458	68	-0.50227	207	0.165016	199
崇左市	-0.53198	211	-0.36632	181	-0.13254	134	-0.40263	206	-0.59001	228	0.164769	200
安顺市	-0.54639	224	-0.42224	201	-0.00888	91	-0.37361	198	-0.67658	246	0.164769	201
保山市	-0.54548	222	-0.47048	226	0.009975	83	-0.40778	208	-0.64534	239	0.16408	202
金昌市	-0.67635	276	-0.3418	169	0.141523	61	0.088782	69	-0.85349	276	0.163796	203
乐山市	-0.47402	171	-0.3442	173	-0.36697	225	-0.28985	182	-0.43699	180	0.162265	204
钦州市	-0.52164	206	-0.4526	215	-0.09798	117	-0.55953	241	-0.55395	222	0.161963	205
百色市	-0.59281	250	-0.43532	207	-0.06385	107	-0.38315	201	-0.52846	214	0.161625	206
三门峡市	-0.53598	215	-0.15146	111	-0.47014	253	-0.05611	100	-0.4721	196	0.161523	207
鹤岗市	-0.61952	263	-0.46824	224	0.138152	62	-0.15048	132	-0.77878	267	0.161269	208
宿州市	-0.32672	119	-0.5728	264	-0.31373	204	-0.72802	262	-0.44519	183	0.159871	209
六盘水市	-0.54028	219	-0.26558	138	-0.22513	167	-0.33122	188	-0.65301	240	0.159188	210

续表

城市	表达与沟通		创新与发展		绿色与宜居		开放与包容		生机与活力		综合评价	
	得分	排名	得分	排名	得分	排名	得分	排名	得分	排名	得分	排名
晋城市	-0.44414	160	-0.20463	122	-0.53179	261	-0.15973	135	-0.50503	208	0.158509	211
长治市	-0.49577	186	-0.31584	156	-0.48996	256	-0.12138	119	-0.33955	141	0.157788	212
咸宁市	-0.60201	255	-0.32158	160	-0.20517	161	-0.48362	227	-0.48517	198	0.1575	213
汉中市	-0.40166	145	-0.44269	211	-0.42201	240	-0.36672	194	-0.41608	167	0.157052	214
张掖市	-0.51531	202	-0.39258	189	-0.234	173	-0.02411	94	-0.63222	236	0.154897	215
商丘市	-0.27677	107	-0.61682	271	-0.61946	269	-0.61605	246	-0.12185	93	0.1545	216
吴忠市	-0.52594	208	-0.34192	170	-0.16174	146	0.000243	90	-0.80985	273	0.15321	217
濮阳市	-0.53999	218	-0.45495	217	-0.29134	197	-0.24251	166	-0.40319	162	0.153009	218
安庆市	-0.46995	169	-0.40043	193	-0.45073	248	-0.65154	251	-0.3016	129	0.152691	219
普洱市	-0.53198	213	-0.47507	230	-0.02333	95	-0.34994	192	-0.77459	265	0.152289	220
白山市	-0.49696	188	-0.15664	114	-0.39444	232	-0.16215	136	-0.75374	260	0.151719	221
池州市	-0.58767	247	-0.30075	152	-0.25296	180	-0.46348	222	-0.54844	219	0.151492	222
荆门市	-0.51017	200	-0.22873	129	-0.44638	247	-0.43025	212	-0.51604	211	0.151143	223
铜川市	-0.61348	262	-0.08626	100	-0.29335	198	-0.13357	125	-0.78626	269	0.15108	224
松原市	-0.56813	231	-0.3368	165	-0.35224	221	-0.23435	161	-0.50022	205	0.146299	225
淮南市	-0.57016	233	-0.41875	199	-0.2577	185	-0.68591	258	-0.44748	185	0.146078	226
张家界市	-0.59681	252	-0.50181	242	-0.11392	126	-0.3789	200	-0.55637	224	0.146074	227
益阳市	-0.52045	204	-0.46692	222	-0.34979	220	-0.574	243	-0.36631	151	0.145929	228
安康市	-0.48663	179	-0.3947	191	-0.30309	202	-0.47124	224	-0.61468	231	0.145731	229
汕尾市	-0.53078	210	-0.47658	231	-0.31659	207	-0.37563	199	-0.42635	172	0.145384	230
衡水市	-0.48029	175	-0.48722	235	-0.41234	235	-0.20418	147	-0.39974	160	0.145356	231

续表

城市	表达与沟通		创新与发展		绿色与宜居		开放与包容		生机与活力		综合评价	
	得分	排名	得分	排名	得分	排名	得分	排名	得分	排名	综合得分	排名
双鸭山市	-0.64133	271	-0.46737	223	-0.08508	115	0.424129	46	-0.74704	257	0.142935	232
内江市	-0.58564	244	-0.46029	219	-0.27009	191	-0.39626	204	-0.45127	190	0.141932	233
滁州市	-0.49893	191	-0.32483	161	-0.55889	263	-0.46992	223	-0.36088	149	0.141463	234
六安市	-0.46708	167	-0.53654	257	-0.37232	228	-0.75224	264	-0.39516	158	0.139189	235
临沧市	-0.57847	241	-0.51479	250	-0.04301	101	-0.43716	217	-0.13834	262	0.13834	236
临汾市	-0.36981	133	-0.49383	239	-0.69897	274	-0.0501	99	-0.30289	130	0.137824	237
广安市	-0.52571	207	-0.45401	216	-0.26531	189	-1.33163	276	-0.48639	202	0.135613	238
白城市	-0.49092	182	-0.43006	205	-0.33701	214	-0.23752	164	-0.69554	250	0.134428	239
河池市	-0.50527	197	-0.5822	265	-0.19387	154	-0.54537	238	-0.62535	235	0.134238	240
驻马店市	-0.5113	201	-0.59282	267	-0.34002	215	-0.76424	265	-0.35133	146	0.133743	241
云浮市	-0.53712	217	-0.47231	227	-0.27902	193	-0.43532	216	-0.61566	232	0.133286	242
葫芦岛市	-0.47742	173	-0.48917	236	-0.42105	239	-0.29043	183	-0.53261	215	0.132697	243
乌兰察布市	-0.49696	189	-0.34249	171	-0.43583	243	-0.55548	240	-0.61848	233	0.132518	244
铜陵市	-0.61235	260	-0.05162	93	-0.64132	272	-0.44742	218	-0.50213	206	0.132157	245
遂宁市	-0.63099	268	-0.48548	234	-0.21394	164	-0.67865	257	-0.49354	204	0.131486	246
雅安市	-0.62269	264	-0.43154	206	-0.24888	179	-0.1512	133	-0.63361	237	0.130872	247
阳泉市	-0.64533	272	-0.22907	130	-0.42926	242	-0.02025	93	-0.6214	234	0.13031	248
七台河市	-0.6485	275	-0.50534	244	-0.03825	99	-0.12308	120	-0.81447	274	0.129932	249
黑河市	-0.58564	245	-0.46012	218	-0.18203	148	-0.2222	157	-0.77257	263	0.129197	250
朔州市	-0.62783	265	-0.22695	128	-0.47207	254	-0.09489	107	-0.66632	241	0.123482	251
广元市	-0.48663	178	-0.52339	252	-0.44041	245	-0.43474	215	-0.55269	221	0.121745	252
辽源市	-0.57417	237	-0.23972	135	-0.46616	252	-0.18913	141	-0.77275	264	0.121082	253

续表

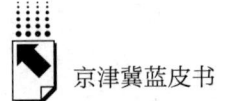

城市	表达与沟通		创新与发展		绿色与宜居		开放与包容		生机与活力		综合评价	
	得分	排名	得分	排名	得分	排名	得分	排名	得分	排名	得分	排名
亳州市	-0.44957	164	-0.62813	274	-0.42883	241	-0.88372	271	-0.44502	182	0.119773	254
鸡西市	-0.58767	248	-0.449	213	-0.32326	209	-0.24977	168	-0.71217	251	0.117924	255
周口市	-0.50294	195	-0.62067	272	-0.50289	258	-0.99872	275	-0.24921	121	0.117731	256
昭通市	-0.45991	165	-0.60342	268	-0.26468	188	-0.84153	267	-0.73237	254	0.117697	257
贺州市	-0.59801	253	-0.48186	232	-0.25572	184	-0.49946	228	-0.7154	252	0.116907	258
阜新市	-0.567	230	-0.47421	229	-0.44213	246	-0.19802	145	-0.56686	225	0.116866	259
吕梁市	-0.49463	185	-0.48307	233	-0.59952	265	-0.10347	111	-0.48807	203	0.116146	260
随州市	-0.63816	269	-0.44132	210	-0.32822	212	-0.62354	247	-0.58869	227	0.114843	261
四平市	-0.51961	203	-0.41648	198	-0.6312	271	-0.27211	175	-0.48539	199	0.113317	262
商洛市	-0.56813	232	-0.48943	237	-0.33128	213	-0.65869	253	-0.68082	248	0.112203	263
忻州市	-0.48029	176	-0.51064	247	-0.66187	273	-0.1379	128	-0.44713	184	0.110906	264
巴中市	-0.57016	234	-0.56938	261	-0.30552	203	-0.66863	255	-0.67107	245	0.107223	265
固原市	-0.6485	274	-0.42441	203	-0.3148	205	-0.37297	197	-0.79627	270	0.103747	266
来宾市	-0.57847	240	-0.50205	243	-0.34893	219	-0.53427	235	-0.7633	261	0.102515	267
绥化市	-0.54829	225	-0.55005	258	-0.52636	260	-0.64367	249	-0.55232	220	0.096531	268
平凉市	-0.60201	256	-0.57093	263	-0.41468	237	-0.39446	203	-0.66677	242	0.093852	269
铁岭市	-0.5753	238	-0.55281	259	-0.62014	270	-0.10961	115	-0.50694	210	0.092677	270
朝阳市	-0.58247	243	-0.58228	266	-0.51082	259	-0.47499	226	-0.60864	229	0.087821	271
陇南市	-0.57847	242	-0.66389	275	-0.3267	211	-0.45314	220	-0.79683	271	0.086796	272
白银市	-0.57417	235	-0.4661	221	-0.6173	268	-0.21796	152	-0.75036	258	0.081189	273
庆阳市	-0.61348	261	-0.47375	228	-0.60468	266	-0.30716	185	-0.68056	247	0.080177	274
武威市	-0.6485	273	-0.38062	186	-0.60775	267	-0.29975	184	-0.73848	255	0.079701	275
定西市	-0.61032	259	-0.66545	276	-0.48868	255	-0.54829	239	-0.77529	266	0.063169	276

B.3 京津冀区域创新治理指数研究[*]

王雅洁 刘璐 马树强[**]

摘 要: 创新管理向创新治理转变的过程中,构建合理的京津冀区域创新治理指数并进行评价对京津冀协同创新发展尤为重要。本报告从主体参与性、系统协同度、网络关联度、环境支持度四个方面构建京津冀区域创新治理指数,采用熵值法对京津冀创新治理指数进行测度,运用VIKOR方法对京津冀区域治理指数进行排序。结果表明,京津冀三地之间的创新治理体系发展不平衡,呈现北京独占鳌头,津冀落后追赶的状态。

关键词: 京津冀 区域创新治理 评价指标

一 引言

党的十八届三中全会提出了将"完善和发展中国特色社会主义制度,推进国家治理体系和治理能力现代化"作为全面深化改革的总目标,这是我国首次提出"国家治理体系"和"国家治理能力"的概念。十九大报告进一步对国家治理体系和治理能力现代化提出了一系列新要求,首次明确提出了国家治理现代化的时间表和路线图。区域治理是国家治理体系的重要组

---

[*] 国家社会科学基金一般项目"基于知识溢出的区域协同创新路径与机制研究"(17BGL206)。
[**] 王雅洁,河北工业大学经济管理学院副教授、硕士生导师,主要研究方向为区域经济学;刘璐,河北工业大学经济管理学院硕士研究生;马树强,河北工业大学教师、博士研究生导师。

成部分，创新治理是区域治理的具体要求和应用，研究区域创新治理体系对于实现国家治理体系目标具有重要作用。

党的十八大提出实施创新驱动发展战略，要求进一步统筹区域创新体系建设，完善区域创新发展机制，优化区域内创新资源配置。2014年2月26日，京津冀协同发展上升为国家战略，预示着三地新一轮高水平、深层次、全方位的合作正式拉开帷幕。2015年3月5日，李克强总理在政府工作报告中提到，2015年要推进京津冀协同发展，在交通一体化、生态保护、产业升级转移等方面率先取得实质性突破。2017年4月1日，中共中央、国务院决定设立河北雄安新区，其肩负着贯彻落实新发展理念和培育创新驱动发展新引擎的重任。当今世界，各国之间的联系以及发展在趋于全球化的同时又表现出明显的区域化特性，区域化的联合极大地推动了该地区的发展。而在该区域的发展过程中，创新能力是其建立独特竞争优势的关键因素。珠三角经济特区是我国进行改革开放的首个产物，该地区的联合发展极大地推动了当地经济的发展，在随后的20世纪80年代，以上海为首的长三角区域也获得了极大的成功。因此，在借鉴这两个地区的发展模式以及经验的基础上制定京津冀地区联合发展策略，必将推动京津冀的快速发展。但是，与珠三角、长三角相比，京津冀的发展相对较慢，同时还表现出相对薄弱的区域创新能力，这一发展水平与其独特的地域优势极其不符。因此，推进京津冀协同发展并提高京津冀创新能力逐渐成为引领我国经济发展、增强我国总体竞争力的关键步骤，而实现这一目标的前提条件是准确评估京津冀区域创新水平。在从创新管理向创新治理转变的过程中，构建合理的京津冀区域创新治理指数并进行评价，对京津冀合理地利用该地区的资源，提升其区域创新能力，为区域发展提供保障尤为重要。

二 京津冀区域创新治理指数构建

"治理"的概念最早在20世纪90年代的公共管理领域兴起，用以解决"政府失灵"和"市场失灵"问题，"治理"强调的是主体多元化、多层次化以及网络化。创新治理是公共治理在科技领域的延伸，它强调创新政策制定多方主体的参与性、合作性以及民主性。只有建立起评价标准，才能判断治理的绩效，发现治理中存在的问题，比较治理的优劣。但是，还未形成统一标准的区域创新治理体系。Dodescu 等将区域创新的治理看成一系列规章制度连在一起所形成的创新治理的关系网络；陈套、冯锋从省际层面对区域创新系统治理能力进行了评价；陈套、王英俭、程艳从政府视角构建了区域政府创新治理能力评价指标体系。

（一）构建原则

建立综合性的评价指标体系是构建京津冀区域创新治理指数的基础，因此，在设计京津冀区域创新治理指数时，既要做到立足于实际，又要遵循以下原则。

1. 目的性原则

这是指标体系设计的基础，是后续工作能够顺利开展的前提保障。本报告根据区域创新治理的内涵和特征，结合京津冀区域创新发展的现状，确立京津冀区域创新治理指数，以客观地评价三地区域创新治理水平。

2. 科学性原则

本报告在设计京津冀区域创新治理指数时，一方面要参考创新理论、协同理论、系统理论以及现有指标体系，另一方面又要客观真实地反映京津冀区域创新治理的内涵特征，以求能够准确、客观地对京津冀区域创新治理水平进行科学的评价，使之得到的结果具有可信性。

3. 客观性原则

指标体系的设立应尽可能地剔除主观因素的影响，以避免影响评估的准确性，应尽可能地选用相对成熟和公认的指标，且要具备足够的理论支撑，以真实准确地反映京津冀区域创新治理水平。

4. 系统性原则

选取指标时应该尽可能充分地反映信息量，由若干个相互独立的指标构成完整的指数指标体系，用来测度京津冀区域创新治理的整体水平，应该全面地选取反映京津冀创新治理体系的指标，各个指标既相互独立又相互联系，并将指标体系分为目标层、准则层、指标层等若干层次。

5. 可操作性原则

可操作包括三个方面，一是考虑选定指标所需数据资料的可获得性，例如，通过中国统计年鉴、各省市的数据和统计年鉴直接或通过简单的加工间接获得；二是数据必须真实、有效、可靠；三是数据的指标量要适量，不可过多或过少。

（二）指标体系

本报告构建了由主体参与性、系统协同度、网络关联度和环境支持度四部分所组成的创新治理指数评价体系。该评价体系的一级指标为主体参与性、系统协同度、网络关联度和环境支持度四个维度，二级指标共计18个。

根据埃茨科威兹（Henry Etzkowitz）教授所提出的三螺旋理论，经济社会内部创新的三大要素——政府、企业和高校根据市场需求相互作用和影响，形成三螺旋结构的创新模式。本报告分别以政府科技支出、规上企业R&D投入和技术市场成交金额来衡量政府、企业和高校三种创新主体在创新治理过程中的主体参与性。

京津冀区域创新治理体系是由多个主体构成的复杂系统，各个主体间相互协作创新，加速知识扩散和技术突破，提升创新速度和创新效率。如何协同各个主体参与合作创新是区域创新治理的重要内容之一，因此，本报告将系统协同度作为考量的重要指标之一，并选用R&D经费支持、R&D人员全时当量、新产品销售收入和专利申请数加以衡量。

京津冀区域创新治理体系的多主体参与性决定了主体间的关联性是其重要组成部分之一，主体间的联系不是简单的单线联系，而是形成密切的关联网络，因此，将网络关联度作为区域创新治理的指标之一。本报告主要通过各主体间的经费支出加以衡量，选用的指标有规上企业购买国内技术费用、R&D经费对国内企业的支出、政府资金对规上企业的R&D支持、规上企业对境内高校的经费支出、规上企业对研究机构的经费支出、企业资金对高校的支持。

区域协同创新受各种外部因素的影响，因此，环境支持度是京津冀区域创新治理体系的重要指标之一。创新环境支持度指标主要从宏观环境、开放程度、教育水平方面进行衡量，选用人均 GDP、外商投资、固定资产投资、高校研究所数量、教育经费支出占比财政支出 5 项指标来衡量。具体测度指标如表 1 所示。

表 1　京津冀创新治理指数价体系

一级指标	二级指标
主体参与性	政府科技支出（亿元）
	规上企业 R&D 投入（万元）
	技术市场成交金额（万元）
系统协同度	R&D 经费支持（万元）
	R&D 人员全时当量（人年）
	新产品销售收入（万元）
	专利申请数（件）
网络关联度	规上企业购买国内技术费用（万元）
	R&D 经费对国内企业的支出（万元）
	政府资金对规上企业的 R&D 支持（万元）
	规上企业对境内高校的经费支出（万元）
	规上企业对研究机构的经费支出（万元）
	企业资金对高校的支持（万元）
环境支持度	人均 GDP（元）
	外商投资（亿美元）
	固定资产投资（亿元）
	高校研究所数量（个）
	教育经费支出占比财政支出（%）

三　京津冀区域治理指数测度

（一）评价方法分析

目前国内外大多采取两种方法进行产业创新能力的评价，分别是软评价和硬评价。其中，硬评价是一种用数据说话，较少带有个人主观色彩的方法，是在事实数据之上，通过建立合适的模型，同时使用一些统计软件来研究、分析问题的方法。由于减少了个人经验和主观意思的影响，所以其具有较强的客观性和可靠性。如果建立的模型以及数据没有错误，那么得出的结果也将是一样的。对于研究问题中出现的诸如数据繁多、计算复杂等问题，可以使用计算机进行测算，这样便可以提高工作效率，极大地减少人工的浪费。但是，这种方法在给人们带来便利的同时也有着自身的一些缺陷，比如，在采用这种方法时必须要保证数据的真实性，同时某些研究在需要添加人的发散思维的时候则不能体现出来，否则，将会对结果产生偏差。通常采用层次分析法、德尔菲法等。

软评价的方法较之硬评价，最大的特点就是体现了人类主观性，是建立在人类根据过去某些方面研究的经验来对目标进行考察与研究的方法，一般也称为专家评价。这种方法的好处在于可以根据专家的丰富阅历以及发散的思维，结合影响研究对象的多个方面，把想研究的问题研究得更加全面，减少硬性数据导致的结果偏差和片面性。在研究某类数据不是很完善，或者对于某些特定的指标无法进行数据量化时，软评价则显示了其独特的优点。但是，这种方法也存在自身的缺陷，由于人们的思维、方法不同，所以对于同一问题，不同的人就有着不同的观点，在进行一些重点项目的研究时要尽量扩大就业人群。通常采用因子分析法、积累分析法、熵权法等。

综合考虑评价方法的优缺点以及本报告研究的问题的特点，本报告选择熵权法对京津冀区域创新治理指数进行测度。

（二）熵权法概述

其是指通过熵值法计算指标的权重，根据各指标的变异程度，利用信息熵来计算各个指标的权重。计算过程如下。

步骤1：指标比重计算

对一个 $m \times n$ 的评价体系来说，其中，m 为评价对象的个数，n 为评价指标的项数，第 j 项指标下第 i 个对象指标值的比重为：

$$b_{ij} = \frac{x_{ij}}{\sum_{i=1}^{m} x_{ij}}, i = 1,2,\cdots,m; j = 1,2,\cdots,n \tag{1}$$

其中，x_{ij} 为第 i 个评价对象第 j 项指标的数值。

步骤2：计算第 j 项指标的熵值 e_j

$$e_j = -k \sum_{i=1}^{m} b_{ij} \ln b_{ij} \tag{2}$$

令 $k = 1/\ln m$，则满足 $e_j \geq 0$。

步骤3：计算信息熵冗余度 g_j

$$g_j = 1 - e_j \tag{3}$$

步骤4：计算第 j 项指标的权重

$$w_j = g_j / \sum_{j=1}^{n} g_j \tag{4}$$

步骤5：求得综合评价指标数值

$$FI_i = \sum_{i=1}^{n} w_j b_{ij} \tag{5}$$

（三）测度结果

根据熵权法，利用 2007~2016 年的《中国统计年鉴》，计算出各维度的权重 w_i，如表2所示。

表2　2007~2016年各维度的权重

年份	主体参与性	系统协同度	网络关联度	环境支持度
2007	0.300857	0.228530	0.344920	0.125693
2008	0.321118	0.232978	0.317543	0.128361
2009	0.318058	0.214962	0.341638	0.125342
2010	0.372665	0.223232	0.256612	0.147491
2011	0.343010	0.192875	0.314977	0.149138
2012	0.330259	0.181624	0.323006	0.165110
2013	0.368982	0.186437	0.257912	0.186669
2014	0.343632	0.155669	0.315950	0.184749
2015	0.333981	0.146911	0.297945	0.221163
2016	0.281911	0.129406	0.384209	0.204474

根据熵权法计算原理,分别测算出2007～2016年京津冀三地4个维度的单项得分以及综合得分,并将各项得分及综合得分进行排序,具体见图1、表3。从总体的创新治理水平来看,北京的核心地位稳固,领先优势非常明显,天津、河北分列第二、第三位。北京地区远高于天津和河北,北京的综合得分为0.09～0.125分,天津为0.02～0.028分,河北为0.008～0.011分,充分说明了作为京津冀地区核心城市,北京的创新治理实力和总体水平与天津、河北处于不同的档次,核心地位十分突出(见图1)。

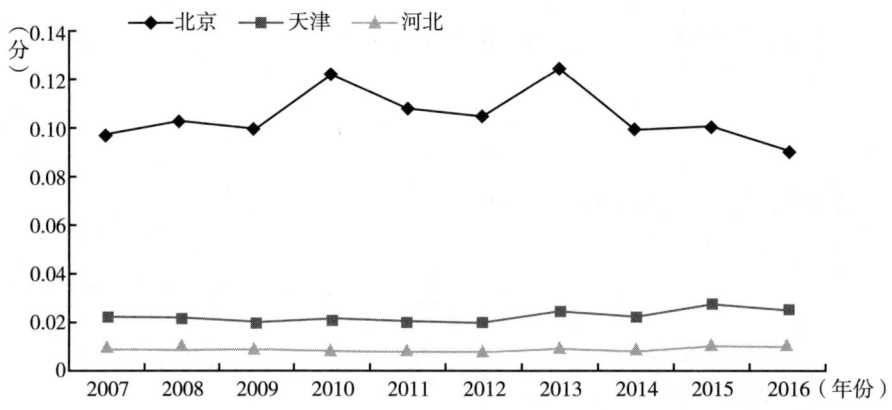

图1 2007～2016年京津冀创新治理指数综合得分

表3 2007～2016年京津冀创新治理指数单项及综合得分

单位:分

年份	地区	主体参与性	系统协同度	网络关联度	环境支持度	综合得分
2007	北京	0.219751	0.045568	0.052511	0.025776	0.097879
	天津	0.018039	0.028436	0.022074	0.021133	0.022196
	河北	0.004118	0.012104	0.012575	0.011760	0.009821
2008	北京	0.234704	0.040031	0.045472	0.025875	0.102455
	天津	0.020105	0.027094	0.018866	0.022635	0.021665
	河北	0.004027	0.011781	0.012692	0.013260	0.009770
2009	北京	0.233695	0.039510	0.037525	0.025776	0.098873
	天津	0.020128	0.025560	0.015491	0.024151	0.020216
	河北	0.003407	0.012249	0.009869	0.014637	0.008923

续表

年份	地区	主体参与性	系统协同度	网络关联度	环境支持度	综合得分
2010	北京	0.267546	0.038815	0.034753	0.028679	0.121518
	天津	0.020444	0.026411	0.012819	0.028520	0.021010
	河北	0.003454	0.012583	0.005398	0.017837	0.008112
2011	北京	0.258195	0.031280	0.031297	0.025869	0.108313
	天津	0.023433	0.019798	0.013207	0.027245	0.020079
	河北	0.003821	0.010867	0.008595	0.017246	0.008686
2012	北京	0.261254	0.024684	0.028505	0.026993	0.104429
	天津	0.024955	0.016004	0.013246	0.029096	0.020231
	河北	0.004237	0.009552	0.006016	0.019973	0.008375
2013	北京	0.290745	0.025609	0.024938	0.030851	0.124245
	天津	0.028574	0.016427	0.016290	0.033214	0.024007
	河北	0.003561	0.009964	0.007656	0.024011	0.009628
2014	北京	0.240418	0.019736	0.026536	0.028508	0.099338
	天津	0.030074	0.012977	0.014898	0.031179	0.022822
	河北	0.002501	0.008037	0.007729	0.023824	0.008954
2015	北京	0.246269	0.022214	0.024354	0.035502	0.100620
	天津	0.036285	0.016299	0.016293	0.036837	0.027514
	河北	0.003166	0.010321	0.006941	0.027787	0.010787
2016	北京	0.227079	0.019263	0.043909	0.033913	0.090314
	天津	0.032070	0.010488	0.018995	0.034281	0.024706
	河北	0.003618	0.007357	0.008943	0.025814	0.010686

（四）结果分析

1. 从主体参与性来看——北京主体参与性最强，天津次之，河北最后（见图2）。

从主体参与性得分来看，北京大幅领先天津和河北，虽然得分有波动，但是仍为0.2~0.3分；天津主体参与性得分近十年有小幅增长趋势，为0.018~0.037分；河北主体参与性得分远落后于北京和天津，呈现平稳波动的变化趋势，为0.0025~0.0043分。这说明天津和河北未来的创新治理仍需要提高主体参与性。

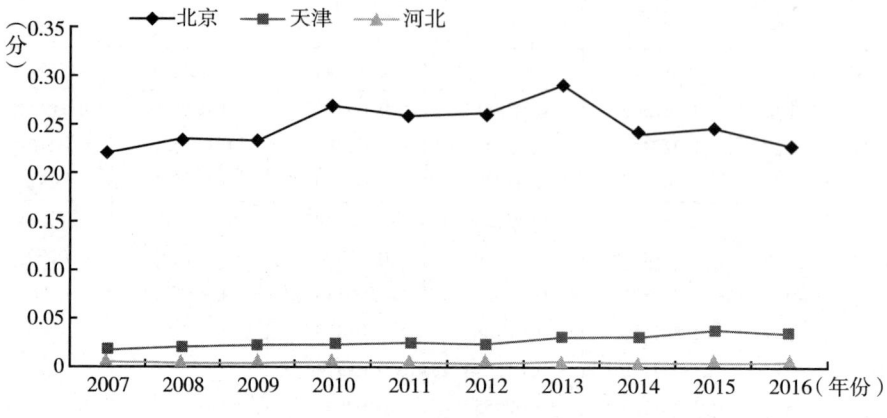

图2 2007~2016年京津冀创新治理主体参与性指数

2. 从系统协同度来看——北京处于领先位置,天津次之,河北最后。京津冀三地的系统协同度总体上呈现下降趋势,2014~2016年,三地的差距越来越小(见图3)。

从系统协同度指数得分来看,北京始终高于天津和河北,为0.019~0.046分,在2007~2012年,北京的系统协同度指数呈现明显下降趋势,在2013~2016年又呈现波动性降低的变化趋势;天津的系统协同度得分为0.01~0.029分,在2007~2012年,天津的系统协同度指数呈现明显下降

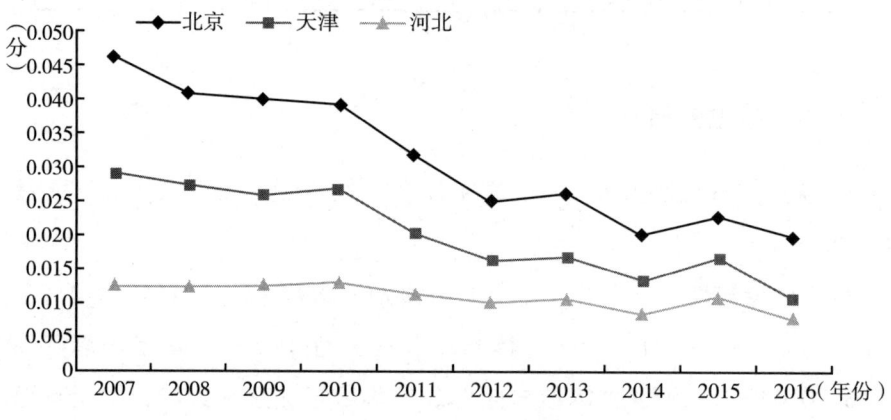

图3 2007~2016年京津冀创新治理系统协同度指数

趋势，2013~2016年也呈现波动性降低的变化趋势；河北的系统协同度得分为0.007~0.013分，近10年来呈现稳定的波动下降趋势。

3. 从网络关联度看——北京仍然保持第一，天津第二，河北第三（见图4）。

从网络关联度得分来看，北京的网络关联度得分为0.024~0.053分，但是在2007~2013年呈现连续下降趋势，变化幅度较大，在2014年有小幅上升后又于2015年小幅下降，但在2016年又有大幅增加趋势；天津的网络关联度得分为0.012~0.023分，在2007~2010年，呈现持续降低趋势，2011~2013年有小幅上涨后又在2014年出现降低变化，在2015~2016年又呈现连续上升趋势；河北的网络关联度得分为0.005~0.013分，在2007~2010年，也呈现持续降低趋势，在2011年呈现上升趋势后，在2012~2015年又呈现波动变化趋势，在2016年呈现上升趋势。

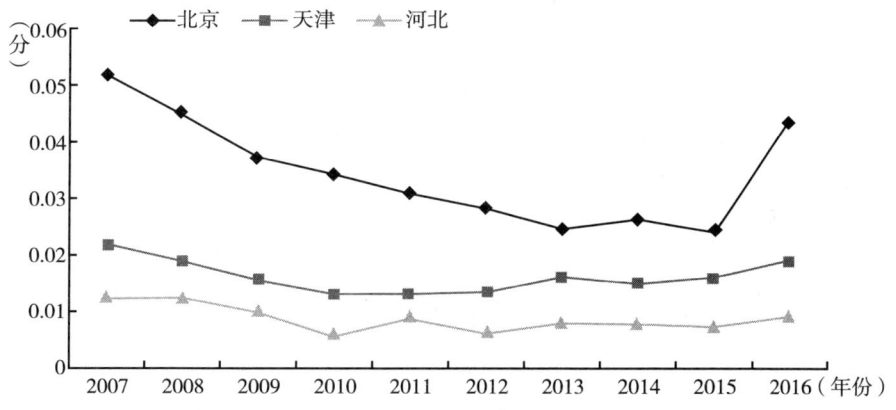

图4　2007~2016年京津冀创新治理网络关联度指数

4. 从环境支持度来看——北京创新治理的环境支持度较为稳定，天津和河北有显著增长。三地环境支持度的变化趋势基本一致：在2007~2010年逐步上升，但是在2011年均出现下降趋势，在2012~2013年小幅增长后，2014~2016年又出现波动变化。在2007~2010年，北京位居第一，而在2011~2016年，天津超过北京位居第一，但河北始终居于第三的位置（见图5）。

从环境支持度得分来看，北京在2007～2009年基本不变，在2010～2016年出现波动性变化，但2016年与2007年相比，得分仍有小幅增加；天津在2007～2010年保持稳步增长后，在2011年虽有所下降但是仍超过北京位居第一，在2012～2013年小幅增长后，2014～2016年又出现波动变化；河北的环境支持度得分变化趋势与天津的变化趋势相同，但始终居于第三的位置。

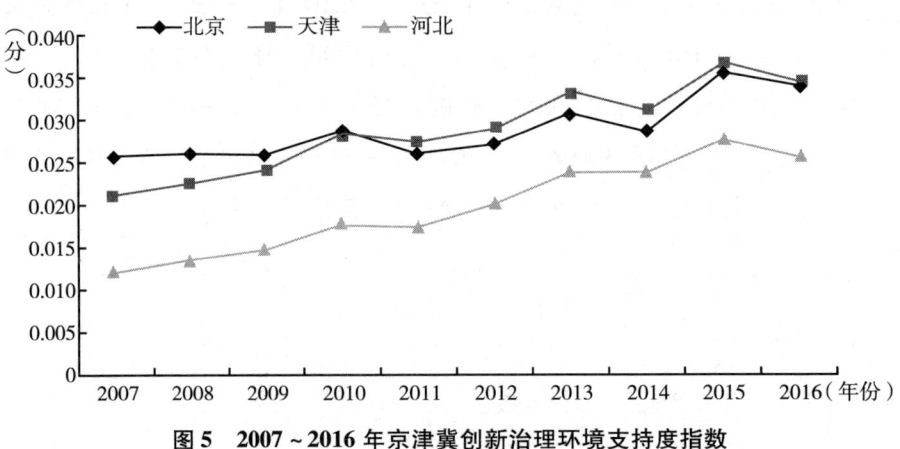

图5　2007～2016年京津冀创新治理环境支持度指数

四　京津冀创新治理指数综合排序

本报告选取京津冀三个地区作为评价对象，用VIKOR进行测度，定为p_1=北京，p_2=天津，p_3=河北。

（1）数据预处理

将$m=3$，$n=18$带入公式$f_{ij}=x_{ij}/\sqrt{\sum_{i=1}^{m}x_{ij}^2}$，$i=1,2,\cdots,m$；$j=1,2,\cdots,n$。对所选取的3个地区的原始数据进行标准化处理。

（2）计算正理想值与负理想值

即找出备选地区创新治理指数各指标的最大值与最小值。

$$f_i^* = [\max_j f_{ij} \mid i \in I_1, \min_j f_{ij} \mid i \in I_2] \forall i \tag{1}$$

$$f_i^- = [\min_j f_{ij} | j \in J^+, \max_i f_{ij} | i \in I_2] \forall i \quad (2)$$

其中，f_{ij} 是第 j 个备选地区创新治理指数指标标准化后第 i 个指标的评估值，f_i^* 为备选地区创新治理指数第 i 个指标的最大值，f_i^- 为备选地区创新治理指数第 i 个指标的最小值。

（3）计算创新治理指数的 S_j 和 R_j

$$S_j = \sum_{i=1}^{n} w_i \frac{f_i^* - f_{ij}}{f_i^* - f_i^-} \forall j \quad (3)$$

$$R_j = \max \left[w_i \frac{f_i^* - f_{ij}}{f_i^* - f_i^-} \right] \forall j \quad (4)$$

S_j 表示第 j 个地区创新治理指数的评估值到正理想解的加权距离；R_j 表示第 j 个地区创新治理指数的评估值到负理想解的加权距离；W_j 表示各指标的权重（见表2），由公式（3）和（4）求出的 2007～2016 年京津冀三个地区相应的 S_j 和 R_j 的值见表4。

表4 2007～2016 年京津冀创新治理指数综合评价值及排序

年份	指标	北京	天津	河北
2007	S_j	0.121213	0.801954	0.856570
	排序	(1)	(2)	(3)
	R_j	0.073390	0.205538	0.219720
	排序	(1)	(2)	(3)
2008	S_j	0.084693	0.7844	0.848249
	排序	(1)	(2)	(3)
	R_j	0.029365	0.205518	0.220817
	排序	(1)	(2)	(3)
2009	S_j	0.057005	0.775383	0.888993
	排序	(1)	(2)	(3)
	R_j	0.030367	0.206466	0.222579
	排序	(1)	(2)	(3)
2010	S_j	0.06555	0.683394	0.810739
	排序	(1)	(2)	(3)
	R_j	0.032932	0.215658	0.230434
	排序	(1)	(2)	(3)

续表

年份	指标	北京	天津	河北
2011	S_j	0.107392	0.687084	0.743443
	排序	(1)	(2)	(3)
	R_j	0.039186	0.20321	0.220112
	排序	(1)	(2)	(3)
2012	S_j	0.099827	0.651832	0.734811
	排序	(1)	(2)	(3)
	R_j	0.039323	0.198434	0.215772
	排序	(1)	(2)	(3)
2013	S_j	0.100629	0.577173	0.648067
	排序	(1)	(2)	(3)
	R_j	0.043719	0.200125	0.219131
	排序	(1)	(2)	(3)
2014	S_j	0.18855	0.684122	0.648611
	排序	(1)	(3)	(2)
	R_j	0.066788	0.183362	0.207334
	排序	(1)	(3)	(2)
2015	S_j	0.104842	0.554304	0.679006
	排序	(1)	(2)	(3)
	R_j	0.047675	0.168758	0.195292
	排序	(1)	(2)	(3)
2016	S_j	0.113102	0.669665	0.711007
	排序	(1)	(2)	(3)
	R_j	0.054027	0.169336	0.194006
	排序	(1)	(2)	(3)

(4) 计算创新治理指数的 VIKOR 值 Q_j

$S^* = \min_j S_j, \quad S^- = \max_j S_j, \quad R^* = \min_j R_j, \quad R^- = \max_j R_j$

$$Q_j = v \times \frac{S_j - S^*}{S^- - S^*} + (1-v) \times \frac{R_j - R^*}{R^- - R^*} \quad \forall j \tag{5}$$

Q_j 表示第 j 个备选地区创新治理指数的 VIKOR 值，S^* 为创新治理指数群体最大效用，R^* 为创新治理指数群体最小遗憾，v 为最大群体效用权重，为了同时追求创新治理指数群体效用最大化和个别遗憾最小化，报告设 $v = 0.5$，由公式（5）计算出的 Q_j 值如表5所示。

表 5　2007～2016 年京津冀地区的创新治理指数的 VIKOR 值及排序

年份	指标	北京	天津	河北
2007	Q_j	0	0.9144	1
	排序	(1)	(2)	(3)
2008	Q_j	0	0.9182	1
	排序	(1)	(2)	(3)
2009	Q_j	0	0.8898	1
	排序	(1)	(2)	(3)
2010	Q_j	0	0.8771	1
	排序	(1)	(2)	(3)
2011	Q_j	0	0.9090	1
	排序	(1)	(2)	(3)
2012	Q_j	0	0.8855	1
	排序	(1)	(2)	(3)
2013	Q_j	0	0.8811	1
	排序	(1)	(2)	(3)
2014	Q_j	0	0.9147	0.9642
	排序	(1)	(2)	(3)
2015	Q_j	0	0.8015	1
	排序	(1)	(2)	(3)
2016	Q_j	0	0.8773	1
	排序	(1)	(2)	(3)

(5) 创新治理指数评价值排序

① $Q^2 - Q^1 \geq 1/(J-1)$ 式中，Q^1 表示对备选地区创新治理指数进行 Q 值排序后，排名在第 1 位的地区的 Q 值；Q^2 表示对备选地区创新治理指数进行 Q 值排序后，排名在第 2 位的地区的 Q 值；J 表示所有备选地区数；$1/(J-1)$ 表示可接受的门槛值，即只有当排序数相差 1 位的两个备选地区创新治理指数的 Q 值的差值大于 $1/(J-1)$ 时，才能确定排名第 1 的地区创新治理指数显著高于排名第 2 的地区；若有多个备选地区，则需要将排名在第 1 位的地区与排名在后几位的地区一一进行比较。

② 对 Q 值进行排序后，创新治理指数排名在第 1 位地区的 S 值须同时大于排名第 2 地区的 S 值，即 $S^1 > S^2$；或创新治理指数排名在第 1 位地区的 R 值须同时大于排名在第 2 位地区的 R 值，即 $R^2 > R^1$；若有多个备选地区，

则需要将排名在第1位的地区与排名在后几位的地区一一进行比较,最终得到所有地区的 S 值(或 R 值)排列顺序。

判断法则:如果排序第1的地区和排序第2的地区之间的关系同时符合条件①和条件②,则确定排序第1的地区为创新治理能力最佳地区;如果排序第1的地区和排序第2的地区之间的关系只符合条件②,则同时确定排序第1的地区和排序第2的地区为创新治理能力最佳地区;如果排序第1的地区和其他几个地区之间的关系均不符合条件①,只符合条件②,则同时确定那些不符合条件①的地区为创新能力最佳地区。

根据上述两个法则对京津冀三个地区进行排序,最终得到它们的创新治理指数排序结果:

$$p_1 > p_2 = p_3$$

即经过比较后,北京是创新治理指数相对最高的地区,而天津和河北创新治理指数相当。

综上,京津冀三地之间的创新治理体系发展不平衡,呈现北京独占鳌头、津冀落后追赶的状态。创新治理体系的各维度权重不平衡,创新治理维度的发展与创新治理指数呈现非同步性特征。主体参与性和网络关联度对创新治理过程、结果形成的直接作用的维度权重较高;系统协同度和环境支持度形成创新治理体系外围环境并间接影响创新治理指数的维度权重,使其较低。

影响创新治理能力不同的可能原因如下。一是不同地区的创新基础和经济发展水平具有差异性和不平衡性。与天津和河北地区相比,北京地区经济率先发展有效集聚了创新要素,为创新治理提供了更多的物质条件,高校和科研机构分布较多,为创新治理奠定了人才和知识创新的基础。二是地区自身发展的主客观原因。如受到地理区位的影响,在人才引进、招商引资和产业结构优化调整中受到地区本身的限制,为创新治理增加了难度。

五 京津冀区域创新治理提升的对策建议

构建京津冀创新治理体系,全面提升京津冀地区的创新治理能力,形成地区间的创新协同和联动发展。

（1）要加大京津冀地区的创新治理体系建设和治理力度，首先，要提升创新治理水平，进而增强创新治理能力，实现创新治理体系的不断完善发展；其次，各地区要立足创新治理目标，结合自身的比较优势和实际特点，优化创新治理体系的产业布局和治理结构，以科技创新提高京津冀三个地区的生产率，实现三地的创新治理转型发展；再次，建立全方位的创新治理机制，在宏观层面做好创新发展规划，促进京津冀建立统一的市场机制，为京津冀协同发展夯实发展基础；最后，加大创新成果在各地区之间的交流与扩散，形成知识外溢效应，引进创新资源要素，提升创新体系的治理能力，实现京津冀地区的创新治理发展。

（2）注重政府、企业、高校和研究机构等创新主体的主体参与性，明确各创新主体的地位和功能，充分发挥不同创新主体在创新治理过程中的不同作用，形成多元主体参与的创新治理体系，实现创新主体之间的共同治理和协同发展。具体措施如下。第一，京津冀三地要建立完善的创新投资机制，实现投资主体多元化，建立以政府投资为引导、企业投资为主体、社会投资和引进外资为补充、高校和研究机构为创新主力的投资体系，如提高政府科技支出比例。第二，政府要引导高校与研究机构和企业主动开展深度合作，提高专利申请和新产品产出的效率。第三，要完善各地的法律法规，保护知识产权，维护各方科技成果在三地间流动和转化的合法利益，引导各创新主体积极参与。

（3）提升京津冀创新治理体系的水平需要权衡总体治理水平和各维度治理指数之间的关系。各地要因地制宜，对于创新治理水平较低的天津和河北地区，要加强创新治理的网络关联度建设，加强创新引导，把创新资源优先投放到产业布局中重点发展的产业上；对于创新治理水平较高的北京地区，要加强创新环境的建设，全面提升创新治理体系的治理水平，从总体上推动京津冀创新治理网络的建设。具体来说，北京地区要加快非首都功能疏散的步伐，依靠优势产业和优势技术，为创新提供更广阔的空间，以吸引国际创新要素，构建"高精尖"创新治理结构，充分发挥北京在京津冀协同发展中的核心作用和辐射作用；天津地区要加快创新治理转型的步伐，更多地吸引先进制造业和高端制造业在滨海新区集聚，立足于高新技术产业优势，充分发挥规模经济效应，提升创新治理的竞争力；河北地区要加快创新治理转型升级，在发挥现有产业优势的基础上，做好对北京和天津地区产业转移的承接，优化产业空间布局，提升集聚效应，实现创新治理能力的提升，尤其要抓住建设"雄安新区"的契机，通过承接北京地区转移过来的非首都功能，努力打造创新治理发展的示范区，为本地创新治理建立良好的体制机制和营造良好的环境氛围，推动创新治理升级转型。

（4）协同推进创新治理各维度之间的发展。首先，加大对创新治理的投入，推动创新成果、知识和技术在各地区之间的溢出和扩散；其次，要注意营造良好的创新环境氛围和文化氛围，搭建政府、企业、高校和研究机构之间稳定的协同创新治理平台，促进创新要素在各地的自由流动，如政府要加紧创新政策的立法，营造良好的制度政策环境和构建良好的公共服务体系，企业、高校和研究机构要提升创新产出能力，促进科研成果的转化，从而优化京津冀地区创新治理的发展格局；最后，各地要改善地方品质，优化综合环境，增强凝聚优质资源的吸引力，吸引全国乃至世界的优质资源以促进本地的创新发展，对三地的协同创新予以支持、引导和调控，实现京津冀创新治理能力的协同发展。

参考文献

杨继明、冯俊文：《从创新治理视角看我国科技宏观管理体制改革走向》，《科技进步与对策》2013年第3期。

Dodescu, A., Chirila, L. F., "Regional Innovation Governance in the Context of European Integration and Multi-level Governance Challenge: a Case Study of Northwest Region of Romania", *Procedia Economics & Finance*, 2012 (3).

陈套、冯锋：《中国区域科技创新系统治理动态评价与提升路径》，《大连理工大学学报》（社会科学版）2016年第1期。

陈套、王英俭、程艳等：《我国区域创新体系的治理测度及其与经济发展关系研究》，《软科学》2018年第2期。

B.4 公司治理与京津冀地区经济发展*

——基于2003~2017年中国上市公司治理指数CCGI分析

梁馨月 张贵 郝臣**

摘　要： 本报告采用南开大学中国公司治理研究院每年发布的中国上市公司治理指数（CCGI）作为衡量公司治理质量状况的标准，对京津冀地区上市公司治理水平与区域经济发展之间的关系进行分析。研究发现，CCGI北京最高、河北次之、天津最低；通过面板数据对2003~2017年京津冀地区上市公司治理指数与人均GDP进行数据回归研究发现，公司治理中的股东治理、董事会治理、监事会治理、经理层治理能显著提升京津冀地区经济发展水平，而信息披露和利益相关者治理水平与京津冀地区经济发展水平存在负相关关系。由此推断，京津冀协同发展中北京、天津、河北三地的上市公司可以通过并购重组、交叉持股等方式进行区域融合，推动三地区经济协同发展。同时，京津冀地区信息披露治理虽然较好，但充分的信息披露未能增强投资者信心也是值得深思的问题；此外，国家应给予京津冀地区上市公司在承担企业社会责任方面的政策激励，降低企业过多承担

---

* 天津市科技发展战略研究计划项目"天津市企业参与一带一路国际科技合作的关键成果因素及其风险防范"（18ZLZXZF00040）。
** 梁馨月，河北工业大学博士后，天津农学院副研究员；张贵，河北工业大学教授、博士研究生导师，河北工业大学京津冀发展研究中心执行主任；郝臣，南开大学副教授。

社会责任的成本,真正通过利益相关者治理促进三地区经济水平的提升。

关键词: 京津冀　上市公司　公司治理　区域经济发展　中国上市公司治理指数

区域发展经济先行,经济发展靠企业带动。在京津冀协同发展战略的部署下,深入了解京津冀地区企业发展质量与企业成长态势对于区域经济的发展具有至关重要的作用。从2001年两院院士、清华大学教授吴良镛提出大北京规划,到2004年的"廊坊共识",再到2006年国家将京津冀区域发展纳入"十一五"规划,直到2014年2月26日,习近平总书记在北京召开座谈会时,京津冀协同发展的概念被正式提出,成为我国当前三大国家战略之一。从京津冀一体化到京津冀协同发展的十几年时间里,京津冀区域经济得到了迅猛发展,而京津冀地区各类企业在促进三地产业结构升级、增强市场活力方面发挥着重要的作用。

本报告以中国上市公司治理指数为研究基础,通过对各区域上市公司治理指数进行分析,总结京津冀三地上市公司治理质量的差距;通过对上市公司地区分组数据与京津冀区域经济发展之间的关系进行分析,探索区域内上市公司治理质量与京津冀区域经济发展之间的影响关系,并提出相应的政策建议。

一　京津冀地区上市公司指标选取原则

目前,我国公开发布的公司治理评价指数主要有三个。第一,南开大学中国公司治理研究院发布的中国上市公司治理指数(*CCGI*),该指数从2003年发布至今(截至本报告撰写时间,*CCGI* 发布到2017年)共涉及

27391家样本公司，该研究院每年发布《中国公司治理评价报告》一篇。第二，上海证券交易所与中证指数有限公司联合发布的上证公司治理指数（*SSEGI*），于2008年的第一个交易日正式发布，是为了综合反映上市公司治理板块的走势。目前，上证公司治理板块中共有199只成分股。第三，北京师范大学公司治理与企业发展研究中心研发的中国公司治理分类指数，该指数于2007年被提出，从2009年至2017年共发布6类主要反映16部系列报告。

（一）指数选取原则

通过对上述三类评价指数的简述，本报告选择南开大学中国公司治理研究院发布的中国上市公司治理指数，原因有如下三点。

第一，时间跨度长。南开大学中国公司治理研究院发布的中国上市公司治理指数（*CCGI*）自2003年至今已经连续发布15年，且从未间断。

第二，指标体系全面。*CCGI*指标体系经过多次完善修正最终被确立，共涉及6个维度，19个二级指标及80多个评价指标，对各指标体系进行详细分组分析，如分地区、分行业、分板块等，指标采用定性与定量相结合，实用性与有效性相结合的原则，*CCGI*曾连续被应用于"CCTV中国最具价值上市公司年度评选"等项目中。

第三，与本研究联系密切。本报告从京津冀区域内的企业治理水平出发，探索了区域内上市公司治理水平与区域经济发展之间的关系，分析了京津冀地区企业治理水平是如何影响区域经济发展的内部机制的。*CCGI*指数分析体系为本研究提供了翔实的数据支撑。

（二）中国上市公司治理指数评价指标体系

中国上市公司治理指数评价指标体系共分为6个治理维度，19个二级指标及80多个具体评价指标，并通过指标分析法、层次分析法、专家打分法等方式设计各指标权重，指标体系如表1所示。

表1 中国上市公司治理指数评价指标体系

指数 （目标层）	公司治理评价6个治理维度 （准则层）	公司治理评价各要素 （要素层）
中国上市公司 治理指数（$CCGI$）	股东治理（$CCGI_{SH}$）	上市公司独立性
		上市公司关联交易
		中小股东权益保护
	董事会治理（$CCGI_{BOD}$）	董事权利与义务
		董事会运行效率
		董事会组织结构
		董事薪酬
		独立董事制度
	监事会治理（$CCGI_{BOS}$）	监事会运行状况
		监事会规模结构
		监事会胜任能力
	经理层治理（$CCGI_{TOP}$）	经理层任免制度
		经理层执行保障
		经理层激励约束
	信息披露（$CCGI_{ID}$）	信息披露可靠性
		信息披露相关性
		信息披露及时性
	利益相关者治理（$CCGI_{STH}$）	利益相关者参与程度
		利益相关者协调程度

资料来源：南开大学中国公司治理研究院2017年《中国公司治理评价报告》。

二 京津冀三地公司治理评价指数分析

（一）京津冀三地公司治理评价指数总体分析

1. 京津冀三地上市公司总量分析

根据对2003~2017年《中国公司治理评价报告》的分析，将京津冀三地区2003~2017年上市公司总量进行统计，得到图1。

（1）2003~2017年，北京地区的上市公司数量由49家增长至282

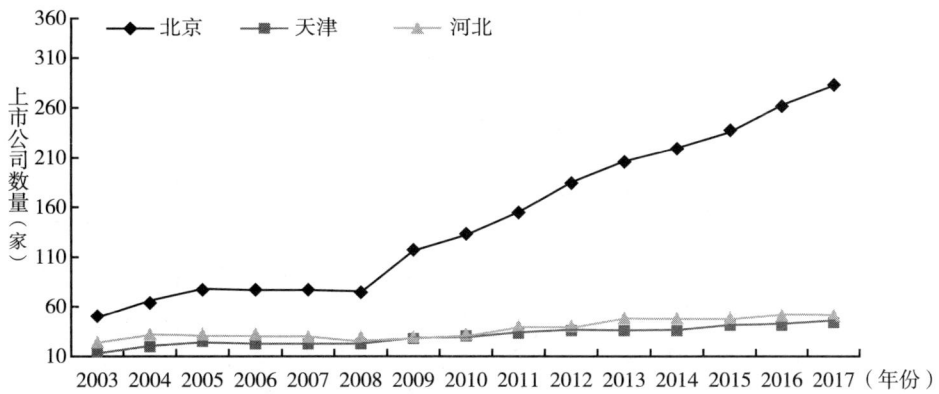

图 1　京津冀地区上市公司 2013～2017 年数量

资料来源：南开大学中国公司治理研究院 2003～2017 年《中国公司治理评价报告》。

家，平均增长幅度为 15.78%，最大增长幅度为 57.33%，增长趋势明显。最大值与最小值之间的差距为 233。以 2009 年为界限，2003～2008 年，北京地区上市公司数量处于波动状态，2005～2008 年逐年减少，而到了 2009 年，北京地区上市公司数量陡然增长，随后逐年呈稳定增长态势，且远高于天津、河北两地。

（2）2003～2017 年，天津地区上市公司数量由 12 家增长至 45 家，虽然呈现逐年增长趋势，但增速不显著。一个拐点出现在 2004 年，增幅最大，增加 8 家上市公司，同比增长 66.67%，另一个拐点出现在 2009 年，比 2008 年增加 5 家上市公司。但从整体看，天津地区的上市公司数量在三地区中最少。

（3）2003～2017 年，河北上市公司数量由 24 家增长至 51 家，平均增长幅度为 6.19%，增幅不明显。河北的最大增幅出现在 2012～2013 年，增加 8 家上市公司。从整体上看，河北的上市公司数量与北京相差较多，但大体高于天津地区同时期数量。

从平均水平看，京津冀区域上市公司的数量为上升态势，但是三地区的差异较大，北京地区上市公司数量占京津冀地区总量的 74.60%，河北的占京津冀地区总量的 13.50%，而天津的最低，只占京津冀地区总量的 11.90%。

2. 京津冀三地区上市公司治理指数分析

根据对 2003~2017 年《中国公司治理评价报告》的分析，将京津冀三地区 2003~2017 年上市公司治理指数进行统计，得到图 2、表 2。

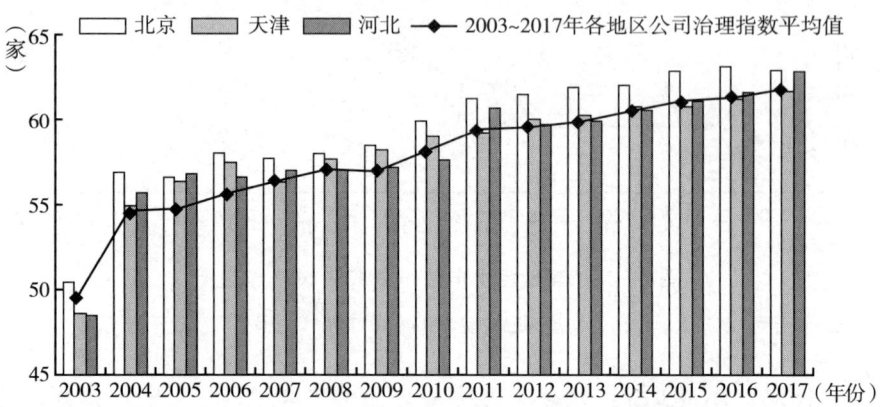

图 2　京津冀地区上市公司 2003~2017 年治理指数

资料来源：南开大学中国公司治理研究院 2003~2017 年《中国公司治理评价报告》。

表 2　京津冀地区上市公司 2003~2017 年公司治理指数

年份	北京	天津	河北	历年各地区指数平均值
2003	50.48	48.60	48.55	49.63
2004	56.92	54.94	55.73	54.77
2005	56.66	56.45	56.83	54.92
2006	58.05	57.53	56.67	55.79
2007	57.83	56.42	57.13	56.58
2008	58.12	57.22	57.45	57.25
2009	58.60	58.25	57.22	57.21
2010	59.99	59.14	57.65	58.43
2011	61.39	59.71	60.72	59.60
2012	61.63	60.11	60.06	59.74
2013	61.96	60.34	60.07	60.00
2014	62.10	60.06	60.61	60.78
2015	63.01	60.81	61.15	61.38
2016	63.19	61.29	61.87	61.54
2017	63.01	61.77	62.88	61.95

资料来源：南开大学中国公司治理研究院 2003~2017 年《中国公司治理评价报告》。

(1) 2003~2017年,北京地区上市公司治理指数在三地区中大体处于领先水平,天津、河北与北京地区差距较大。京津冀三地上市公司治理指数与当年全国各地区上市公司治理指数平均值相比,北京地区的公司治理指数一直处于全国平均值之上,天津地区在15年间,有7年的公司治理指数低于全国平均水平,河北有4年的公司治理指数低于全国平均水平。天津地区公司治理质量在全国31个省份中还处于中等偏下水平,河北公司治理质量略好于天津。这说明,津冀两地上市公司的治理水平急需改善。

(2) 2003~2017年,京津冀地区2017年公司治理指数比2003年均有大幅提高,三地区公司治理质量提升速度较快,但也存在个别年份小幅波动情况。整体上来看,三地区处于逐年上升态势,公司治理质量逐步提高,且河北公司治理质量处于稳步小幅攀升的状态,在2017年与北京地区基本持平。

(二)京津冀地区上市公司治理指数分板块分析

近些年"大众创业、万众创新"的号召,催生了许多非常成功的创业公司,且其多为高科技类型创业公司,融资资本数额较大,因此,2009年10月30日,中国创业板正式上市。南开大学中国公司治理研究院从2011年开始正式对创业板公司发布公司治理指数评价,为便于对数据进行比较,本报告对主板、中小板、创业板的比较分析数据均从2011年开始。

1. 京津冀地区主板上市公司(非金融上市公司)治理指数及公司数量分析

2011~2017年,京津冀三地主板上市公司治理指数基本呈现逐年提高趋势,但除北京地区的每年均高于全国平均值以外,天津及河北二地区的在全国平均值上下波动,且二地区的公司治理指数均低于北京地区,上市公司数量也与北京地区的存在很大差距。天津和河北两地区公司治理指数基本持平。近7年数据显示,天津上市公司数量略低于河北,直到2017年与之持平。具体数据如表3所示。

2. 京津冀地区中小板上市公司治理指数及公司数量分析

2011~2017年,京津冀三地中小板上市公司治理指数差别较大,北京中小板上市公司治理指数7年均高于全国平均水平;河北中小板上市公司治

表3 京津冀地区主板上市公司2011~2017年公司治理指数及公司数量

单位：家

年份	北京	天津	河北	全国平均值	北京上市公司数量	天津上市公司数量	河北上市公司数量
2011	59.95	59.04	59.31	59.05	99	25	28
2012	59.38	58.59	57.90	58.68	117	28	29
2013	60.72	59.94	58.59	59.42	105	25	33
2014	60.79	59.62	59.12	60.13	116	27	32
2015	61.69	60.13	59.96	60.70	119	29	32
2016	61.37	60.40	59.90	60.79	127	29	32
2017	61.51	60.94	61.55	61.38	136	30	30

资料来源：南开大学中国公司治理研究院2003~2017年《中国公司治理评价报告》。

理指数除2015年、2016年略低于全国平均水平外，其余5年均高于全国平均水平；而天津中小板上市公司治理指数7年均低于全国平均水平，且与全国平均水平差距较大。北京、天津、河北三地区7年的治理指数呈现不稳定趋势，时高时低。与此同时，北京地区中小板上市公司数量明显高于天津及河北，大体呈现逐年递增趋势，天津地区中小板上市公司数量最低且基本保持不变，河北地区中小板上市公司数量居中。具体数据如表4所示。

表4 京津冀地区中小板上市公司2011~2017年公司治理指数及公司数量

单位：家

年份	北京	天津	河北	全国平均值	北京上市公司数量	天津上市公司数量	河北上市公司数量
2011	62.65	60.60	63.82	62.13	25	6	8
2012	64.79	60.92	65.54	63.09	29	6	8
2013	63.64	59.53	62.73	62.22	38	6	10
2014	62.96	60.63	63.46	62.68	38	6	10
2015	64.56	61.31	62.84	63.61	41	6	10
2016	64.60	59.97	64.45	63.98	46	6	10
2017	64.75	62.55	63.81	63.90	48	8	10

资料来源：南开大学中国公司治理研究院2003~2017年《中国公司治理评价报告》。

3. 京津冀地区创业板上市公司治理指数及公司数量分析

2011~2017年，京津冀三地创业板上市公司治理指数差别较大，河北创业板上市公司治理指数7年均高于全国平均水平,且2017年河北创业板上市公司治理指数值在全国31个省份中排名第3,远高于北京;北京创业板上市公司治理指数除2016年略低于全国平均水平外,其余6年均高于全国平均水平,总体看,7年治理指数较稳定;天津创业板上市公司治理指数在2014年、2015年低于全国平均水平,其余5年均高于全国平均水平,且2017年天津创业板上市公司治理指数值在全国31个省份中排名第11,高于北京。北京创业板上市公司数量明显高于天津、河北,且增幅最大,而天津、河北上市公司数量呈现逐年上升趋势,但是数量相对较少,河北次之,天津最少。具体数据如表5所示。

表5 京津冀地区创业板上市公司2011~2017年公司治理指数及公司数量

单位:家

年份	北京	天津	河北	全国平均值	北京上市公司数量	天津上市公司数量	河北上市公司数量
2011	64.53	63.50	64.44	63.29	24	3	4
2012	64.62	66.42	64.81	63.63	28	3	4
2013	63.02	63.32	64.17	62.93	53	5	5
2014	63.89	62.46	64.11	63.49	53	5	5
2015	64.04	63.21	64.18	63.84	64	7	7
2016	65.13	66.10	65.61	65.26	80	7	10
2017	66.95	69.71	71.12	64.49	86	7	10

资料来源:南开大学中国公司治理研究院2003~2017年《中国公司治理评价报告》。

综上,从主板、中小板、创业板分板块数据的分析中可以看出,无论在哪个板块市场中,北京地区上市公司数量最多。在创业板市场中,北京公司数量虽然最多,但是公司治理质量不高,指数与天津、河北相比较低;河北虽然公司总量不多,但是公司治理质量表现最佳,指数最高。天津在三个板块市场中公司总量最少,且在主板和中小板块市场中公司质量表现不佳,治理指数值最低。

三 京津冀三地公司治理评价指数与区域经济发展的分析

（一）京津冀地区经济发展与企业发展现状分析

自国家提出京津冀协同发展战略以来，京津冀地区经济发展一直备受关注。学者们也从不同角度对京津冀地区各城市的经济发展进行了研究。李磊、张贵祥（2015）通过构建智慧化水平等4个维度对京津冀城市群内的13个重要核心城市进行研究后认为，京津冀城市群内呈现"双核心"发展趋势，北京在区域内仍处于主导地位，天津次之，而相对于保定、沧州、邢台等地区，虽然其与北京、天津等地存在紧密的经济联系，但是各城市之间存在经济发展的落差，使得各城市之间没有形成协同发展的态势，生产要素在各个城市之间流通不畅，发展质量较高的城市由于行政壁垒等也造成辐射带动作用未能形成的局面。陈明华等（2017）通过研究2003~2013年京津冀区域内10个城市群经济发展动态分布发现，京津冀城市群经济发展质量整体上呈现逐渐上升趋势，但是各大城市间的发展差距较大，北京、天津直辖市级城市与其他城市间的经济发展呈现较大的梯度效应，即出现较大的两极分化现象。薄文广、陈飞（2015）认为，与长三角和珠三角相比，京津冀地区综合优势非常明显，但是整体经济发展态势及区域整体收益并不理想，明显落后于长三角和珠三角地区，究其原因在于京津冀地区产业结构存在明显差异，区域内城市群之间经济发展差异过大，不利于各种生产要素流动，京津冀地区协同发展治理机制缺乏等都在不同程度上制约了区域经济的发展。鲁金萍等（2015）利用中心职能强度模型研究京津冀城市群等级划分，同时对划分后的各等级中心城市间的经济联系强度进行测度分析后发现，北京、天津互补性强且经济联系紧密，北京对廊坊的经济影响最大，而石家庄作为河北的省会城市与北京、天津经济联系较弱，对周边城市的辐射带动作用也不明显，同时，河北省内各城市间的经济联系并不紧密。城市间经济联系不紧密在一定程度上会限制京津冀区域经济协同发展的进程。

与此同时，企业作为微观的经济单元，其发展表现会在一定程度上体现区域经济是否健康发展。李思琦、卢健飞（2014）以中国企业500强数据为基础研究京津冀一体化进程中的企业发展现状，研究发现，近10年来，北京地区对于大企业的吸引力及成长推动力有所下降，但是河北这一指标显著提高，而天津相对稳定。同时，北京地区对大企业的拉动力明显下降，而河北却明显提升，这在一定程度上表明天津、河北在疏解北京非首都功能上取得显著进展。

综上，京津冀区域协同发展具有较强的综合优势，但是由于各地区长期的地理区域特点，原有经济发展水平、政治地位等因素在协同一体化进程中也会出现较多问题；企业作为国民经济的基本"细胞"，其发展在一定程度上会影响区域经济发展的健康程度，同时也会受到区域地理、制度、经济等的影响，地区间的协同问题可以通过企业间的经济合作、战略合作等路径得到解决，企业也可以促进区域产业发展，通过优化区域内资源配置助力产业发展，进而提升区域经济水平。

（二）区域经济发展与上市公司发展之间的关系

区域内企业众多，企业绩效作为区域经济的重要衡量指标对促进区域经济发展具有非常重要的作用。公司治理质量的高低是公司潜在价值的客观要求，对于上市公司而言，公司治理质量是影响其竞争力的关键要素，改善治理质量可以提升公司绩效，可以吸引更多的投资者，投资者愿意为治理质量良好的公司支付更高的价格（南开大学中国公司治理研究中心公司治理评价课题组，2006），能提升公司股价并促进证券市场质量的提高，从而有利于地区经济水平的提升。

随着公司治理研究的进一步完善，上市公司的内外部治理结构更加严格，上市公司更加依托于所处的宏观环境并获得更大发展。上市公司是区域经济发展中活力最强且具有较强制度优势的微观经济实体，在区域经济发展中发挥着至关重要的作用。郑涛等（2017）通过构建区域产业结构与京津冀上市公司空间计量分析发现，京津冀地区上市公司产业结构发展极度不均衡，而上市公司的投资对于区域相关产业的促进比居民消费与政府调控的作用更直接、更强势。韩占兵（2011）研究发现，区域经济发展差异直接影响了企业融资结构，通过对中国东、中、西部上市公司的数据研究发现，区域经济越发达地区的企业越倾向于内源性融资，相反则更多地倾向于外源性融资。金桂荣（2016）发现区域经济发展水平、经济增长速度、法律制度环境是三个对上市公司资本结构进行动态调整的重要区域因素。任兵等（2004）研究区域企业网与区域经济之间的关系时选取上市公司连锁董事为研究变量，采用社会镶嵌理论研究发现上海上市公司通过企业间的连锁董事网影响了上海企业的经济行为和当地的经济发展，政府对当地企业关系网络的形成起到了不可低估的影响，这也直接影响了当地经济的发展。

与此同时，学者们也从不同角度对中国各地区经济发展水平与上市公司发展之间的关系进行了探讨。在中国，不同省份的上市公司对其所在地区经济发展有不同的影响。李兴江、董雅丽（2009）在研究甘肃省上市公司与地区经济增长之间的关系时发现甘肃省上市公司与其省 GDP 之间存在负相关关系，即甘肃省上市公司并没有对甘肃区域经济发展产生推动作用，产生这样结果的重要的原因之一是甘肃省上市公司大多由国有企业改制而成，缺乏一定的市场竞争力，在老国有企业的机制体质管理下企业业绩普遍较差。曲国霞、郭培良（2007）采用上市公司现金流量指标研究山东省内东、中、西部地区经济发展问题时发现，省内地区经济发展的不平衡导致上市公司资本结构不同，上市公司资本结构不同更加会造成地区发展的不均衡。杨雪（2017）对东北三省上市公司发展水平与区域经济增长之间的关系进行研究后发现，上市公司经营绩效与东北三省经济增长之间存在显著的正相关关系，但是上市公司的规模增加并不能对区域经济的增长速度造成影响。而杨树旺、孟楠（2016）以企业社会责任信息披露（CSR）为研究变量分析公司治理、CSR 与地区经济发展水平的实证研究发现，经济发展水平与公司治理和 CSR 质量存在显著正相关关系，且公司治理在其中起到中介效应。也就是说，经济发展在一定程度上促进了地区公司治理质量的提升，而公司治理质量越高，企业的 CSR 就会越成熟。

综上，上市公司与区域经济发展之间具有密切的联系，区域为上市公司的成长提供了外部环境，上市公司的发展又与区域经济发展密不可分，对于区域的产业升级、创新环境、结构调整具有重要的推动作用。因此，探索上市公司与区域经济的耦合关系，寻找出上市公司对区域经济发展的路径选择与制度安排显得尤为重要。

（三）京津冀地区公司治理质量对地区经济发展影响分析

1. 样本选择与数据来源

（1）公司治理指数。本报告以 2003～2017 年南开大学中国公司治理研究院发布的中国上市公司治理指数数据为基础，手工从《中国公司治理评价报告》中整理出北京、天津、河北三地区上市公司治理指数地区平均值以及股东治理指数、董事会治理指数、监事会治理指数、经理层治理指数、信息披露指数、利益相关者治理指数地区平均值，共计 315 个数据。

（2）地区经济发展。人均 GDP 是反映一地区经济发展水平的具有代表性的关键指标，本报告通过查找国家统计局各年度统计年鉴，对 2003～2017 年京津冀三地区人均 GDP 数据进行整理规范。

2. 数据说明

（1）因变量为经济发展指标，地区人均 GDP 数据数量级较大，为了便于数据计算，本报告对京津冀三地区人均 GDP 数据取自然对数，即 $LRGDP = LOG(RGDP)$。

（2）自变量为公司治理相关指标，$CCGI$ 为 2003～2017 年北京、天津、河北三地区上市公司公司治理指数平均值；STO 为股东治理指数、DIR 为董事会治理指数、SUP 为监事会治理指数、MAN 为经理层治理指数、$INFO$ 为信息披露指数、$STAH$ 为利益相关者治理指数。

（3）面板数据为年份 YEAR，2003～2017 年，省份 PRO 为北京、天津、河北。

(4) 控制变量为三地区居民消费水平、城市人口密度,其作为控制城市经济发展水平的影响因素(卢盛峰,2017)。

3. 检验模型

本报告采取面板数据进行实证分析,研究京津冀地区不同年份横截面上的数据特征,由于公司治理指数的二级指标为股东治理指数、董事会治理指数、监事会治理指数、经理层治理指数、信息披露指数、利益相关者治理指数,自变量之间具有自相关性,因此,本报告逐一进行处理,模型如下:

$$LRGDP = \beta_1 CCGI + CONTROL + \varepsilon \tag{1}$$

$$LRGDP = \beta_2 STO + CONTROL + \varepsilon \tag{2}$$

$$LRGDP = \beta_3 DIR + CONTROL + \varepsilon \tag{3}$$

$$LRGDP = \beta_4 SUP + CONTROL + \varepsilon \tag{4}$$

$$LRGDP = \beta_4 MAN + CONTROL + \varepsilon \tag{5}$$

$$LRGDP = \beta_5 INFO + CONTROL + \varepsilon \tag{6}$$

$$LRGDP = \beta_6 STAH + CONTROL + \varepsilon \tag{7}$$

4. 实证结果与分析

本报告以年度及省份为面板进行回归检验,在实证过程中,首先确定模型是采用随机效应还是固定效应,我们通过 Hausman 检验,发现数据在1%的水平上显著,因此拒绝了原假设,采用固定效应。对模型(1)的回归检验发现,北京、天津、河北公司治理指数与人均 GDP 的影响显著正相关,这表明地区上市公司治理质量对当地人均 GDP 具有促进作用,公司治理指数越高说明公司治理质量越好,相应的地区的人均 GDP 就越高,具体如表6列(1)所示。

由于公司治理指数是由6个二级指标构成的,因此,为了更进一步辨析公司治理指数的哪些要素对 GDP 的影响更大,本报告继续检验模型(2)至模型(6)的回归。实证分析结果如表6列(2)~(6)所示。

模型（2）的回归结果显示，股东治理指数与人均GDP高低显著正相关，即股东治理指数越高，地区人均GDP越高，股东治理质量显著影响了当地经济发展水平。股东治理涉及中小股东的权益保护、涉及对控股股东行为的约束，更涉及控股股东对整个集团的利益控制程度，这也在很大程度上影响了企业绩效。特别是当前我国正处在大力推行混合所有制改革的进程中，大型国有企业在混合所有制改革的过程中，股东行为，特别是控股股东的行为会在很大程度上影响公司乃至整个集团的利益，也势必会影响地区的经济整体发展水平。

模型（3）的回归结果显示，董事会治理指数与人均GDP仍然存在正相关关系，即董事会治理指数越高，地区人均GDP越高，此外，董事会治理质量也显著影响了当地经济发展水平。董事会是公司治理的核心，是委托代理理论中最重要的环节，是股东和经理层之间的重要连接纽带，在一些重大决策中起着至关重要的作用。董事会在对其权利与义务的履行过程中以及其整体的运作效率等方面都对公司科学、准确的决策起到了至关重要的作用。因此，董事会治理作为连接股东与经理层之间的重要桥梁，其治理质量会严重影响公司绩效和决策质量，也同样会影响一个地区的经济发展水平。

模型（4）回归结果显示，监事会治理指数与地区人均GDP正相关。监事会的主要职责是对董事会和总经理的工作进行监督，监督公司的所有财务状况，因此，监督上市公司一切经营活动的合法合规直接影响了上市公司治理质量及公司绩效产出，也会对地区经济发展水平具有显著影响。

模型（5）对经理层治理指数与地区人均GDP进行回归检验，结果显示仍然呈显著正相关关系，经理层的任免制度、执行保障及激励约束是经理层治理指数评价的三个维度，经理层的行为表现直接影响了公司绩效的高低，进而影响地区经济发展水平。

模型（6）回归结果显示，信息披露指数与地区人均GDP显著负相关，即人均GDP的高低与上市公司信息披露指数高低呈显著负相关关系，信息披露指数越高，地区人均 GDP 越低。这与学者张宗新等（2007）对上市公司信息披露质量与公司绩效关系的实证研究结论不一致，他们认为信息披露与企业绩效存在显著的内在关联性，信息披露质量越高的公司财务绩效也越高，信息披露质量影响了企业投资者的决策，信息披露越真实、完善越有助于投资者寻找最佳的投资机会，为企业降低融资成本，促进公司股价提升，从而既提高企业绩效，也提升整体经济的发展。但本报告回归结果显示，京津冀地区上市公司信息披露的质量尚未很好地促进地区经济发展。根据南开大学中国公司治理指数数据分析，京津冀三地信息披露指数在全国平均值之上，较高的信息披露质量为何不能推动地区经济发展，这在一定程度上反映了京津冀地区上市公司翔实的信息公告所披露的公司的整体真实情况未能提升投资者对于上市公司的投资兴趣，进而导致公司整体市场表现不佳，对地区经济发展水平的提升也造成一定影响。

表6 京津冀地区公司治理指数及二级指标对地区经济发展的回归数据结果

变量	(1)	(2)	(3)	(4)	(5)	(6)	(7)
常数项	-4.088*** (-5.92)	-3.966*** (-5.76)	-3.322*** (-4.62)	-4.0387*** (-5.66)	-4.223*** (-6.12)	-2.9586*** (-3.86)	-4.3483*** (-6.00)
CCGI	0.0183** (2.53)						
STO		0.0101*** (2.66)					
DIR			0.0154*** (3.10)				
SUP				0.0101* (1.92)			
MAN					0.1462** (2.53)		
INFO						-0.1589*** (-3.14)	

续表

变量	(1)	(2)	(3)	(4)	(5)	(6)	(7)
STAH							−0.0086*
							(−1.78)
Consume	0.9275***	0.9660***	0.8906***	0.9548***	0.9917***	1.0274***	1.0870***
	(18.85)	(22.17)	(15.46)	(17.29)	(25.27)	(29.99)	(22.97)
midu	0.5328***	0.5297***	0.4975***	0.5637***	0.4987***	0.5328***	0.5779***
	(3.832)	(3.83)	(3.67)	(3.92)	(3.55)	(3.97)	(3.98)
YEAR	控制	控制	控制	控制	控制	控制	控制
PRO	控制	控制	控制	控制	控制	控制	控制
F值	138.6***	141.38***	150.71***	150.02	136.39***	177.32***	152.12***
$AdjustR^2$	0.9859	0.9861	0.9868	0.9850	0.9859	0.9869	0.9848

注：*、**、***分别表示在10%、5%、1%的水平下显著（双尾），括号为t值。
资料来源：作者整理。

模型（7）回归结果显示，利益相关者治理指数的高低与地区人均GDP水平呈现负相关关系，这说明京津冀地区利益相关者治理尚未促进地区经济发展。本报告的回归结果与周建等（2008），薛琼，肖海林（2015）的研究一致，利益相关者治理质量直接影响企业的绩效，而企业的绩效是区域经济发展的重要组成部分。然而，京津冀地区上市公司更多地承担了企业的社会责任，企业对社会的公益支出过大反而会增加企业的成本，降低企业的绩效，当企业公益支出成本超过企业对社会责任的贡献量时，会对地区经济发展产生影响。但数据回归系数为0.0086，这说明整体上利益相关者治理质量对地区经济发展的负相关关系的影响不大。

5. 稳健性检验

为了保证本报告研究结论的稳健性，参照已有研究，我们将被解释变量人均GDP的测量指标替换为地区财政收入，可以很好地反映地区经济发展水平。在对地区财政收入进行自然对数处理后，我们对模型进行重新检验，检验结果见表7。稳健性检验结果与之前结果无实质差异，因此可以认为本报告的结果比较稳定。

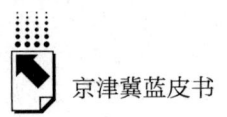

表7 稳健性检验结果

变量	(1)	(2)	(3)	(4)	(5)	(6)	(7)
常数项	-11.9543*** (-12.47)	-11.8222*** (-12.36)	-11.0800*** (-11.08)	-11.889*** (-12.24)	-12.0921*** (-12.59)	-10.45*** (-10.09)	-12.154*** (-0.87)
CCGI	0.0190* (1.89)						
STO		0.0108** (2.04)					
DIR			0.0174** (2.52)				
SUP				0.0117* (1.63)			
MAN					0.0147* (1.84)		
INFO						-0.2087*** (-3.05)	
STAH							-0.0058
Consume	1.2622*** (16.51)	1.3000*** (21.48)	1.2010*** (15.09)	1.2807*** (4.73)	1.3297*** (24.35)	1.3637*** (29.43)	1.4083*** (21.49)
midu	0.8915*** (4.61)	0.8877*** (4.62)	0.8499*** (4.51)	0.9251*** (4.73)	0.8574*** (4.38)	0.8867*** (4.88)	0.9283*** (4.62)
YEAR	控制	控制	控制	控制	控制	控制	控制
PRO	控制	控制	控制	控制	控制	控制	控制
F值	112.94***	105.74***	128.63***	121.41***	98.84***	142.49***	115.08***
AdjustR²	0.9853	0.9855	0.9862	0.9850	0.9852	0.9870	0.9842

注：*、**、***分别表示在10%、5%、1%的水平下显著（双尾），括号为t值。
资料来源：作者整理。

6. 结论

本报告以京津冀地区2003~2017年南开大学中国公司治理研究院发布的上市公司治理指数为衡量公司治理质量的标准，以地区宏观经济发展为被解释变量，研究公司治理指数与地区经济发展之间的关系。上市公司地区公司治理指数、股东治理指数、董事会治理指数、监事会治理指数、经理层治理指数均推动了京津冀地区经济的发展，而信息披露治理、利益相关者治理与京津冀地区经济发展水平具有负相关关系。但是从北京、天津、河北三地的信息披露治理指数与利益相关者治理指数看，三地区均在全国平均值之上，却未能推进地区经济发展水平的提升，已有研究也得出了相应的结论。

（1）数据分析显示，京津冀三地之间上市公司数量及公司治理水平还存在一定差距，北京最高，河北次之，天津最低，且河北、天津上市公司数量远远不及北京的五分之一，这种发展的不平衡会导致三地企业在经济协同发展中的错位问题，增大京津冀经济协同发展的难度。一般情况下，经济发达地区的上市公司治理状况要好于经济欠发达地区，在京津冀三地区中，天津虽然是中国的直辖市之一，但其上市公司数量及治理指数均位居第三，因此，如何协调三地区上市公司之间的平衡发展也是促进京津冀协同发展不可忽视的问题。

（2）股东治理、董事会治理、监事会治理及经理层治理水平的显著提升促进了地区经济的发展。信息披露治理、利益相关者治理与区域经济发展呈负相关关系，虽然两者的系数较小，但负相关关系也表明公司治理指数中的信息披露与利益相关者治理未能促进地区经济发展水平的提升。

四 对策建议

本报告的研究结论不仅可以反映京津冀地区上市公司治理水平的高低，同时也可以发现公司治理水平与地区经济发展之间的内在关系，为破解京津冀地区上市公司治理水平如何助力京津冀协同发展提供相应的对策建议。

首先，京津冀地区上市公司治理水平的提升将推动京津冀地区的经济发展。公司治理中的三会治理及经理层治理为提升京津冀区域经济发展水平提供助力。政府应通过建立正式制度与非正式制度促进京津冀地区上市公司治理水平整体提升。由于三地区的三会治理及经理层治理指数间存在地区差

距,因此,如何通过优势互补、战略联盟、经济合作等方式打破行政壁垒,真正实现企业间的融合,共同促进区域经济发展是未来京津冀协同发展的重要方向。

已有研究普遍认为,上市公司是区域经济的增长极和创新源,上市公司的发展可以引领区域内产业结构的优化升级和资源的重新配置。因此,京津冀地区上市公司之间可以通过并购重组、交叉持股等方式缩短它们之间的差距,建构良好的公司治理内外部模式,实现优势互补,促进区域间产业融合、资本融合。政府也应建立相应的政策,借助混合所有制改革、雄安新区发展等宏观形势推动京津冀区域间的协同发展。

其次,完善信息披露、处理好利益相关者治理问题是促进京津冀区域经济发展的重要路径选择。信息披露质量的提高可以给投资者传递准确的信息,引导投资者理性投资,进而提升公司估值与企业绩效并促进地区经济发展。虽然京津冀地区上市公司信息披露指数较高,却未能增加投资者的信心。这一方面是由于京津冀地区国有控股上市公司较多,或上市公司大多是由国有企业改制而来的,国有资本控股会容易出现一股独大侵占中小股东利益的问题。同时,国有控股公司在机制体制上存在很多弊端,很难吸引机构投资者或中小投资者的青睐。另一方面是由于京津冀地区地处我国政治、经济、文化中心,上市公司信息披露的监管较为严格,很多信息披露较为及时、可靠、准确,投资者更能明晰上市公司动态,做出更为理性的投资选择。因此,政府在推动混合所有制改革、规范国有控股上市公司的治理结构等问题方面应建立切实可行的政策制度,增强民营企业或机构投资者的投资信心。

最后,公司治理越来越强调"共同治理"的新模式,公司要与内外部利益相关者之间实现共生共赢。上市公司较高的利益相关者治理水平有助于增强公司的盈利能力,提升股本扩张能力在内的企业的成长与发展潜力(李维安、唐跃军,2005)。但已有研究表明,目前上市公司的回报率还较低、分红较少,给投资者回报较少(周建等,2008);同时,近年来上市公司承担了较多的社会责任(CSR),企业参与的公益行为一方面没有为企业提高绩效,另一方面也没有为社会发展带来过多收益,相反,这种为了公益而公益的行为既造成企业成本过高，降低了企业绩效，也不利于地区经济的发展。因此，在京津冀区域发展过程中，政府应完善企业的社会责任激励机制，上市公司也应更加提升利益相关者的互动关系。

参考文献

南开大学中国公司治理研究院公司治理评价课题组：《中国公司治理评价报告》，2003～2017 年。

李磊、张贵祥：《京津冀城市群内城市发展质量》，《经济地理》2015 年第 5 期。

南开大学中国公司治理研究院公司治理评价课题组：《中国上市公司治理指数与公司绩效的实证分析——基于中国 1149 家上市公司的研究》，《管理世界》2006 年第 3 期。

郑涛、杜佳豪、万雪芬：《京津冀上市公司对区域产业结构影响的空间计量分析》，《工业技术经济》2017 年第 12 期。

韩占兵：《区域经济发展差异对企业融资结构影响的实证研究——基于上市公司面板数据模型的分析》，《税务与经济》2011 年第 1 期。

金桂荣：《区域因素影响下我国上市公司资本结构动态调整研究》，《中国软科学》2016 年第 7 期。

任兵、区玉辉、彭维刚：《连锁董事、区域企业间连锁董事网与区域经济发展——对上海和广东两地 2001 年上市公司的实证考察》，《管理世界》2004 年第 3 期。

李兴江、董雅丽：《甘肃省上市公司与地区经济增长的实证分析》，《财会研究》2009 年第 9 期。

曲国霞、郭培良：《基于上市公司现金流量的山东省东、中、西部经济发展比较研究》，《山东大学学报》2007 年第 1 期。

杨雪：《东北三省上市公司发展水平对区域经济增长的影响研究》，2017 年硕士学位论文，东北师范大学。

杨树旺、孟楠：《经济发展水平、公司治理与企业社会责任信息披露——来自中国上市公司的经验证据》，《湖北社会科学》2016 年第 1 期。

陈明华、刘玮、刘华军：《中国五大城市群经济发展的分布动态及交互影响》，《经济与管理评论》2017 年第 5 期。

薄文广、陈飞：《京津冀协同发展：挑战与困境》，《南开学报》（哲学社会科学版）2015 年第 1 期。

鲁金萍、杨振武、孙久文：《京津冀城市群经济联系测度研究》，《城市发展研究》2015 年第 1 期。

李思琦、卢健飞:《从中国 500 强企业数据透视京津冀一体化中企业成长变迁》,《商业时代》2014 年第 33 期。

肖海林、薛琼:《公司治理、企业社会责任和企业绩效》,《财经问题研究》2014 年第 12 期。

汪彬、陈耀:《国内旅游业发展与区域经济增长——基于中国 285 个地级市的实证研究》,《经济问题探索》2017 年第 12 期。

卢盛峰、陈思霞、杨子涵:《"官出数字":官员晋升激励下的 GDP 失真》,《中国工业经济》2017 年第 7 期。

张宗新、杨飞、袁庆海:《上市公司信息披露质量提升是否改进公司绩效》,《会计研究》2007 年第 10 期。

周建、王文、刘小元:《我国上市公司社会责任与企业绩效的实证研究——基于沪深两市上市公司的经验证据》,《现代管理科学》2008 年第 11 期。

薛琼、肖海林:《企业社会责任与企业绩效关系:研究进展、理论综合和问题前瞻》,《现代管理科学》2015 年第 5 期。

顾利民:《上市公司引领区域经济发展的上虞模式分析》,《经济地理》2016 年第 2 期。

李维安、唐跃军:《上市公司利益相关者治理机制、治理指数与企业业绩》,《管理世界》2005 年第 9 期。

B.5
京津冀城市交通治理的路径选择

李佳钰 刘霁晴 张 贵*

摘 要： 交通一体化是京津冀协同发展的骨骼框架和先行领域，城市交通治理是京津冀治理体系和治理层次现代化的重要内容。交通拥堵、停车困境和尾气排放等城市交通问题引致京津冀城市交通治理模式陷入困境，缺乏以社会治理为基础构建的综合治理制度框架。基于此，需要通过引入公共参与机制重塑京津冀交通治理基础、层次和路径，应用动态博弈模型厘清区域交通治理的利益分配机制，为京津冀城市交通治理提供理论依据。

关键词： 交通治理 公众参与 交通一体化 动态博弈

交通基础设施建设和交通治理相辅相成：前者需要强化供给侧改革，是区域经济协调发展和京津冀协同发展的先行领域；后者需要强化市场端引导，是国家治理体系和治理层次现代化的重要内容。《京津冀协同发展交通一体化规划》明确指出，京津冀交通一体化建设发展的总体思路是京津冀三地交通运输发展网络化、智能化，形成以多节点、网络状为基本形态特征的区域交通运输网络。但是，"交通先行"四年来，以首都为中心的放射状交通体系使得交通资源过度聚集，导致首都核心功能的提升和津冀城市群的发展受到阻碍，交通拥堵、停车困境、尾气排放等问题日益凸显，政府作为

---

* 李佳钰，河北工业大学经济管理学院博士研究生；刘霁晴，河北工业大学经济管理学院博士研究生；张贵，河北工业大学教授、博士研究生导师，京津冀发展研究中心执行主任。

单一治理主体不能有效解决交通问题。

合作治理是社会治理变革的归宿,党的十九大报告中明确提出要建立"共建共治共享"的社会治理格局。然而,京津冀交通治理缺乏以社会治理为基础构建的综合治理制度框架:一方面,公众与政府缺乏互动,信息不对称导致政府管制失效,缺乏健全的法律体系、明晰的管理框架及充分的公众宣传;另一方面,交通运输边界的模糊性和交通拥堵、停车、尾气的流动性,超越了单一组织、部门或地方政府层级的管辖权,缺少公众需求管理政策的实施和保障。京津冀城市群"各自为战"的交通治理模式深陷困境。

鉴于京津冀"交通治理"并未上升到"社会治理"层面,公众参与交通治理的理论体系尚不完备,因此,在分析京津冀在交通拥堵、停车困境和尾气排放问题方面治理现状的基础上,需要聚焦于公众参与交通治理的社会基础,通过构建"公众参与交通治理"的研究架构与范式,界定交通治理的层次与路径,进而通过动态博弈模型探析区域交通共治的利益分配机制。

一 京津冀城市交通治理的发展现状

(一)交通拥堵

发达国家和地区普遍能够通过行政干预和收费机制治理交通拥堵,大城市普遍采用"轨道交通+步行"为主导的公共交通模式,以及"互联网+交通"的智能交通模式进行交通拥堵治理,将缩短出行时间和提高交通流参数作为治理的根本目标。随着京津冀地区城市经济的飞速发展,城市人口与机动车保有量激增使得城市交通需求呈爆炸式增长。截至2017年底,北京的机动车保有量以564万辆居全国首位,天津、石家庄、保定分别以287万辆、247万辆、217万辆名列前茅,直接导致中心城市的交通拥堵问题日益严重。

迅速增长的交通需求与有限的交通供给间的矛盾,深化了城市空间布局与交通管理中存在的问题。从京津冀交通拥堵的治理现状来看,大数据分析和动力学分析是运用通信技术手段预测交通拥堵的有效方法,拥堵收费方案设计和拥堵感受评价是运用社会治理手段减少交通拥堵的理想途径。但各城市由于交通所处的发展阶段不同，仍无法改变京津冀交通拥堵的"中心—外围"格局，治标不治本，缺少精细化的区域共治机制。2018年2月，天津市人民政府对北京牌照小型、微型载客汽车在天津市通行的管理措施进行调整，京牌轿车在天津早晚高峰不限行，以交通一体化协作为疏解北京非首都功能助力。但各城市由于城镇化发展阶段不同，对交通设施存量的重新分配难以公平、高效，有违公众的出行需求目标，缺少公众参与法律、法规和执法体系。

（二）停车困境

十九大以来，北京、天津先后出台了《北京市机动车停车条例》《天津市停车设施建设及秩序管理实施方案》，加强对车辆乱停乱放的治理，加大交通秩序整治力度，规范经营，消除路内违法停车现象。北京市以构建"配建为主、公共为辅、道路为补"的停车系统为目标，通过配件分区、盘活存量、加快增量，增加泊位供给，并通过综合运用行政、经济、法律等手段改善停车建设管理工作。

与发达国家不同，京津冀的停车困境既缺乏供给端的设施供给，又缺乏需求端的市场化引导。目前，京津冀许多城市逐步放开了各类路内和路外停车场定价机制，通过收支分离的方法进一步调控停车需求和停车位合理规模。但是，机动车保有数量与现有泊车位之间存在巨大落差，以北京为例，2016年，北京市机动车保有量为571.8万辆，停车位有302万个，停车位缺口有269.8万个。近年来，为提升既有停车资源的利用率，将地理信息技术和商场、办公楼、餐馆等泊位的需求空间和时间上的差异性相结合，服务于相邻地点不同用地的"共享停车"模式逐渐兴起，但供需关系仍受价格杠杆调控。

（三）尾气排放

京津冀地区污染的空气中含有大量由二氧化硫、氮氧化合物以及挥发性有机物等化学物质共同反应而成的有机细颗粒，产生的来源之一就是汽车尾气,特别是燃油汽车尾气。环保部公布的《中国机动车环境管理年报(2017)》显示,我国已连续8年成为世界机动车产销第一大国,机动车尾气污染已成为污染我国空气的重要来源,汽车保有量的增加势必会导致尾气排放量激增。京津冀三地政府通过《京津冀及周边地区2017年大气污染防治工作方案》和《京津冀及周边地区2017~2018年秋冬季大气污染综合治理攻坚行动方案》等社会性管制手段,分别从新车达标监管、强化在用车排放达标监管、黄标车和老旧车淘汰与排放治理升级、加强机动车排污监控能力、车用燃料改善、高排放非道路移动机械区域管控等方面采取综合措施管控机动车污染排放,进而推动机动车排放污染控制和排放监测领域的产业发展。但是,在京津冀机动车保有量增加的客观条件下,降低公众出行比例以及优化公众出行路径依旧是亟待解决的关键问题。

总体而言,京津冀协同发展打破了计划经济体制下交通运输单一的利益分配结构,城市间、政府和公众间的多元化利益格局正在形成,利益主体间复杂的竞合关系引致交通拥堵、停车困境、尾气排放等新老矛盾交织与新旧利益碰撞,使京津冀城市交通治理呈现与以往差异显著的基本特征:一是由提供基础设施向提供均等的公共服务转变;二是从设施建设管理、系统运行管理和行业管理向公共服务供给和社会治理转型。这些变化促进了公众在交通出行中的利益意识和自主意识的形成,为公众参与社会治理,尤其是参与政府政策决策提供了最直接的动力。基于此,应准确把控公众参与京津冀交通治理所具备的政治、经济和社会基础,通过构建公众参与交通治理的理论模型,探索京津冀城市群交通服务协同供应的合作治理模式。

二 公众参与京津冀城市交通治理的理论构建

不同于政府"自上而下"的交通管理模式,交通治理是多元主体参与,"自上而下"的行政管理与"自下而上"的社会自治相结合的新型社会治理结构,拥有双向、协同、柔性的治理运行机制,且治理的主体也是治理的客体。城市交通发展既要面向京津冀协同发展的国家战略,也要面向现实问题,更要面向未来前景。公众参与京津冀交通治理,即改变当前以政府为主的交通管理模式,构建政府主导、公众参与的多元主体"价值—信任—合作"新型关系,通过参与主体重组、权益关系重构、行为模式重塑与治理绩效重估,提升京津冀城市交通服务共建、共治能力与共享水平。

(一)公众参与京津冀交通治理的基础

1. 政治基础

公众参与社会治理在我国有明确的宪法依据,是公众参与人民主权的重要显示形式和民主政治的重要标志。在交通治理的多元主体中,政府占主导地位,其制定政策法规,通过税收提供公共服务以满足社会需要,公平合理分担治理成本,重视不同社会阶层需求的差异性;公众是交通运输的参与者和交通管理的监督者,拥有对基础设施建设者和管理者监管的权利,可以通过行政听证制度、电子信息平台互动、信访等方式参与制度设计(体制改革、协调发展)和工程设计(技术、安全、环保)。

2. 经济基础

京津冀地区的战略地位和作用突出,2016年,京津冀以全国2%的占地面积承载了8%的人口,创造了全国10%的经济总量,经济实力比肩长三角和珠三角,是我国经济的"第三增长极"。北京作为全国性公路枢纽中心,由国家高速公路的7条首都放射线、2条纵线、3条横线构成国家高速公路主干网。但是,从空间分布上看,北京、天津的极化现象突出,经济格局呈断崖式发展;从人口分布上看,北京、天津人口高度集中,2016年的人口密度(1324人/km^2、888人/km^2)均为河北省(396人/km^2)的倍数以上。

3. 社会基础

随着互联网时代的快速发展,公众对信息的获取程度已经超越了传统交通运输管理范畴。京津冀地区的政治基础和经济基础孕育和发展了比较广泛的具有平等理念和契约精神的市场主体,拥有相对公平的市场环境,能够推动各类公众(普通公众、利益相关者、专家学者、社会团体、大众媒体等)更加理性、有序、持久地参与社会治理。京津冀交通治理现代化的方向是以城市交通服务均等化引导城市发展，构建全民共建共享的治理格局，在政府宏观层面和公众微观层面形成面向突出交通问题的政策措施、管理措施及必要的工程措施，以解决好城市交通的基本问题。

（二）公众参与京津冀交通治理的层次

公众参与阶梯从低到高可以分为非参与类（操纵、治疗）、象征性参与类（告知、咨询、安抚）和直接参与类（合作伙伴、授权、公民控制）。但是，政府在公众参与交通治理的过程中面临三大困境：一是政府必须决定与公众分享影响力的程度；二是政府必须决定由公众中的谁来参与；三是政府必须选择公众的参与形式。因此，交通治理中，决策具有成本，且政府在决策中具有不完全信息，而不同信息水平对应不同的公众参与交通治理的层次，公众参与的层次随着政府信息处理水平的降低而降低，如图1所示。在政府管控层次下，政府占主导地位：政府在决策中信息匮乏，需要通过交管调查和交管教育的方式治理；公众在参与过程中较为被动，仅能通过法规学习和信息反馈的方式参与。在伙伴关系层次下，政府和公众势均力敌：政府在决策中信息不完全，需要通过交管授权、交管合作和交管咨询的方式治理；公众在参与过程中较为主动，能够通过行政授权、听证合作和改善建议的方式参与。在公民控制层次下，公众占主导地位：政府在决策中拥有完全信息，放权管理；公众对政府决策有较高的接受程度，或者公众的不接受不影响政策实施，有高度自制能力。

除出行自治可以定位在微观公众参与领域，公众参与规模与行政区划一致，可以分为国家、省、市、县、镇、村六级，参与规模越大，政府所需要考虑和处理的信息就越多，利益分化就越大，政府对公众的影响力就越弱。因此，不同于传统的"自上而下"的管理模式，理想的公众参与交通治理的模式需要具备低成本和高回报的特征，即交管教育、调查、咨询成本低，交管合作、授权、放权回报高。公众在出行自治层次的参与，更多发挥公民控制层次的影响力；在村、镇、县层次的参与，更多发挥伙伴关系层次的影响力；在市层次的参与，更多发挥咨询层次的影响力；在省、国家层次的参与，更多发挥政府管控层次

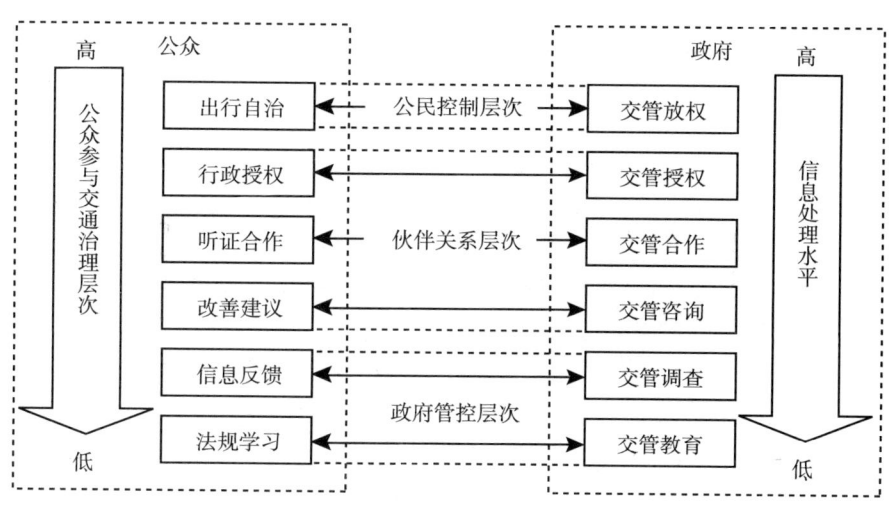

图1 公众参与京津冀交通治理的层次

的影响力。行政区划的设置对交通治理的公众参与有重要影响。在交通治理实践中,京津冀三地也根据疏解非首都功能的核心治理要求,不断强化基层的交管力量,但在政府的力量下沉和权力下放的阈值方面尚不明确。

(三)公众参与京津冀交通治理的路径

制度设计和工程设计是交通治理中城市交通治理现代化的重要内容。公众既可以通过行政参与路径影响政府对交通制度的设计,又可以通过反馈参与路径影响技术对交通工程的设计,如图2所示。

行政参与路径如下。第一,公众通过行政听证制度参与健全空间、环境、市场等组合交通政策,提供高质量的交通服务。当前,包括北京、天津、石家庄等诸多大城市均面临公共交通出行时间不断延长的严峻挑战,政府可以基于不同区域、方式、群体的出行时间进行分析,针对出行链存在的问题制定具体的改善目标和策略。公众还可以通过参与社会治理,与政府共建社区规划师制度和居民协商机制,搭建政府与市民沟通的桥梁。第二,公众通过民意调查和电子信息平台互动参与交通规划体系的评估与完善,形成在公众参与调节下的"编制—实施—评估—调整"正反馈回路,逐年有序

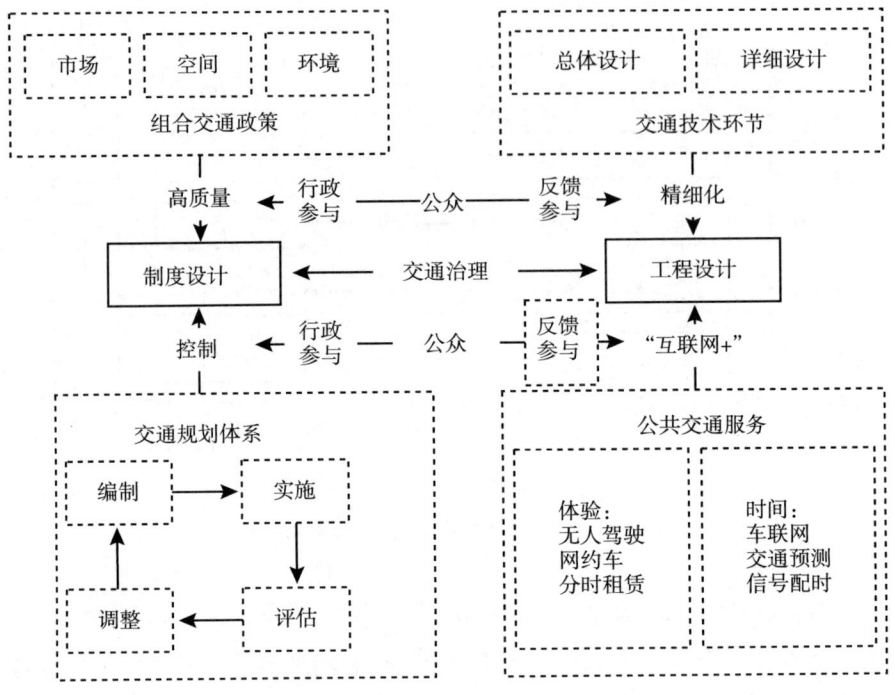

图 2　公众参与京津冀交通治理的路径

实施交通治理方案。

反馈参与路径如下。第一，公众通过城市交通秩序、空间、信息和公共政策等基本权利的保障，实施对交通技术环节评估与建议的权利，即在公众的反馈下，政府、社会如何提供交通服务，政府和个人如何共担服务产生的技术成本（包括总体交通基础设施建设运营成本和拥堵、停车、尾气等边际效应）。第二，公众通过参与"互联网+交通"的新业态，提供自身多样化、个性化的需求，企业和科研院所进而提供贴近需求、高品质的交通技术与服务，如路况非定点事件预告、大交通流预测、变时信号灯和无人驾驶等，进而提升出行体验，缩短出行时间。

三　京津冀城市交通治理的动态博弈模型分析

博弈和交通是京津冀交通治理永恒的主体，京津冀需要在深化改革、探索协同发展的利益共享机制方面进行重大突破,而交通治理是解决政府与公众间利益冲突的关键。在京津冀区域现实环境中,交通决策规划、基础设施供给、交通问题监督以及政府绩效评价等全部由政府包办,在治理过程中难免存在扬长避短的治理行为。而作为弱势群体的公众往往存在搭便车心理,虽有利益诉求但不主动参与到交通治理事务中。因此,需要在构建的京津冀交通治理层次和路径的理论模型基础上,运用四方动态博弈模型探究公众与政府间的利益分配机制与合作共治的新型关系。

(一)模型假设

由于京津冀交通治理过程中政府与公众间存在同一阶段有两个或两个以上博弈方同时进行决策的情况(政府选择共治或不共治决策,公众选择参与或不参与决策),因此,需要采用同时选择的动态博弈模型进行公共利益分配分析。

该模型的建立需要基于以下假设。

假设1:有四个博弈方1、2、3、4。假设在京津冀区域中的任意两市政府分别为博弈方1和博弈方2,博弈方1和博弈方2在本博弈中是为了实现京津冀交通一体化,确定在共治的关系下对信息处理水平进行最优配置。假设在两市的公众分别为博弈方3和博弈方4,博弈方3和博弈方4在本博弈中既为了行政参与优化制度设计,又为了反馈参与优化工程设计。两市政府可以在交通治理过程中通过交通制度优化和工程优化而获利。

假设2:博弈方1和博弈方2在同一阶段同时在各自的可选策略集合A_1和A_2中分别选择a_1和a_2。京津冀各市政府以协同发展作为发展路径,公众参与交通治理的现象也客观存在,交通协同发展带来的利益分配机制产生分歧。各市政府基本治理层次不同导致了政府对交通治理的路径选择不同。

假设3:博弈方3和博弈方4在看到博弈方1和博弈方2的选择(a_1,a_2)以后,在第二阶段中,同时在各自的可选策略集合A_3和A_4中分别选择了a_3和a_4。由于公众群体的种类十分复杂、规模较大,参与博弈的公众数量导致政府的实际治理层次发生变化,即在进行有同时选择的动态博弈中,政府会根据公众参与的不同数量选择调整自身治理层次，直至达到京津冀整个区域间的动态平衡，确定自身实际的最优治理层次。

假设4：所有博弈方的得益都取决于 a_1、a_2、a_3 和 a_4，即博弈方 i 的得益 $u_i(a_1,a_2,a_3,a_4)$ 是各方策略的函数。求解该博弈的方法是逆推归纳法，其子博弈是第二阶段两博弈方的同时选择（即静态博弈）。

（二）模型求解

记 Q_i 为政府 i 的交通信息积累，则两政府间的交通信息供需达到均衡态的均衡解 E_i 为 Q_i 的函数，即

$$Q_i = Q_i(E_i) = aQ_i, i = 1,2$$

公众 i 参与交通治理提供的信息 h_i 供自我参考，e_i 供对外反馈，因此，

$$Q_i = h_i + e_j, i = 1,2(i \neq j)$$

记公众在交通信息供需过程中的边际成本为常数 c，且无固定成本，则公众 i 参与的治理总成本为 $c(h_i + e_i)$。当公众参与交通治理对外输出交通信息时，因为引进该对外供给公众交通信息的政府的治理层次直接影响其对外供给成本（即治理层次强的政府向治理层次弱的政府供给交通信息，供给成本相对较低；治理层次弱的政府向治理层次强的政府供给交通信息，供给成本相对较高），设政府 i、j 的治理层次分别为 p_i、p_j（政府管理层次、伙伴关系层次、公民控制层次），公众 i 的对外供给成本为 $c(h_j + e_i)$，自我整合成本不变仍为 ch_i。

假设两政府在交通一体化的客观要求下自身的基本治理层次为 p_i 和 p_j，公众1和公众2根据 p_i 和 p_j 同时决定各自交通信息的自我整合和对外输出量 (h_i,e_1) 和 (h_j,e_2)。这就是一个两阶段都有同时选择的四方动态博弈。

在该博弈中，第 i 政府的收益函数为：

$$\begin{aligned}\pi_i &= \pi_i(p_i,p_j,h_i,h_j,e_i,e_j) \\ &= E_i h_i + E_j e_i - c(h_i + e_i)p_i e_i \\ &= [a - (h_i + e_j)]h_i + [a - (h_j + e_i)]e_i - c(h_j + e_i)p_j e_i\end{aligned} \quad (1)$$

不同政府作为博弈方在协同治理中的得益是该区域的公共总利益,包括消费者剩余(即政府 i 内的公众作为交通消费者的消费者剩余)、公众的收益和政府治理层次收益。由于消费者剩余为消费者获得的总效用减去支出,且需求曲线是线性的,因此消费者剩余为:

$$
\begin{aligned}
&\int_0^Q [(a-x)-p]dx \\
&= \int_0^Q [(a-x)-(a-Q)]dx \\
&= \int_0^Q [Q-x]dx = Q^2 - \frac{1}{2}Q^2 \\
&= \frac{1}{2}Q^2 = \frac{1}{2}(h_i + e_i)^2
\end{aligned} \quad (2)
$$

因此,第 i 政府的收益函数为:

$$
\begin{aligned}
w_i &= w_i(p_i, p_j, h_i, h_j, e_i, e_j) \\
&= \frac{1}{2}(h_i + e_i)^2 + \pi_i + p_i e_i
\end{aligned} \quad (3)
$$

在(2)和(3)式中,$i = 1, 2$,$\frac{1}{2}(h_i + e_i)^2$ 是政府 i 内公众为交通运输消费者的消费者剩余,是从市场均衡价格所对应的需求函数推导得出的。

接下来用逆推法继续分析本博弈。先从第二阶段开始。假设两政府的治理层次分别为 p_i 和 p_j,则如果 $(h_1^*, e_1^*, h_2^*, e_2^*)$ 是在既定 p_i 和 p_j 情况下两公众间的一个纳什均衡解,则 (h_i^*, e_i^*) 必须是满足以下最大值问题的解:

$$
\max_{h_i, e_i \geq 0} \pi_i(t_i, t_j, h_i, h_j^*, e_i, e_j^*) \quad (4)
$$

由于 π_i 可以为公众在政府内市场的收益和政府外市场的收益两部分之和,且政府内市场的收益取决于 h_i 和 e_j^*,政府外市场的收益取决于 e_i 和 h_j^*,因此,上述最大值问题就可以分解为下列两个最大值问题。

政府内市场 h_i 必须满足:

$$
\max_{h_i, e_j^* \geq 0} \{h_i[a - (h_i + e_j^*) - c]\} \quad (5)
$$

政府外市场 e_i 必须满足：

$$\max_{e_i \geq 0} \{ e_i [a - (e_i + h_j^*) - c] - t_j e_i \} \quad (6)$$

假设 $e_j^* \leq ac$，由公式（5）解得：

$$h_i^* = \frac{1}{2}(a - e_j^* - c) \quad (7)$$

假设 $h_j^* \leq act_j$，由公式（6）解得：

$$e_i^* = \frac{1}{2}(a - h_j^* - c - t_j) \quad (8)$$

解得的 h_i^* 和 e_i^* 均满足各自假设。

由于公式（7）、公式（8）对 $i = 1,2$ 都成立，继而得到四个方程的联立方程组，解得：

$$h_i^* = \frac{1}{3}(a - c + p_i),$$
$$e_i^* = \frac{1}{3}(a - c - 2p_j) \, (i = 1,2) \quad (9)$$

公式（9）是在设定 h_i 和 h_j 的情况下公众间博弈的纳什均衡。由均衡结果可以看出，如果不存在治理层次差异，则本博弈就相当于政府内外两个交通治理市场的古诺模型，两地公众在两市场中的均衡为 $\frac{1}{3}(a - c)$，符合古诺模型的均衡解形式。但由于治理层次差异的存在，两地公众在两个市场中的边际成本不同，在 i 政府市场中，公众 i 的边际成本为 c，而公众 j 的边际成本为 $c + p_i$。由于公众 j 的边际成本高于古诺模型的边际成本，因此，公众 j 会采取弱化参与治理的决策，其直接导致交通治理问题越发严重，从而公众 i 会采取强化治理的决策。因此，h_i^* 是 p_i 的增函数，e_i^* 是 p_i 的减函数。也就是说，政府的治理层次具有提高本市公众参与交通治理的比例，影响外市公众的作用。这也就是政府普遍通过提高公众参与比例，提高自身交通治理层次的主要原因。

现在回到第一阶段两个政府之间的博弈，即两个政府同时进行关于 p_i

和 p_j 的决策。因为政府 1 和政府 2 都清楚两政府中公众的决策方法，即知道在 p_i 和 p_j 既定的情况下，两政府的均衡一定是 $(h_1^*, e_1^*, h_2^*, e_2^*)$，因此，两政府得益为：

$$w_i = w_i(p_i, p_j, h_1^*, e_1^*, h_2^*, e_2^*) \tag{10}$$

其中 $h_1^*, e_1^*, h_2^*, e_2^*$ 都是 p_1 和 p_2 的函数。为了简便表示，下文用 $w_i(p_1, p_2), i = 1, 2$ 表示两政府得益。

对政府 i 来说，其对于 p_i^* 的决策需要满足：

$$\max_{t_i \geq 0} w_i(p_i, p_j^*) \tag{11}$$

由于

$$w_i(p_i, p_j^*) = \frac{1}{18}[2(a-c) - p_i]^2 + \frac{1}{9}(a - c + p_i)^2 + \frac{1}{9}(a - c - 2p_j^*)^2 + \frac{1}{3}t_i(a - c - 2p_j^*) \tag{12}$$

对 $i = 1, 2$ 都成立，因此令公式（12）对 p_i 的导数在 $p_i = p_i^*$ 时为 0，可得两方程联立的方程组，解得：

$$p_i^* = \frac{1}{3}(a - c), i = 1, 2 \tag{13}$$

在本博弈中，治理层次 $p_1 = p_2 = \frac{1}{3}(a - c)$ 为两政府的最佳选择，将其代入公式（9）得：

$$\begin{aligned} h_i^* &= \frac{4}{9}(a - c), \\ e_i^* &= \frac{1}{9}(a - c), i = 1, 2 \end{aligned} \tag{14}$$

两市政府公众在第二阶段，即已知的实际治理层次都为 $p_1 = p_2 = \frac{1}{3}(a - c)$ 为两政府的交通信息的最优配置，两政府公众的总参与度均为 $\frac{5}{9}(a - c)$，说明公众参与交通治理层次越高，政府的治理成本越低，公众的参与程度越高，即伙伴关系层是最优治理层次。因为本博弈两个阶段的选择都是纳什均衡，因此，不存在任何不会信守的诺言或者威胁，一定是子博弈完美纳什均衡解。

四 京津冀城市交通治理的对策建议

本报告针对京津冀城市交通治理中的交通拥堵、停车困境、尾气排放问题，提出了公众参与交通治理的层次与路径。在此基础上，考虑政府和公众两大利益主体的不同利益需求，建立四方动态博弈模型，确定伙伴关系层次是最优治理层次，即公众通过行政授权、听证合作和改善建议的方式最大限度参与城市交通治理，是政府力量下沉和权力下放的最优选择。未来，京津冀城市交通治理要从以下四个方面促进交通与城市协调发展。

（一）高质量共治，深化体验经济

区域共治需要京津冀三地政府协同，交通共治需要公众参与。其需要将物理设施网络、运输组织网络以及信息诱导网络耦合，增强公众在城市交通服务均化等中的体验，引导京津冀城市群协同发展，构建全民共建共享的治理格局。试点京津冀三地轨道交通地铁化运营，开展片区控制性详细规划层面的城市交通一体化设计和土地综合开发策划，在交通基础设施"量"的赶超下，实现强调公众感受的体验经济"质"的突破。

（二）精细化共治，打造公众城市

合理分摊交通服务成本，保障公民权利，明确公民责任。一是执法精细化，将京津冀三地对机动车停放、尾气排放等违法行为的治理落实到统一的制度层面；二是空间精细化，将以人为本的慢行空间、公共空间、景观空间与街区整合；三是信息精细化，将京津冀三地交通信息标识多层次统一化，提升城市包容性；四是政策精细化，将公共交通优先治理，共享交通精细化监管，倒逼私人机动化交通回归理性。

（三）规划共治，推进交通协同

健全完善京津冀城市规划建设与交通承载力协同匹配机制。将交通影响评价纳入交通一体化规划建设管理体系，研究交通部门参与城市建设项目规划验收和竣工联合验收的工作机制。试点开展区域交通影响评价，研究编制学校、医院、商务聚集区等人流聚集场所周边交通基础设施的规划标准和设计导则。

（四）网联共治，优化供给结构

有效联通公众、物、车，融合发展京津冀智联网、车联网、智能网。通过智联网破解移动瓶颈，改善公众出行时间、空间的动态需求与道路供给量、通行能力间的冲突；通过车联网避免动态瓶颈，根据路况、路标、限速控制大交通流产生，提优化信号配时与车辆通速；通过智能网（无人驾驶）全面解放公众，避免人的无须驾驶和失误导致的事故。

参考文献

张康之：《合作治理是社会治理变革的归宿》，《社会科学研究》2012 年第 3 期。

赵蕾：《城市交通拥堵治理：政策比较与借鉴》，《中国行政管理》2013 年第 5 期。

陈国鹏：《"互联网＋交通"视角下缓解城市交通拥堵的私家车共享模式研究》，《城市发展研究》2016 年第 2 期。

Bar-Gera H., "Evaluation of a Cellular Phone-based System for Measurements of Traffic Speeds and Travel Times: a Case Study from Israel", *Transportation Research Part C*, 15,

2007.

Persaud B. N. , Hall F. L. , "Catastrophe Theory and Patterns in 30-second Freeway Traffic Data-implications for Incident Detection", *Transportation Research Part A General*, 23, 1989.

刘治彦、岳晓燕、赵睿:《我国城市交通拥堵成因与治理对策》,《城市发展研究》2011年第11期。

赵鹏军、李铠:《大数据方法对于缓解城市交通拥堵的作用的理论分析》,《现代城市研究》2014年第10期。

杨浩雄、李金丹、张浩、刘淑芹:《基于系统动力学的城市交通拥堵治理问题研究》,《系统工程理论与实践》2014年第8期。

朱永中、宗刚:《时间价值偏好下北京交通拥堵收费设计研究》,《中国软科学》2014年第9期。

王振坡、张馨芳、宋顺锋:《我国城市交通拥堵成因分析及政策评价——以天津市为例》,《城市发展研究》2017年第4期。

叶曾、刘常平、桂宁:《北京建筑配建停车差别化研究》,《交通运输系统工程与信息》2009年第6期。

Pu Z. , Li Z. , Ash J. et al. , "Evaluation of Spatial Heterogeneity in the Sensitivity of On-street Parking Occupancy to Price Change", *Transportation Research Part C Emerging Technologies*, 77, 2017.

Shao C. , Yang H. , Zhang Y. et al. , "A Simple Reservation and Allocation Model of Shared Parking Lots", *Transportation Research Part C*, 71, 2016, pp. 303 – 312.

Xu S. X. , Cheng M. , Kong X. T. R. et al. , "Private Parking Slot Sharing", *Transportation Research Part B Methodological*, 93, 2016.

关宏志、刘兰辉:《大城市商业区停车行为模型——以北京西单地区为例》,《土木工程学报》2003年第1期。

李晓燕:《京津冀地区雾霾影响因素实证分析》,《生态经济》2016年第3期。

陈霁:《环境保护中政府社会性管制的经济分析——以汽车尾气治理为个案》,《中国行政管理》2002年第10期。

席欧、曾亚梅、沈毅、董博昶:《交通规划环评中机动车尾气影响预测方法研究》,《中国人口·资源与环境》2015年第S1期。

徐薇、范名才、徐红利:《多模式交通网络下考虑尾气排放的道路收费研究》,《系统工程理论与实践》2016年第9期。

宋煜萍:《公众参与社会治理:基础、障碍与对策》,《哲学研究》2014年第12期。

岳金柱:《加快推进社会治理创新若干问题的思考》,《行政管理改革》2014年第3期。

Sherry R. Arnstein, "A Ladder Of Citizen Participation", *Journal of the American Institute of Planners*, 35, 1969.

约翰、克莱顿、托马斯:《公共决策中的公民参与:公共管理者的新技能与新策略》第 2 版,中国人民大学出版社,2005。

《城市交通综合治理现代化——中国城市交通发展论坛 2017 年第 3 次研讨会》,《城市交通》2017 年第 5 期。

B.6 京津冀区域文化治理体系的结构与战略选择[*]

孔 伟 治丹丹[**]

摘 要： 京津冀协同发展战略在深入推进中，十九大报告又对国家治理体系和治理能力现代化提出了更高的要求，其中，经过文化治理，社会文明程度达到新高度，国家文化实力显著增强，中华文化影响更加广泛，使得中国的综合国力和国际影响力领先全球。京津冀区域文化治理体系是国家文化治理体系的有机组成部分，国家文化治理体系又是国家治理体系的一部分，因此，京津冀区域文化治理体系影响着国家治理体系和治理能力现代化的实施进程和建设水平。所以，对于京津冀区域文化治理体系的研究是大势所趋和十分必要的。京津冀区域文化治理体系由主体系统、客体系统和方式系统构成。主体系统包括宏观主体和具体主体，客体系统包括治理对象、内容和目标，方式系统包括基本方式和具体手段。将文化治理体系与传统管理体系相较可知，文化治理体系特征更加多元，包括：体系结构的复杂化与开放性、运行机制的市场化与平等性、功能内容的复合化与包容性、方式手段的协同化与参与性、整体格局的网络化与互动性等。京津冀区域文化

---

[*] 国家社会科学基金重点项目"基于竞争优势转型的我国产业创新生态系统理论、机制与对策研究"（14AJY006）；河北省科技计划项目"基于生态视角的京津冀协同创新共同体建设及河北省对策"（174576162D）。

[**] 孔伟，河北工业大学经济管理学院博士研究生，河北北方学院法政学院讲师，研究方向为区域创新与治理；治丹丹，河北北方学院学报编辑部编辑，研究方向为文化治理。

治理体系的策略，应该涵盖政府文化治理策略、市场文化治理策略和社会文化治理策略三个层面。因此，其需要时刻立足京津冀实际情况，积极探索凸显中国特色的京津冀区域文化治理的科学路径。

关键词： 京津冀 文化治理体系 治理能力 治理现代化

就文化治理问题而言，学术界曾有两种截然不同的认识：有的学者认为，文化具有一种特殊的意识形态属性，将治理引入文化领域并不合适；还有的学者则认为，随着公众权利意识的不断觉醒和公共事务空间主体多元化趋势的不断增强，应在文化领域实现由管理范式向治理范式的转型，文化治理既有利于各级政府破解各类文化行政管理难题，也代表未来文化发展的方向。显然，第二种认识更加具有前瞻性，更符合历史发展潮流。代表先进生产力的中国共产党也早就认识到了文化治理的重要性，早在中共的十八届三中全会中就已经提出，推进国家治理体系和治理能力现代化。十九大报告又对国家治理体系和治理能力现代化提出更高要求，其中，经过文化治理，社会文明程度达到新高度，国家文化实力显著增强，中华文化影响更加广泛与深入，使得中国的综合国力和国际影响力领先全球。

2015年4月30日，《京津冀协同发展规划纲要》出台。所谓的京津冀协同发展，不仅限于经济协同，也包括文化协同。共同体的形成，经济因素固然重要，但文化的作用同样不可忽视。德国社会学家滕尼斯认为，人类关系包括社会形态与共同体形态两种基本形态。社会是"一种机械的聚合和人工制品"；共同体则是"一种原始的或者天然的状态"，"是人的意志完善的统一体"。因此，京津冀一体化仅有经济上的协同只是形成了所谓的"社会"，还未形成"共同体"，即深层次的融合仍未达成。文化协同发展需要通过京津冀文化协同治理来实现。在实现京津冀协同发展的进程中，京津冀区域文化治理已经成为不可忽视的重要问题。因为京津冀区域文化治理不仅

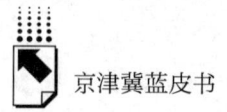

是京津冀区域治理体系和治理能力现代化的组成部分，也是推进京津冀区域治理体系和治理能力现代化的重要引擎。推进京津冀区域协同发展，就必须同步推进京津冀区域文化治理体系和治理能力现代化工作，要在京津冀文化领域内充分体现治理理念，努力从主体、构架、职责、目标、对象、功能、机制、方式等方面全面实现由管理到治理的转型与升级。

一 京津冀区域文化治理体系的结构及其现状

（一）京津冀文化协同发展现状及文化治理必要性和紧迫性

京津冀地缘关系密切、语言风俗相近、人缘关系亲密，京津冀文化既存在相通性也存在差异性，因此，文化协同发展的合作空间非常可观。近年来，京津冀协同发展已经上升为国家战略，京津冀文化协同脚步不断加紧。2012年12月，河北省文化厅牵头举办"京津冀文化产业协同发展研究论坛"，签署《京津冀三地文化产业协同发展战略合作备忘录》。2011年8月，三地政府在天津市签署《京津冀三地文化领域协同发展战略框架协议》，对三地文化领域合作的指导思想、基本原则、合作内容和组织机制做出总体部署。2015年1月，京津冀文化创意产业项目推介会在北京举行，签署《京津冀文创园区协同发展备忘录》，表明京津冀文化协同逐步开始由政府部门引导走向文化企业积极参与。上述协议接连签署，表明京津冀在文化领域的合作已迈出实质性步伐，三地积极响应国家号召，以京津冀整体利益为共同目标，积极探索推动三地文化协同路径。京津冀协同发展战略实施至今，有关文化、文物的一系列战略框架协议相继签署，文化交流与合作成效显著。随着《京津冀协同发展规划纲要》确定的近期目标的顺利完成，三地文化协同发展也迈上了新征程。十九大以后，京津冀以习近平新时代中国特色社会主义思想为指引，积极主动作为，力争在文化协同发展方面实现不断提升。

但就当前情况而言，京津冀文化产业的协同程度有待提高，协同效应并未很好地凸显，未形成统一的京津冀区域文化产业发展的合力。具体分析如下。一是京津冀三地发展水平失衡。以 2013 年为例,三地文化创意产业增加值分别为 2406.7 亿元、1070 亿元和 950 亿元,其中,北京市表现突出,占到京津冀文化创意产业增加值总量的 54.3%,远超津冀增加值。此外,在 2015 年和 2016 年,京津冀文化产业增加值占 GDP 的比重分别是 8.38%、4.74% 和 3.22% 以及 8.2%、4.49% 和 3.4%(如表 1 所示)。京津冀三地文化产业发展水平差距非常明显。二是京津冀三地协同程度偏低。根据《中国新型城镇化文化建设指数(UCI)报告》数据可知,中国新型城镇化文化建设指数得分的标准差分别为京津冀(5.33)、珠三角(4.54)、长三角(3.10),即京津冀地区文化建设的差异性与珠三角、长三角相比是最大的,京津冀文化协同度最低。就现实情况而言,当前京津冀文化资源尚未达到系统整合以及充分利用的程度,重复投资、同质化竞争等不良现象层出不穷,京津冀三地文化产业发展的关联性和互补性都不足。

表 1 2015~2016 年京津冀文化增加值及占 GDP 的比重

单位:亿元,%

年份	地区	增加值	占 GDP 比重
2015	北京	1928.3	8.38
	天津	784.4	4.74
	河北	960.4	3.22
2016	北京	2105.8	8.2
	天津	802.3	4.49
	河北	1090.2	3.4

资料来源:2016~2017 年《中国文化及相关产业统计年鉴》。

京津冀文化产业协同发展程度不高,究其原因,主要是协同观念匮乏、顶层设计缺陷。在很长一段时期内,京津冀三地分属各自不同的行政区域,各自的管理体系和利益关系相对独立,造成了三地地区本位思想浓厚,造成三地在协同发展问题上无法形成高度自觉的意识和总体统一的步调。尽管已经进入京津冀协同发展时期,三地也逐步认识到外部借力与区域协作的重要性,但是由于制度、体制障碍和惯性思维的影响,加之协作实践经验不够,当前，京津冀文化产业协同发展的推进力度有待进一步提升。京津冀三地共同签署完成的《京津冀三地文化产业协同发展战略合作备忘录》《京津冀三地文化领域协同发展战略框架协议》等相关协议总体上属于宏观和原则性上的框架，实践执行力有所欠缺。要解决此问题，必须构建京津冀区域文化治理体系，做好京津冀文化治理，进而全面提升京津冀文化治理水平，最终达到以治理促发展。当前，构建京津冀区域文化治理体系已经迫在眉睫。

一般情况下，"国家治理体系是指在一国领土范围内，政府、市场和社会相互耦合所形成的一种整体性制度结构；其中，政府、市场和社会各自都是由一系列相互关联的规则、组织和治理机制构成的制度系统。在微观层面，它们发挥着协调社会成员行为，提供有效的激励约束结构，降低交易成本、社会风险和不确定性的功能；在宏观层面，政府、市场和社会三大治理主体则相互协调、配合，共同维系国家治理整体秩序，配置资源，推动经济社会稳定发展"。以此类推，笔者认为，京津冀区域文化治理体系应该主要由主体系统、客体系统和方式系统构成，三个系统所处现状也各不相同。

（二）京津冀区域文化治理体系的结构

1. 京津冀区域文化治理体系的主体系统

京津冀区域文化治理体系的主体，是指京津冀区域文化治理的主要的责任承担者和参与者。具体而言，其又分为宏观主体和微观主体两个层面。

（1）宏观主体

通常在市场经济条件下，京津冀区域治理共同体现为政府、市场和社会三个领域和范畴的互生互动。作为京津冀区域治理重要组成部分的文化治理，同样是以政府、市场和社会作为三个抽象的宏观主体来衡量和实现的。

在京津冀区域文化治理体系中，政府、市场和社会是因内在运行机制不同而分别自成系统的宏观主体（如表2所示）。政府系统以行政机制即京津冀三地政府协调合作为主；市场系统以京津冀市场机制即竞争与盈利为主；

社会系统以社会机制即公益合作为主。作为宏观主体，三者之间的功能职责界分无统一的静态、普遍性适用标准，而是处于一个不断变动的过程中，经济制度、政治制度、文化传统、民众权利发育程度、意识形态选择都可能会影响宏观主体的功能或职责。因此，在不同时代和区域中，三者关系往往呈现诸多不同。京津冀区域所拥有的历史背景和现实情况，决定了京津冀政府在京津冀治理包括京津冀文化治理方面，应该当仁不让地承担起"元主体"的角色和责任，整个京津冀区域文化治理体系的构建，政府与市场、社会关系的界分、实践和调适，一方面属于京津冀政府的权力，另一方面也是京津冀政府必须承担的责任。

表2　京津冀区域文化治理宏观主体划分

宏观主体	运行机制	系统内关系	价值优势
政府	行政机制,协调合作	平等	公平
市场	市场机制,竞争盈利	平等	效率
社会	社会机制,公益合作	平等	人道

（2）具体主体

当前，京津冀区域文化治理体系中由政府、市场、社会三大宏观主体又可以派生出政府（党）、事业单位、企业、社会组织（第三部门）、民众（含创造者）5类具体主体，共同参与京津冀区域文化治理。5类主体彼此之间又进一步派生出10种互动关系，这个较为复杂的关系网络体现了当前京津冀区域文化治理的具体主体框架（如图1所示）。

2. 京津冀区域文化治理体系的客体系统

（1）京津冀区域文化治理的目标

众所周知，推进国家文化治理，目标是提升国家文化软实力。走中国特色社会主义发展道路必然要求国家文化软实力同步增强，文化软实力可以较为客观地反映国内外文化治理理论的最新研究成果，并与当前建设社会主义文化强国的现实要求相适应。把提升国家文化软实力作为

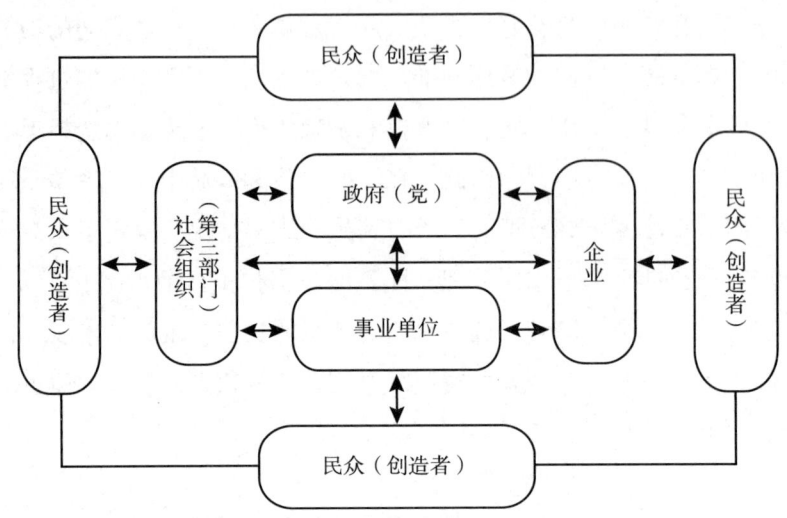

图 1　京津冀区域文化治理具体主体框架

资料来源：景小勇：《国家文化治理体系的构成、特征及研究视角》，《中国行政管理》2015年第12期。

推进国家文化治理的目标是理论和实践的统一，也是历史和现实的统一。国家文化软实力并不仅仅是国际关系范畴中的文化影响力、吸引力和同化力，也是中国特色社会主义发展道路视野下的"文化国力建设"。十八大至今，国家文化软实力建设已经得到国家层面的重视，十八大、十八届三中全会都提出建设社会主义文化强国、提高国家文化软实力的理念，2013年，中央政治局还召开专题会议，学习国家文化软实力的相关问题，习近平总书记对于国家文化软实力的地位及其提升路径也有系统阐释。因此，显而易见，京津冀区域文化治理的目标就是提升京津冀区域文化软实力。京津冀区域文化软实力建设的着眼点是通过先进的价值理念、文化载体和文化传播能力建设致力于寻求一种体现京津冀区域利益和京津冀人民正确意识形态的文化力量，使京津冀文化具有强大的吸引力、感召力和认同感。

当前，京津冀区域文化软实力情况可以从文化传播能力窥一斑而见全豹，以2008～2016年京津冀文化部门执行事业会计制度的艺术表演团体演出场次、艺术表演场馆演出场次为例（如图2、图3所示），三地并不均衡，河北一枝独秀，而京津落后；又以2012～2016年京津冀广播节目综合人口覆盖率、电视节目综合人口覆盖率为例（如图4、图5所示），京津都达到100%全覆盖，而河北尚未全部覆盖。因此，京津冀文化软实力整体水平及其协调度都有很大提升空间。

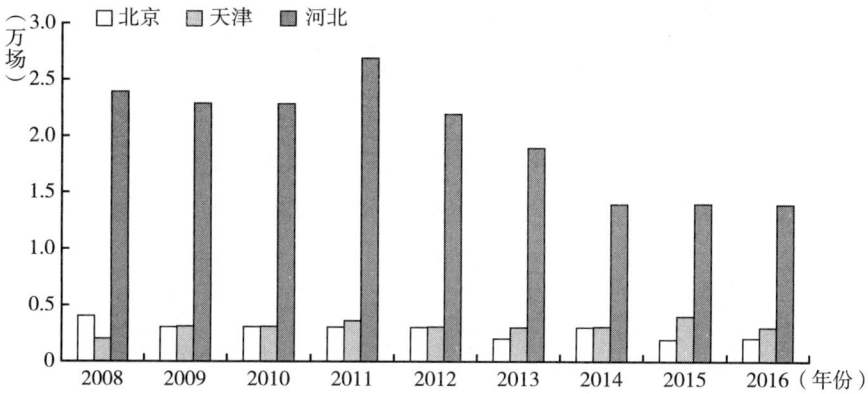

图2　2008～2016年京津冀文化部门执行事业会计制度的艺术表演团体演出场次

资料来源：2009～2017年《中国文化文物统计年鉴》。

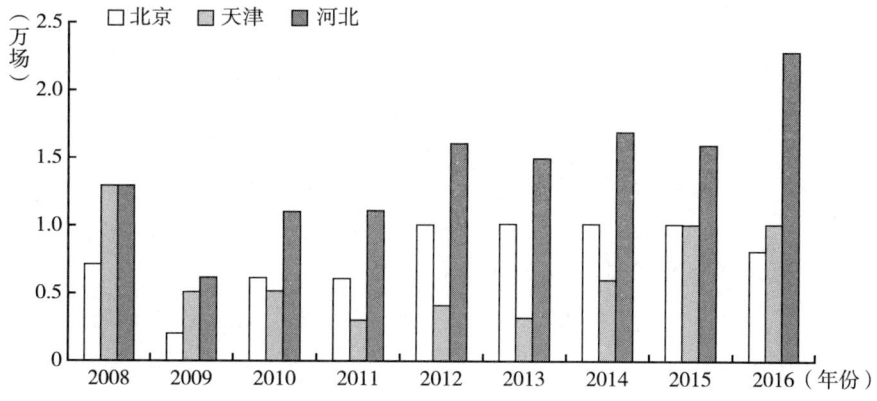

图3　2008～2016年京津冀文化部门执行事业会计制度的艺术表演场馆演出场次

资料来源：2009～2017年《中国文化文物统计年鉴》。

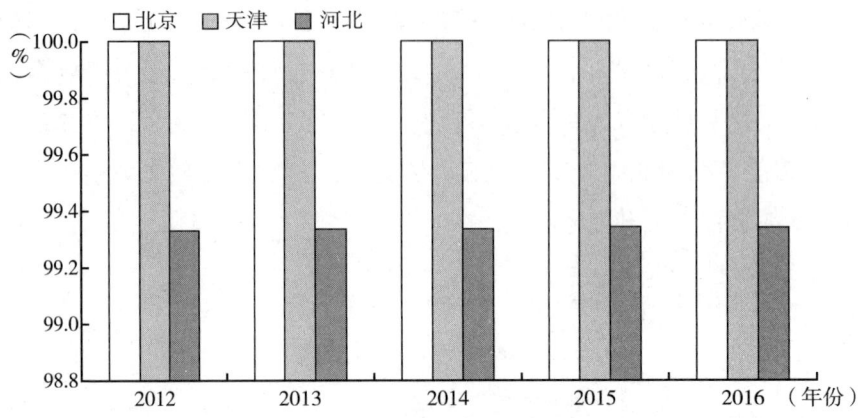

图 4　2012~2016 年京津冀广播节目综合人口覆盖率

资料来源：2013~2017 年《中国文化及相关产业统计年鉴》。

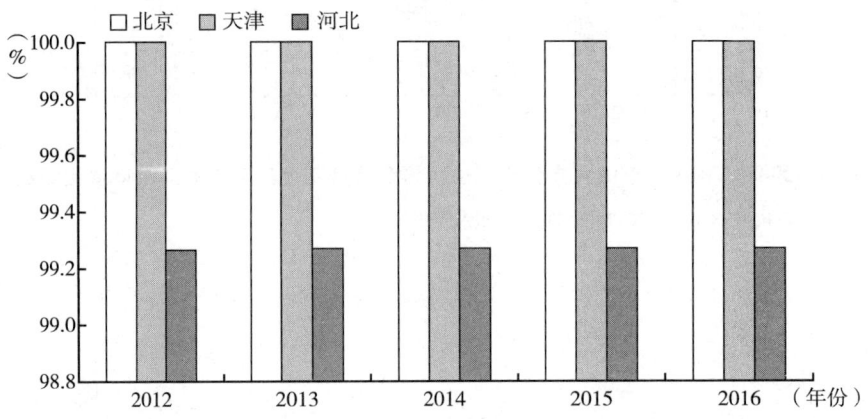

图 5　2012~2016 年京津冀电视节目综合人口覆盖率

资料来源：2013~2017 年《中国文化及相关产业统计年鉴》。

(2) 京津冀区域文化治理的对象和内容

由于文化的概念和实践都体现出非常复杂和多样的特征，学术界对文化治理对象和内容的认识也不尽相同。笔者认为，京津冀区域文化治理的对象和内容应该分解为宏观、中观、微观三个层面：首先，宏观上的文化治理是京津冀区域经济、政治、文化、社会、生态五大领域整体治理战略中的一部分；其次，中观上依据中国国家文化行政体制的划分情况，京津冀区域文化治理以新闻出版、广播电视和文化艺术为主;再次,微观上根据现行文化部管理内容框定的范围,京津冀区域文化治理以文化艺术领域为主。笔者认为,从京津冀区域文化治理的实践性和有效性出发,对京津冀区域文化治理的对象和内容问题的研究,从中观上分析最为恰当。当前,从中观角度分析,京津冀区域新闻出版(如表3所示)、广播电视(如图6、图7、图8所示)、文化艺术(如图9、图10、图11、图12所示)发展态势喜人但缺乏相互协调与互补。

表3 2014~2016年京津冀图书、期刊、报纸、音像制品及电子出版物发行数量

年份	地区	图书 总印数 (亿册/亿张)	期刊 总印数 (亿册)	报纸 总印数 (亿份)	音像制品 出版数量 (万盒/万张)	电子出版物 出版数量 (万张)
2014	北京	1.7	0.4	9.5	539.6	27.9
	天津	0.5	0.4	7.6	9.6	25.5
	河北	2.2	0.5	15.8	398.7	164.5
2015	北京	2.2	0.4	7.9	129.5	29.3
	天津	0.6	0.3	6.2	53.4	13.6
	河北	2.2	0.5	14.6	415.2	—
2016	北京	2.8	0.3	7.2	61.8	46.8
	天津	0.6	0.3	4.9	49.9	15.7
	河北	2.7	0.5	12.8	596.3	138.5

资料来源:2015~2017年《中国统计年鉴》。

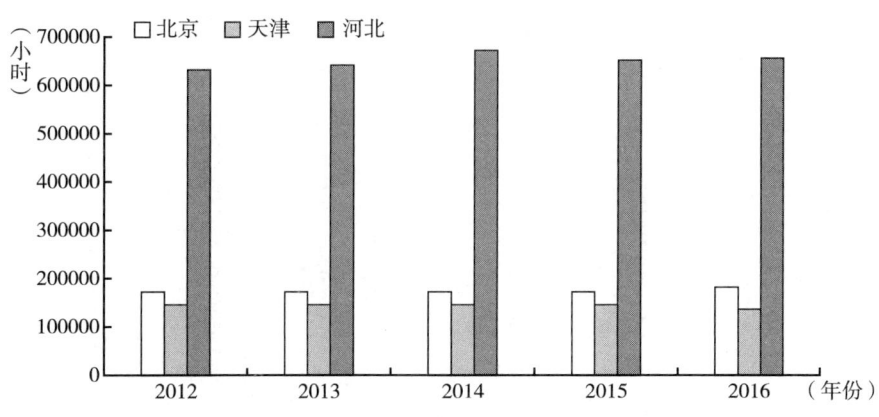

图6 2012~2016年京津冀公共广播节目播出时间

资料来源:2013~2017年《中国文化及相关产业统计年鉴》。

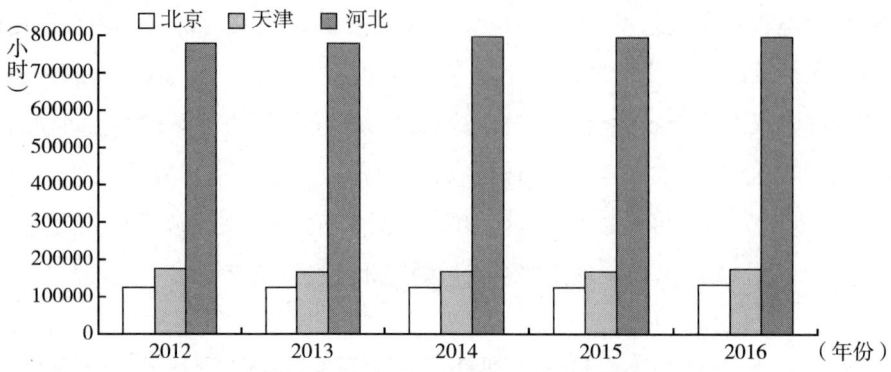

图7　2012~2016年京津冀公共电视节目播出时间

资料来源：2013~2017年《中国文化及相关产业统计年鉴》。

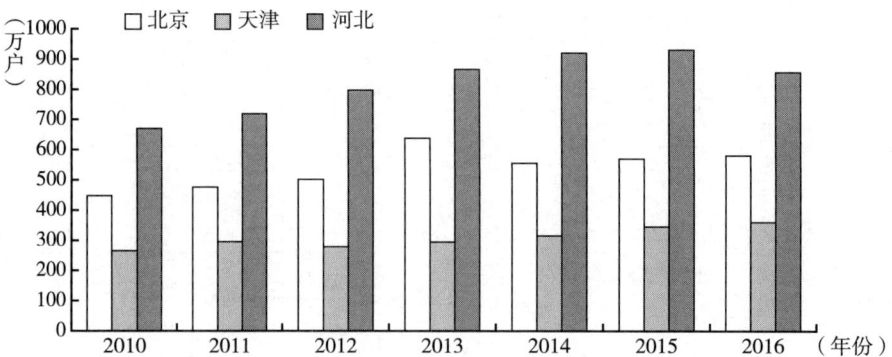

图8　2010~2016年京津冀有线广播电视实际用户数量

资料来源：2011~2017年《中国统计年鉴》。

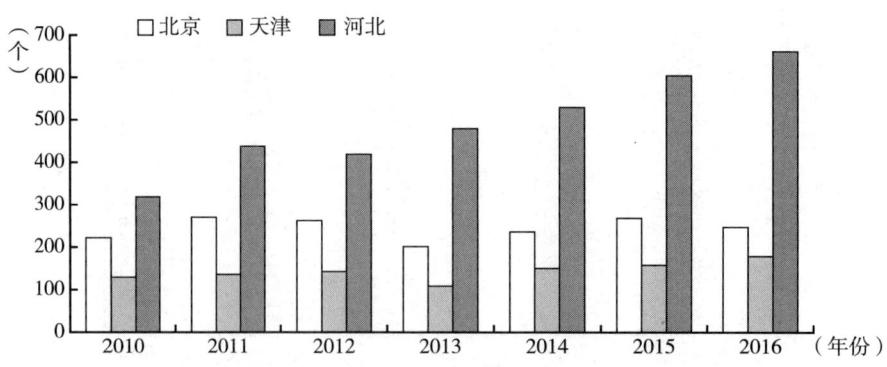

图9　2010~2016年京津冀博物馆陈列展览数量

资料来源：2011~2017年《中国统计年鉴》。

京津冀区域文化治理体系的结构与战略选择

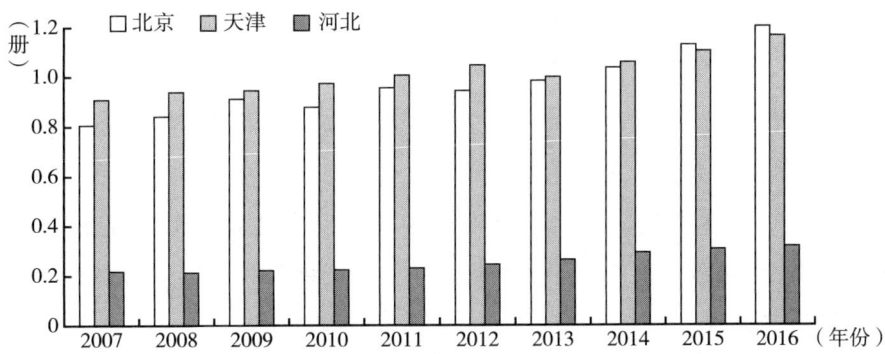

图10　2007~2016年京津冀公共图书馆人均藏书数量

资料来源：2008~2017年《中国文化文物统计年鉴》。

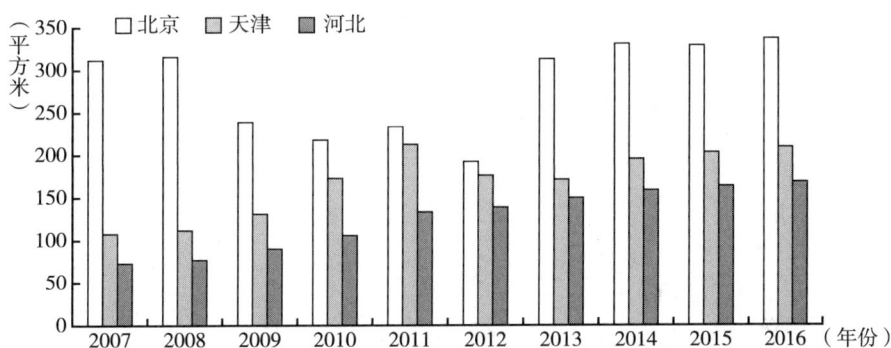

图11　2007~2016年京津冀每万人拥有群众文化设施建筑面积

资料来源：2008~2017年《中国文化文物统计年鉴》。

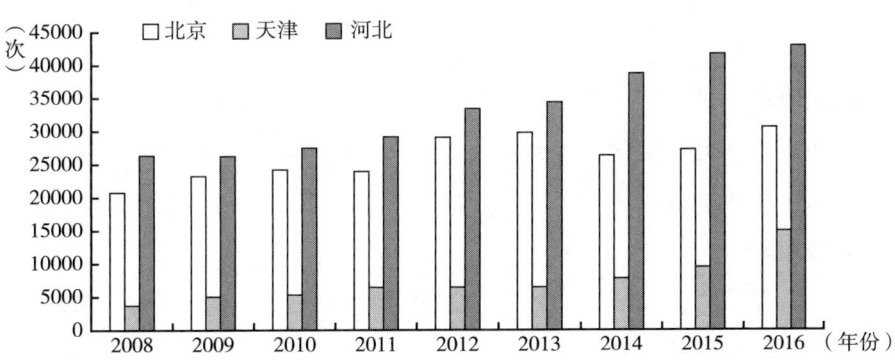

图12　2008~2016年京津冀群众文化机构组织文艺活动次数

资料来源：2009~2017年《中国文化文物统计年鉴》。

149

从前，人们处于计划经济时期，传统的观念也为计划经济所阻碍，他们一般认为，文化建设的任务即文化管理的对象和内容，可统称为文化事业。然而，随着改革开放的逐步深入，文化事业与文化产业开始了持续的分离过程，因此，文化事业、文化产业都成了文化管理的对象和内容（如图13所示）。但是，这样的认知仍是以政府为本位、以文化管理为传统的旧有思路，以如此思路对当前的京津冀区域文化治理的对象和内容进行解读，显然是捉襟见肘的。

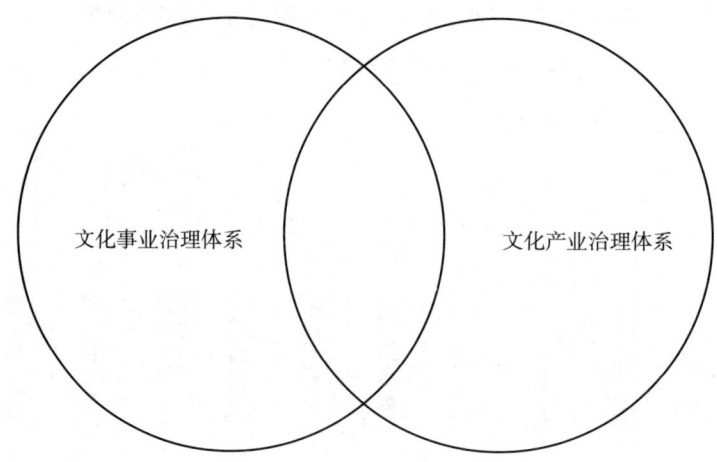

图13　传统视角下的文化治理内容

资料来源：景小勇：《国家文化治理体系的构成、特征及研究视角》，《中国行政管理》2015年第12期。

将国家提出的"治理"理念与国家对治理实践的种种创新有机结合，笔者认为京津冀区域文化治理的主要对象和具体内容可以从保障京津冀区域文化需求、提供京津冀区域公共文化服务和满足京津冀区域人民个人文化消费三方面来阐释。

首先，保障京津冀区域文化需求。这是站在推进整个京津冀区域发展和维护京津冀人民利益的高度，从京津冀历史、区域发展、人民利益的高度出发，服务于京津冀区域和京津冀全体人民生活的安全、稳定、发展而在文化方面提出的需求。文化对于京津冀区域和京津冀全体人民的生存与发展至关重要，京津冀区域需要通过文化发展对内可以维护政治稳定、增强京津冀区域整体凝聚力、传承优秀文化、提供发展动力和智力支持，对外可以极大地提高京津冀区域的国际影响力、树立以首都北京为核心的世界级京津冀城市群形象、开展国际文化交往、保障京津冀区域安全，这些都是京津冀区域文化的需求，它事关京津冀区域的安全、协同发展战略和可持续发展等问题。现今，保障京津冀区域文化需求，主要应该体现为对京津冀区域社会主义核心价值观的培育和弘扬、对以马克思主义为核心的主流意识形态的维护、对中华优秀传统文化的传承、对文艺创作与传播的引导和规制、对文化遗产的保护利用、对文化安全与文化主权的保障以及对外文化交流等。

其次，提供京津冀区域公共文化服务。京津冀历史与现实的渊源都极为深厚，京津冀合作前景非常光明，但目前京津冀公共文化服务一体化程度较低，存在定位模糊问题，导致京津冀区域文化发展的影响力和辐射力无法充分展开。提供京津冀区域公共文化服务，这主要是指以京津冀政府部门为主的公共部门提供的、以保障京津冀人民基本文化生活权利为目的、向京津冀人民提供公共文化产品与服务的制度和系统的总称，其主要任务是构建京津冀区域的现代公共文化服务体系。笔者认为，京津冀区域现代公共文化服务体系涵盖："建立公共文化服务体系建设领导与协调机制，统筹服务实施网络建设，促进基本公共文化服务标准化均等化；建立群众评价和反馈机制，推动文化惠民项目与群众文化需求有机结合；整合基层宣传文化、党员教育、科学普及、体育健身等设施，建设综合性文化服务中心；区别不同文化事业单位职责定位，建立完善法人治理结构，健全绩效考核机制；推动公共图书馆、博物馆、文化馆及科技馆等组建理事会，吸纳有关代表、专业人士、各界群众参与管理；引入竞争机制，推动公共文化服务社会化发展；鼓励社会力量、社会资本参与体系建设，积极培育文化类社会组织。"

最后，满足京津冀区域人民个人文化消费。这主要是指根据京津冀民众个体的个性化、差别化文化需求，通过繁荣文化市场、发展文化产业对其予以实现和保障的相关文化任务。一般情况下，民众除了具有基本文化需求外，还有一些个性化的文化需求。京津冀区域民众全体的基本文化需求和民众个体的个性化需求，可能会受到京津冀区域经济发展水平和京津冀区域提供公共服务能力的影响。伴随着经济社会的急速进步，京津冀区域人民的公共文化服务和民众个性化文化需求也会随之水涨船高，但是，由京津冀区域所提供的面向民众全体的基本文化服务毕竟是有限的，与京津冀区域民众个体完全个性化、差别化的文化需求之间有一定差距。两者之间存在差距，同时也存在可上升的空间，这就要通过发展京津冀区域的文化产业、繁荣京津冀文化市场的手段去弥合和缩减这个差距。在党的十九大精神的引领下，在京津冀协同发展的国家战略的支持下，京津冀三地在推动文化产业发展上持续推陈出新，文化与科技、体育、旅游等领域的融合也越发科学和深入，新成果不断涌现。为全面展示2017年京津冀三地文化产业发展新成果，由河北省文化厅主办，北京市文化局、天津市文化广播影视局等单位协办的第六届河北省特色文化产品博览交易会（以下简称"河北特博会"）在河北省石家庄市圆满落幕。作为河北学习贯彻党的十九大精神、推动京津冀文化产业协同发展的重要举措之一，此次河北特博会为来自京津冀三地的文化企业、文化项目搭建了优质的交流、展示平台，为推动新时代京津冀三地文化产业的持续发展注入了新活力。

保障京津冀区域文化需求、提供京津冀区域公共文化服务和满足京津冀区域人民个人文化消费都属于京津冀区域文化软实力建设的内容，它们共同服务于国家文化治理的总目标。三者之间是相互联系和相互促进的，但三者之间也存在一定的界限和区别（如表4所示）。

表4　京津冀区域文化治理对象及划分依据

要素	保障京津冀区域文化需求	提供京津冀区域公共文化服务	满足京津冀区域人民个人文化消费
直接受益对象	京津冀区域、京津冀全体人民	京津冀区域全体人民	京津冀区域人民个人
主要责任主体	京津冀政府、京津冀社会	京津冀政府、京津冀市场、京津冀社会	京津冀市场、京津冀社会

续表

要素	保障京津冀区域文化需求	提供京津冀区域公共文化服务	满足京津冀区域人民个人文化消费
公共产品属性	纯公共产品	准公共产品	私人产品
意识形态相关度	强	中	弱
实现机制	行政为主	综合	市场为主
目标追求	京津冀区域和京津冀全体人民的安全与发展	京津冀人民基本文化权益保护	京津冀人民个人个性化文化消费
经费保障	财政为主	财政、社会资本	个人资金
外在表现形式	导向、抽象、统一	标准化、均等化	个性化、差异化
业态表现	公益性文化事业	事业为主,部分可市场化经营	经营性文化产业
具体内容	维护意识形态;弘扬核心价值观;传统文化传承,文化遗产保护;文艺创作与文化传播的引导与规制;文化安全和文化外交	公共文化服务体系构建和运行	培育和规范文化市场;促进文化产业发展

资料来源:景小勇:《国家文化治理体系的构成、特征及研究视角》,《中国行政管理》2015年第12期。

就目标追求而言,保障京津冀区域文化需求以京津冀区域和京津冀全体人民的安全与发展为己任,提供京津冀区域公共文化服务旨在保障京津冀人民基本文化权益,满足京津冀区域人民个人文化消费则要保障京津冀人民个人个性化文化消费;就直接受益对象而言,保障京津冀区域文化需求的直接受益对象是京津冀区域、京津冀全体人民,提供京津冀区域公共文化服务的直接受益对象是京津冀区域全体人民,满足京津冀区域人民个人文化消费的直接受益对象是京津冀区域人民个人;就产品属性而言,保障京津冀区域文化需求创造的是纯公共产品,提供京津冀区域公共文化服务创造的是准公共产品,满足京津冀区域人民个人文化消费创造的是私人产品;相应地,它们与意识形态的相关度就由强变弱了;就外在表现形式而言,保障京津冀区域文化需求是导向、抽象、统一的政府意志和以人为本的精神,提供京津冀区域公共文化服务是标准化、均等化的公共服务,满足京津冀区域人民个人文化消费是个性化、差异化的文化产品和服务;就责任主体看,保障京津冀区域文化需求的责任主要和直接在京津冀政府和社会,提供京津冀区域公共文化服务虽由京津冀政府安排,但政府、市场和社会都参与提供,满足京津冀区域个人文化消费则主要由京津冀市场予以满足,社会也有一定机会可以参与其中;就实现机制而言,保障京津冀区域文化需求主要以行政机制为主,提供京津冀区域公共文化服务则需要充分调动行政、市场和社会的多元综合机制,满足京津冀区域人民个人文化消费则主要依赖市场机制实现;就经费保障而言,保障京津冀区域文化需求主要依靠京津冀区域财政投入,2007~2016年,京津冀文化事业费投入、京津冀人均文化事业费大体呈上升趋势(如图14、图15所示),但京津冀文化事业费投入占财政支出比重(如图16所示)总体三地并不协调,可见三地财政对文化事业重视程度不一,具体而言,京津冀财政拨款对于公共图书馆、群众文化机构、艺术表演团体、艺术表演场馆都有所倾斜(如图17、图18、图19、图20所示),提供京津冀区域公共文化服务既依赖京津冀区域财政投入,又需要积极调动京津冀市场的参与热情,还需要鼓励社会捐赠等力量进行投资,满足京津冀区域人民个人文化消费则相对简单,主要依赖个人为其文化消费所付费用;就业态表现而言,保障京津冀区域文化需求和提供京津冀区域公共文化服务多属于传统意义上的文化事业,但提供京津冀区域公共文化服务中,市场以及产业的介入已经愈演愈烈,满足京津冀区域人民个人文化消费则主要体现为经营性质的文化产业的蓬勃发展。

3. 方式系统

在京津冀区域文化治理体系中,连接京津冀区域文化治理主体与京津冀区域文化治理客体的纽带和机制实质上是京津冀区域文化治理的方式和手段。

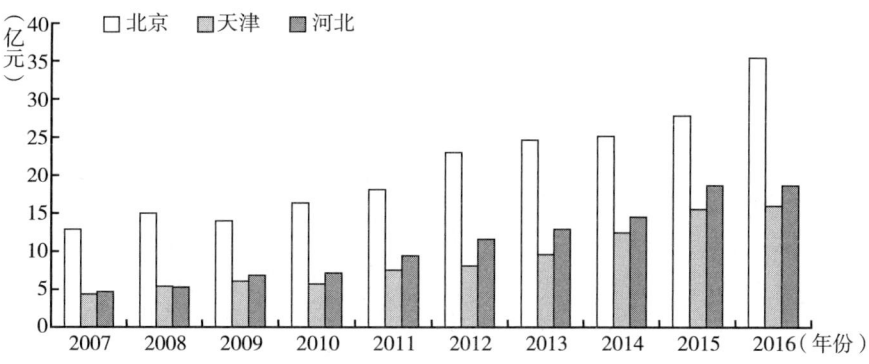

图14 2007~2016年京津冀文化事业费投入

资料来源：2008~2017年《中国文化文物统计年鉴》。

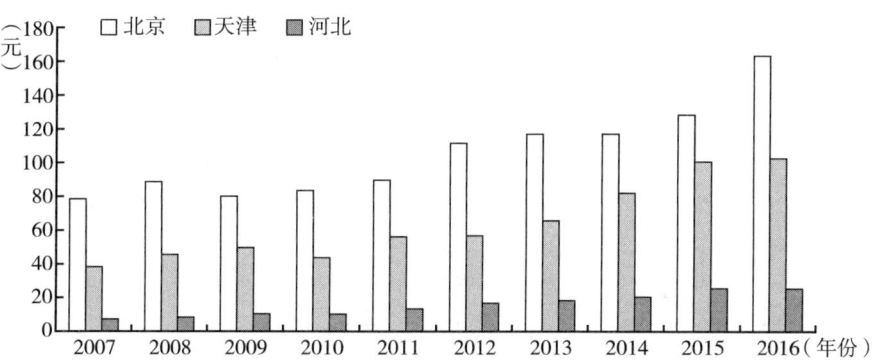

图15 2007~2016年京津冀人均文化事业费

资料来源：2008~2017年《中国文化文物统计年鉴》。

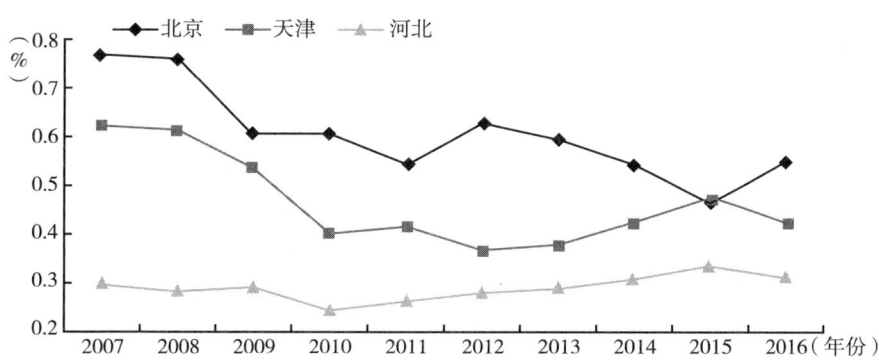

图16 2007~2016年京津冀文化事业费投入占财政支出比重

资料来源：2008~2017年《中国文化文物统计年鉴》。

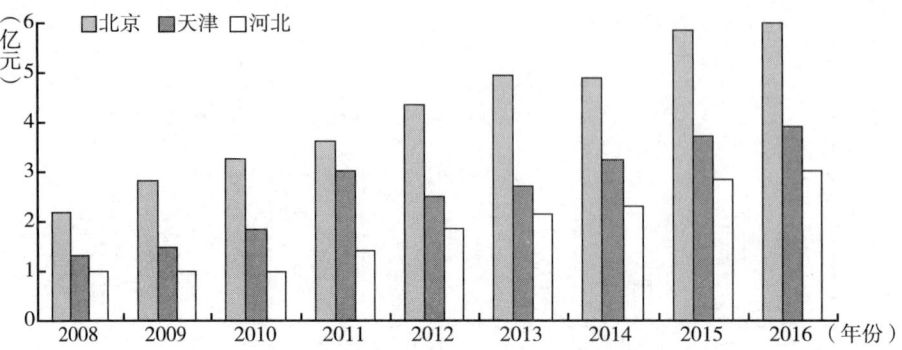

图 17　2008~2016 年京津冀公共图书馆财政拨款

资料来源：2009~2017 年《中国文化文物统计年鉴》。

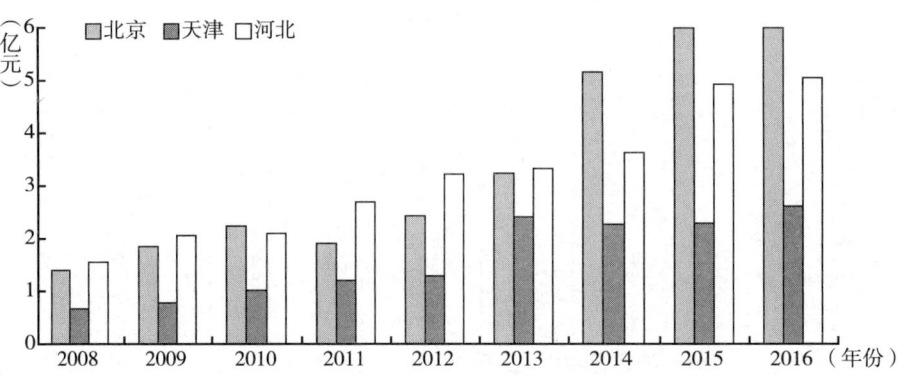

图 18　2008~2016 年京津冀群众文化机构财政拨款

资料来源：2009~2017 年《中国文化文物统计年鉴》。

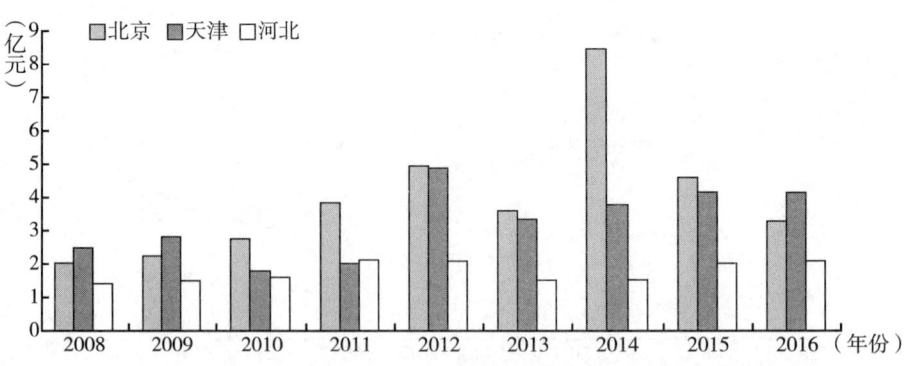

图 19　2008~2016 年京津冀艺术表演团体财政拨款

资料来源：2009~2017 年《中国文化文物统计年鉴》。

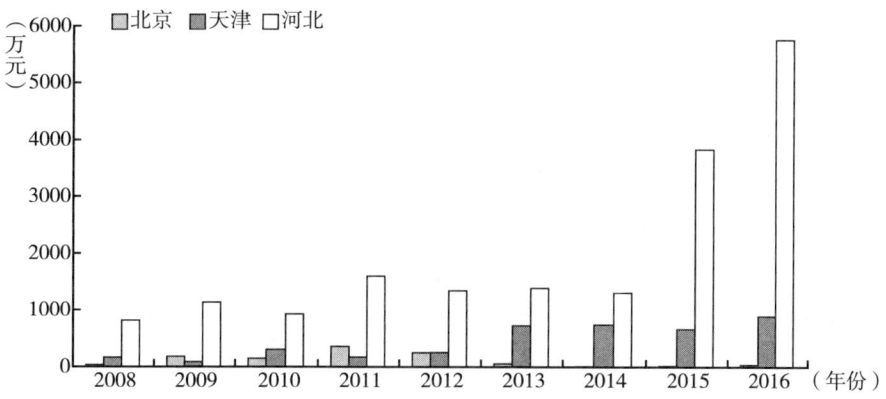

图20 2008~2016年京津冀艺术表演场馆财政拨款

资料来源:2009~2017年《中国文化文物统计年鉴》。

（1）京津冀区域文化治理的基本方式

归根结底，京津冀区域文化治理的基本方式就是法治。究其原因，法治是人类政治文明的重要成果，法治作为国家治理的根本和普遍方式而存在。无论是国家政体，还是个人言行，都应该受到法治的框架的规制。中国处于现代化进程中，必然要进行法治国家、法治政府与法治社会的一体化建设，唯其如此，才可以构建起真正的法治社会。习近平总书记提出"四个全面"战略布局，认为全面依法治国是全面建成小康社会、全面深化改革、全面从严治党的实现方式和手段。法治既是经济社会文化发展的客观要求，也是加强和改善党的领导，提升国家治理水平的必然途径。

在京津冀区域文化治理中，全面实行法治是势在必行的，京津冀区域文化治理的总目标可以表述为：京津冀区域的文化治理依据由以京津冀区域的文化政策为主转变为以京津冀区域的文化法律为主；京津冀区域的文化治理方式由主要依靠行政管理转变为依法治理，从理念和价值双重层面，实现一种京津冀区域的文化法治；从功能角度而言，法治是京津冀区域文化治理的基本方式。法治应该在京津冀区域文化治理过程中充分地发挥其引领、推动、规范、保障和制约等作用。

（2）具体手段

法治是京津冀区域文化治理的基本方式、原则和精神，但是，并不意味着传统文化管理中广泛适用的法律、行政、经济、社会和公益手段业已过时。应该在治理理念和法治精神的指引下，使旧有的传统文化管理手段与时俱进，实现创新和发展。具体手段如下。

法律手段。进一步加强京津冀区域的文化治理立法力度，重视京津冀文化治理方面立法的规划与布局，提高京津冀区域文化立法质量，完善和改进京津冀区域文化立法的体制及其程序。应该着力加强重点领域立法的力度，适时地制定出京津冀区域公共文化服务保障法、京津冀区域文化产业促进法等相关法律。

行政手段。加快推进京津冀政府文化职能转变，调整旧有的政府职责与定位，积极推进政府管理体制的转变。宏观方面，应进一步充分厘清京津冀政府实际肩负的文化职能，推进对京津冀区域文化、广播电视和新闻出版等机构的改革以及整合，推行"大部制"，使政府整体能力得到最优发挥；微观方面，要将京津冀区域文化治理与国家治理现代化要求有机结合起来，构建起京津冀区域文化治理系统的规划计划、调控配置、组织动员、协调实施、监督反馈等各司其职、环环相扣的决策运行体系，不断规范京津冀政府权力运行方式，锻造阳光政府、服务政府，使政府运行能力提升落到实处。另外，还要在京津冀区域大力推进依法行政步伐，加紧构建京津冀区域的法治政府。所谓的法治政府，应真正贯彻落实的途径为：建立健全文化审批、文化监管、文化许可和相关产权制度；严格文化执法，推进文化执法机构和队伍建设；强化对文化行政权力的制约和监督，全面推进文化政务公开。

经济手段。京津冀区域文化治理的经济手段既包括京津冀政府在宏观调控市场和社会中体现经济和市场规律的各种政策指令，又包括京津冀区域市场运行和京津冀文化产业发展中各主体自觉运用的市场机制，经济手段的核心应该是发挥市场配置资源的决定性作用。

社会以及公益手段。就京津冀区域文化治理的社会和公益手段而言，应该充分调动和发挥京津冀区域社会组织和京津冀人民参与文化治理的积极性与能动性，注重京津冀区域社会组织化过程中对文化治理与文化服务的实践探索，大力推进对京津冀区域文化治理公益性发展路径的有益探索。

4. 京津冀区域文化治理体系总体结构

在上文对京津冀区域文化治理主体、对象、方式手段和目标的总体分析的基础上，能够构建出京津冀区域文化治理体系总体结构。事实上，京津冀区域文化治理体系可以大致概括为：以京津冀政府为"元主体"，京津冀政府、京津冀市场、京津冀社会等作为多元主体，以保障京津冀区域文化需求、提供京津冀区域公共文化服务和满足京津冀区域人民个人文化消费作为治理对象，以法治作为基本方式，以法律、行政、经济、社会、公益等作为具体手段，为不断提升京津冀区域文化软实力而形成的理念法治民主、结构复合开放、功能全而互补、运行科学协调、手段创新规范、目标公平高效的动态发展系统（如表5所示）。

表5 京津冀区域文化治理体系总体结构

宏观主体	具体主体	基本方式	具体手段	对象	内容	总目标
政府	政府 企业 事业单位 社会组织 民众个人	法治	法律 行政 经济 社会 公益	保障京津冀区域文化需求	维护主流意识形态 培育弘扬核心价值观 文化创作引导与规制 文化传播引导与规制	提升京津冀区域文化软实力
市场				提供京津冀区域公共文化服务	优秀传统文化传承 文化遗产保护 文化安全 文化交往	
社会				满足京津冀区域人民个人文化消费	公共文化服务 文化产业发展 文化市场监督	

资料来源：景小勇：《国家文化治理体系的构成、特征及研究视角》，《中国行政管理》2015年第12期。

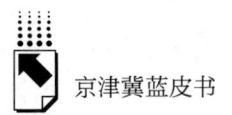

二 京津冀区域文化治理体系的特征

在分析京津冀区域文化治理体系的特征之前,首先应该厘清管理体系与治理体系的区别与联系,在比较研究的基础上凝练出全新的京津冀区域文化治理体系的多元特征。

(一)由管理体系到治理体系的转变

前文已经提到在文化领域实现由管理范式向治理范式的转型问题,国家近年来强调最多的也是国家治理而非管理问题。"治理""管理"字面上差距不大,但由管理转向治理,其内涵、意义已经发生深刻变化。构建京津冀区域文化治理体系,究其根本,还是在于政府文化职能和文化行政模式从传统管理模式向现代化治理模式的转型,管理主义模式应该随着国家对治理能力现代化的倡导而适时地向参与式治理模式转化。从京津冀区域文化治理体系与旧有的传统京津冀文化管理模式的辨析中,可以分析出京津冀区域文化治理体系全新的显著特征(如表6所示)。

表6 京津冀区域文化治理体系与文化管理体系

体系构成	要素	具体比较		治理体系 特点总结
		管理体系	治理体系	
体系结构	主体	政府	政府、市场、社会	主体复杂化
	关系	主客体绝对化	互为主客体	主客体相对化
	平等性	不平等	有不平等,也有平等	主客体关系趋向平等化
	作用方向	自上而下为主,单一	上下、平行、左右	作用方向复杂、互动化
	层次性	自上而下,多层次	相互作用,扁平化	治理层次扁平化趋向
权力来源和作用机制	权力来源	行政权力是决定性作用	市场配置起决定性作用	基础作用机制由行政权力变为市场配置
	作用机制	强制为主	强制与协商、契约并存	治理的性质由强制变为协商为主

续表

体系构成	要素	具体比较		治理体系特点总结
		管理体系	治理体系	
功能内容	功能	价值追求单一,功能简单	既有总体功能,也有不同主体角度各自的价值追求	价值追求和功能多元化
	内容	相对简单	复合、复杂、多元	治理内容复合化
	事权划分	事权划分单一	各主体之间、各主体体系内部事权划分复杂	事权确立及划分复杂化
	资金来源	政府出资为主	政府、市场、社会、企业、民众都可成为出资主体	资金渠道多元化
方式手段	方式手段	方式单一,行政为主	法治、经济、行政、社会、公益	治理方式多元化
整体格局	整体格局	系统单一,相对封闭	互相影响,网络格局,协调统一,开放互动	体系内外互动,协调性和开放化

资料来源:景小勇:《国家文化治理体系的构成、特征及研究视角》,《中国行政管理》2015年第12期。

(二)京津冀区域文化治理体系特征

1. 体系结构趋于复杂化和开放化

从前的文化管理时代,政府作为单一的管理主体而存在,社会组织以及民众个人都是客体,是纯粹的被管理者,主客体关系是绝对化和不平等的,管理与被管理关系仅限于简单的自上而下,同时,纵向管理层次呈现复杂繁多的情况。但是如今,中国已经逐步跨入治理时代,京津冀区域文化治理体系也随之呈现结构复杂化特征,如上文所述,京津冀区域文化治理体系不仅存在宏观主体,而且存在具体主体。京津冀区域的政府、市场和社会形成了并立的多元宏观主体,在政府、市场和社会各自的治理空间内,三者又是互为主客体的,与管理时代相比,三者关系更加平等、开放,且三者有更加深入和广泛的互动与合作,相互作用的方向也非常多元,有自上而下、自下而上、左右平行等多元情况,纵向治理层次不断减少,逐步向扁平化发展。

2.运行机制趋于市场化与平等化

在从前的文化管理时代,政府是唯一一个社会经济文化发展的权力和动力源头,政府领导下的行政机制无疑是文化管理工作运行的主要机制,自上而下、强制、服从是此种管理方式的主要特征。当今的京津冀区域文化治理体系属于现代国家治理体系的有机组成部分,京津冀区域文化治理体系中的京津冀政府、京津冀市场和京津冀社会都能够提供不同的支撑京津冀区域文化治理体系正常运转的运行动力与运行机制,在不同领域,京津冀政府、京津冀市场和京津冀社会起着各自截然不同的主导作用。京津冀区域文化治理体系中的市场机制,在某种程度上已经取代了传统的行政权力,成了京津冀区域文化治理体系资源优化配置的基础性乃至于决定性的作用机制,建立在平等、协商、契约基础上的京津冀区域文化治理与合作未来必将成长为一种合理存在的常态。

3.功能内容趋于复合化与包容化

就京津冀区域文化治理而言,其所追求的目标与价值不只局限于总体上提升京津冀区域文化软实力方面,此外,京津冀区域文化治理体系也十分乐于承认和接收体系中不同主体即政府、企业、社会组织及民众个人等立足于各自自身处境在文化方面提出的需求和期望,并会及时地积极回应体系中不同主体的需求和期望,竭尽所能使它们得到满足。相应地,这也同时会导致京津冀区域文化治理体系的各个主客体间的功能定位、内容任务、事权划分、资金来源随之呈现更为复合多元的态势。京津冀区域文化治理体系的总体治理目标、内容和不同主客体的具体需求、功能及事权的确立皆是复合存在的,它们之间逐渐地相互交融、相互接纳、相互作用,包容化发展的态势不断被凸显出来。

4.方式手段趋于协同化与参与性

京津冀区域文化治理体系最为强调的就是法治,即法治思维、法治方式在京津冀区域文化治理体系中的广泛而深入的运用,此时,京津冀政府的主要职责转化为统筹,在彻底明确了京津冀政府、京津冀市场、京津冀社会等多元主体各自的基本定位之后，就可以从单纯的京津冀政府文化行政管理进入京津冀政府、京津冀市场、京津冀社会等多元主体协同治理的轨道。有机地把法治方式与法律、经济、行政等传统治理手段相结合，科学有效地利用京津冀区域政府、企业、事业单位、社会组织和民众个人各自的优势和特点，进而共同推进京津冀区域文化治理工作的不断进步。

5. 整体格局趋于网络化与互动化

京津冀区域文化治理体系的构建，彻底地推翻了旧有文化管理体系的单一、刚性、封闭、僵化的桎梏，体系内的不同主体、客体定位明确、交错而处，而其治理目标和治理内容也越发错综复杂，整体上的静态体系构架趋向于繁复交错，深层次上折射出的则是：治理体制的科学进步、运行机制的平等高效、方式手段的多元互助。这都驱动着京津冀区域文化治理体系形式上的网络化与本质上的互动合作化发展成为现实。

三 京津冀区域文化治理战略

既然论及京津冀区域文化治理体系问题，就不可避免地要提出一系列可行性发展策略。笔者拟从政府、市场和社会三个宏观主体的角度展开，将京津冀区域文化治理体系划分为由政府治理、市场治理和社会治理三个子体系构成的大体系。其中，政府治理是核心，市场治理是基础，社会治理则成了连接和支撑的桥梁。三个子体系有机互动、相生相成，各自有着独特的治理策略。

（一）政府治理战略

1. 明确政府"元主体"定位

京津冀政府处于京津冀区域文化治理的中枢位置。政府可以被视为京津冀区域治理体系的"元主体"，政府、市场、社会之间错综复杂的关系就是

由京津冀政府进行最初的总体界分的，整个京津冀区域文化治理体系的基础构建都是由政府完成的，此后，京津冀政府、京津冀市场、京津冀社会各处其位、各司其职，共同推进京津冀区域文化治理能力和水平的现代化。

2. 区分政府双重职责

在京津冀区域文化治理体系中，京津冀的政府文化职能呈现双重性，涵盖了功能性职责与任务性职责。功能性职责指的是：构建京津冀文化治理体系；完善京津冀文化立法和文化规划；规制京津冀文化财政；促进京津冀文化生产与供给的组织实施；动员全社会的力量参与到文化治理中来。任务性职责指的是：保障京津冀文化需求；提供京津冀公共文化服务；促进京津冀文化产业发展；监督管理京津冀文化市场。

3. 推动政府体制机制改革

在京津冀区域文化治理体系中，必须要完成政府体制机制的改革任务。在京津冀政府体制改革方面：京津冀主要文化机构数量繁多（如表7所示），应该力促京津冀政府宏观的文化职能的转变，科学整合文化机构，推进大部门体制，要明确京津冀各级政府在文化治理中的事权、财权分工，在分工明确的基础上协作并进。在京津冀政府机制改革方面：京津冀政府对京津冀文化事业的规划、政策、财政、人员等的运作过程应逐渐得到健全与规范，提升京津冀政府决策的科学化水平，强化京津冀政府文化治理总体效能，保障京津冀政府在京津冀区域文化治理体系中的主导作用始终不变。

表7 2012~2016年京津冀主要文化机构数量

单位：个

年份	地区	公共图书馆	文化馆	博物馆	艺术表演团体
2012	北京	24	19	41	324
	天津	31	18	20	48
	河北	172	168	75	448
2013	北京	24	20	41	292
	天津	31	19	20	58
	河北	173	182	103	500

续表

年份	地区	公共图书馆	文化馆	博物馆	艺术表演团体
2014	北京	24	20	41	344
	天津	31	19	22	66
	河北	172	180	105	458
2015	北京	24	20	40	395
	天津	31	18	22	86
	河北	172	167	107	596
2016	北京	24	20	41	485
	天津	31	18	22	84
	河北	172	167	111	712

资料来源：2013~2017年《中国文化文物统计年鉴》。

4. 提升政府文化治理能力

需要结合京津冀区域文化治理体系的构建，从政府系统自身建设、市场与社会需求等不同向度，厘清京津冀区域政府文化治理能力的内涵外延，明确京津冀区域政府文化治理能力现代化的标准与目标，从主体、客体、方式、手段等多个角度和层面，提出提升京津冀政府文化治理能力的多元路径。

（二）市场治理战略

1. 明确市场的基础性地位

在京津冀区域文化治理体系中，上文已经阐释过京津冀政府在该体系中的"元主体"定位不可撼动，京津冀政府的宏观治理始终都是京津冀区域文化治理体系的核心所在，但同时，不可忽视的是，京津冀市场才是京津冀区域文化治理体系的存在基础。从本质上分析，市场经济制度是中国最为基本的经济制度，对于资源配置，市场起的是决定性的作用，人们的社会经济生活与市场经济、市场机制必定是息息相关、不可分割的；从形式上分析，现代社会的社会分工趋于高度细化，不论是事关京津冀区域整体利益的文化需求，还是事关京津冀民众全体的文化权益，即使由于其公益性而不会完全被市场主导,但其实现终端却必须得到微观市场行为和机制的有效配合才可能得以实现,当前京津冀三地文化部门大力组织协调,通过举办项目对接会、展会等形式推动文化产业项目在人、财、物等资源上的对接,初步建立起文化产业交流机制。市场经济是人类文明的重要制度成果和重要发展阶段,市场应该作为京津冀区域文化治理的物质和制度基础而存在,抛开市场谈京津冀区域文化治理,就是无本之木、无源之水,就是纸上谈兵、流于形式了。

2. 保障市场资源配置的决定性作用

在京津冀区域文化治理体系中,必须始终保障市场资源配置的决定性作用得以充分实现。文化治理的具体内容可以归纳为文化产品和服务的生产与提供。实现京津冀区域文化治理体系中市场配置资源的决定性作用,必须从以下几个方面着力。首先,对于京津冀区域人民个人的文化消费,应该使其完全地回归市场,京津冀政府不应该贸然介入其中。京津冀同时入选第一批(第一次)国家文化消费试点城市,在各项拉动文化消费举措的推动下,跨地区的文化消费已成为常态。其次,面向京津冀区域人民全体的文化权益保障,即公共文化服务应该尽力找寻可以与市场有效合作的切入点,如京津冀文化创意产业合作暨项目推介会,通过将三地区县设为"主宾城区"的方式吸引质量较好的文化产业项目的参与。京津冀文化产业园区(企业)联盟则为三地文化产业园区信息共享提供渠道,避免区域内园区的同质化竞争,形成差异化定位及产业链发展。唯有如此,才能不断提高公共文化服务的针对性和实效性。再次,关乎京津冀区域安全和利益甚至是意识形态属性的文化产品和文化服务虽然是在京津冀政府内部得以实现的,但同时也应该合理地引入竞争、效率等市场理念和机制。最后,京津冀文化及相关产业法人单位数量庞大(如图21所示),应该将企业以及消费者也作为重要的治理主体来重视,使他们自觉地成为现代文化市场治理体系的一分子,积极建构企业法人治理和社团法人治理、政府依法治理和消费主体参与治理相辅相成的京津冀文化市场治理格局,进而促进市场机制得以在京津冀区域文化治理体系中充分、健康地发挥作用。

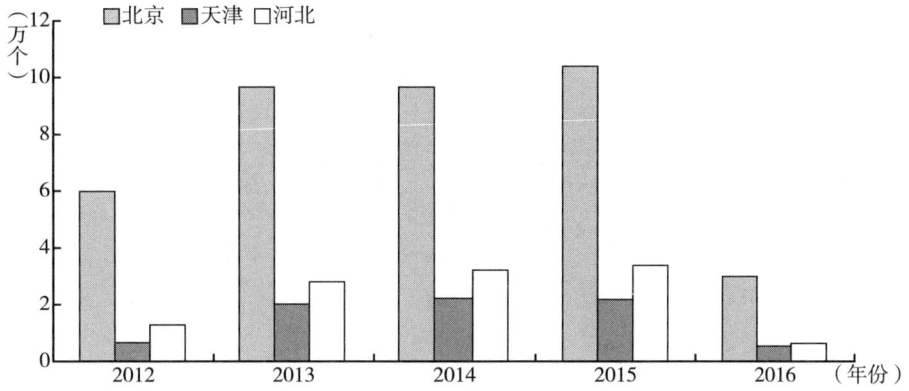

图 21　2012～2016 年京津冀文化及相关产业法人单位数量

资料来源：2013～2017 年《中国文化及相关产业统计年鉴》。

3. 构建文化市场体系

在京津冀区域文化治理体系中，应该逐步构建起统一、开放、竞争、有序的京津冀现代文化市场体系，一旦京津冀区域的现代文化市场体系得以确立，就可以有效地消除京津冀文化市场壁垒，完善京津冀文化市场职能，提高京津冀文化市场资源配置效率，使得京津冀文化市场焕发出前所未有的勃勃生机。构建京津冀区域的现代文化市场体系，应该从以下几个方面努力：发展完善京津冀文化商品市场；建立健全京津冀文化市场中的劳动力、土地、技术、信息、资本及版权等要素市场；规范京津冀文化市场的文化生产和文化消费行为；强化京津冀文化市场流通、监控、法律、信用体系构建。

4. 发挥市场机制的作用

一般情况下，市场资源配置的基本工具是市场机制，在市场运行中，市场机制是实现价值规律要求、联系市场各要素、反映经济现象和过程内在本质联系的作用机制。换言之，市场机制的效率甚至可以决定市场资源配置的效率。在文化市场运行过程中，市场机制成为联系文化市场上不同要素的桥梁，作为一个有机系统，市场机制的基本构成包括：价格、竞争以及供求机制。在京津冀区域文化治理体系中，必须有现代文化市场体系作为重要支撑，文化市场主体需要时刻注意文化市场风云变幻的信号，随之启动文化市场的生产、分配、交换和消费等各领域的资源配置，科学预估文化市场风险、利益，适时地调整生产、分配、交换和消费等要素的偏差，从而适应风云变幻的文化市场，提升京津冀文化市场的竞争力及其在全国甚至全球市场的定位。京津冀文化治理体系中的现代文化市场体系得以正常运转，势必有赖于京津冀文化市场的价格、竞争、供求、风险、利率等一系列市场机制得以正常发挥其积极作用。因此，必须构建起公平、开放、透明的京津冀文化市场总则，逐步完善京津冀文化市场上"由市场决定价格"的机制，京津冀政府对京津冀文化市场上的资源配置问题，应该力求做到减少介入甚至逐步退出，京津冀政府不再是"配置者"而是"引导者"，加强京津冀政府对京津冀文化市场的宏观调控和公共服务能力，推进构建京津冀区域的现代文化市场体系的步伐，为充分发挥京津冀文化市场的市场机制创造先机和条件。

（三）社会治理战略

1. 发挥文化类社会组织和民众作用

首先，社会组织在京津冀区域文化治理中的功能不容忽视。京津冀区域拥有众多文化行业组织、社团、工作者协会、志愿者组织等，这些社会组织在京津冀区域文化治理中的公共管理、公共政策功能有目共睹，应该得到更大程度的认可和激发。其次，民众个体在京津冀区域文化治理中也应该体现出其主体功能。作为一个普通的京津冀区域的民众个人，其必然会成为京津冀区域文化服务客体之一，民众个体对于京津冀区域文化服务具有评价反馈功能；此外，民众个体作为文化消费主体，其需求输出甚至可以引导市场自主资源配置；当民众个体作为文化工作者时，其在京津冀区域文化治理中的创造主体功能、文化管理者的行政导向功能和文化志愿者的服务功能将会同时更加明确地凸显出来。最后，处理好社会组织及民众角色在京津冀区域文化治理中的相互关系。社会组织、民众个体的需求与政府、市场等其他治理主体应该达到积极高效的频繁沟通、互动、合作，共同建构起京津冀区域文化治理体系的发展蓝图。

2. 培育"文化非营利组织"

十八届三中全会做出的《中共中央关于全面深化改革若干重大问题的决定》，开创性地首倡"培育文化非营利组织"。所谓"文化非营利组织"，指的是独立于政府体系之外、不以营利为目的，由公众自发组织形成并参与到公共文化领域建设中的一种组织类型。改革开放以来，中国的文化非营利组织已有所发展，但无论是数量还是规模都仍有极大的上升空间，其发展的经费、动力、影响力均不突出。就历史传统而言，中国公众对文化领域的慈善活动向来缺乏高度关注，加之文化类非营利组织的审批程序和准入机制非常严格，此类组织多依附于政府勉强生息，无法形成一套系统的运行机制；且中国对此类组织的监管程序不够严密，致使此类组织的自律性、公信力不高。京津冀区域文化治理体系的构建应该与该区域非营利组织的培育步伐一致，而突破体制、机制阈限，培育京津冀区域的文化非营利组织构架及其运行机制就显得尤为关键。

3. 鼓励文化事业单位向文化非营利组织转轨

通常，文化事业单位与文化非营利组织存在显著区别，二者相较，文化非营利组织在体制、机制方面弹性更大，更易于适应社会及市场的变化和发展。传统的文化事业单位旧有体制没有市场和竞争压力，也就缺乏昂扬的发展动力。只有将市场化、社会化引入文化事业单位，其体制、机制方面的创新和突破才有更多的可能性。非公有制经济代表着公平、竞争等现代治理理念，其用人、分配、激励和保障机制都更加先进。中国 2003 年开始的文化体制改革就已经倡导多种所有制共同发展的文化产业格局。京津冀区域文化治理体系中，京津冀区域公共文化服务领域应该分步骤实现对非公有制经济的真正开放，降低直至取消非公有制经济进入京津冀文化领域的门槛与限制条件，以此来推进京津冀区域文化事业单位科学合理地转轨、改制，鼓励和推动合乎条件的京津冀文化事业单位向文化非营利组织顺利转轨。

京津冀协同发展是重大国家战略，是牵一发而动全身、落一子而全盘活的大思路、大谋划、大战略。党的十九大报告和 2018 年政府工作报告对积极推进京津冀协同发展做出重要部署，京津冀站在了新的历史起点上，处于大有可为的历史性窗口期和战略性机遇期。文化协同发展作为京津冀协同发展的一部分，迫切需要京津冀文化实现区域协同治理、构建京津冀区域文化治理体系。而京津冀区域文化治理体系又是国家文化治理体系的有机组成部分，京津冀区域文化治理体系影响着国家治理体系和治理能力现代化的实施进程和建设水平。所以，对于京津冀区域文化治理体系进行探究并谋求为国家文化治理做出优质表率是寓意深远的。

参考文献

刘莉：《治理文化抑或文化治理？——文化治理研究的回顾与展望》，《浙江社会科学》2016年第9期。

吴理财：《公共文化服务的运作逻辑及后果》，《江淮论坛》2011年第4期。

胡惠林：《国家文化治理：发展文化产业的新维度》，《学术月刊》2012年第5期。

吴理财：《把治理引入公共文化服务》，《探索与争鸣》2012年第6期。

吴理财：《文化治理的三张面孔》，《华中师范大学学报》（人文社会科学版）2014年第1期。

吴理财、贾晓芬、刘磊：《以文化治理理念引导社会力量参与公共文化服务》，《江西师范大学学报》（哲学社会科学版）2015年第6期。

李少惠：《转型期中国政府公共文化治理研究》，《学术论坛》2013年第1期。

钟起万、邬家峰：《文化治理与社会重建：基于国家与社会互动的分析框》，《江西社会科学》2013年第4期。

廖胜华：《文化治理分析的政策视角》，《学术研究》2015年第5期。

景小勇：《国家文化治理体系的构成、特征及研究视角》，《中国行政管理》2015年第12期。

祖春明：《面向"十三五"：完善我国国家文化治理体系》，《长白学刊》2016年第4期。

张晓星、赫鹏飞：《京津冀文化产业协同发展研究》，《人民论坛》2016年第11期。

季中扬、李静：《论城乡文化共同体的可能性及其建构路径》，《学海》2014年第6期。

张慧君、景维民：《国家治理模式构建及应注意的若干问题》，《社会科学》2009年第10期。

叶飞：《构建京津冀文化协同发展新格局》，《中国文化报》2018年3月12日。

季乃礼：《和谐：京津冀共同的文化价值》，《人民论坛》2017年第15期。

张娜、蔺冰、鞠昕昱:《推进京津冀文化产业协同发展》,《前线》2018 年第 5 期。

薄文广、陈飞:《京津冀协同发展:挑战与困境》,《南开学报》(哲学社会科学版) 2015 年第 1 期。

李娜:《基于协同理论的京津冀都市圈合作治理研究》,硕士学位论文,天津商业大学,2014。

曹海军:《新区域主义视野下京津冀协同治理及其制度创新》,《天津社会科学》2015 年第 2 期。

B.7 京津冀生态治理兼论产业结构的生态耦合[*]

胡悦 刘群芳 王溧[**]

摘　要： 京津冀的生态问题是区域的整体性问题，生态环境污染的跨区域性增加了生态环境治理的复杂性和不确定性。本报告基于京津冀生态治理现实情况的分析，利用足迹家族法对京津冀区域生态环境状况进行评价分析，并基于高级化、合理化构建区域产业结构体系，并与区域生态进行耦合关系诊断，研究京津冀地区产业水平与生态的关系有助于发现生态环境治理与产业发展的不协调之处，并从经济与生产的源头寻找京津冀生态治理的方法。

关键词： 生态治理　产业结构　生态耦合　京津冀

一　研究综述

在京津冀协同发展战略中，交通、生态环保与产业被视为京津冀协

---

[*] 国家大气污染防治攻关联合中心、中国环境科学研究院大气重污染成因与治理攻关项目"区域动态高时空分辨率大气污染源排放清单"（DQGG0201）；科技部水体污染控制与治理科技重大专项"雄安新区国家水环境技术转化体系构建与综合示范"（2018ZX07110）；河北省科技计划项目"基于环境伦理的京津冀大气污染治理研究"（15454203D）。

[**] 胡悦，河北工业大学经济管理学院教授、管理学博士，研究生导师，研究方向为环境管理与可持续发展、组织行为与人力资源管理；刘群芳，河北工业大学经济管理学院硕士研究生，研究方向为环境管理与可持续发展；王溧，河北工业大学经济管理学院硕士研究生，研究方向为环境管理与可持续发展。

同发展应率先突破的三个重点区域。京津冀生态环境治理的目标："到2017年，区域生态环境保护协作机制基本完善，重大生态环保工程全面实施，区域生态环境质量恶化趋势得到遏制。到2020年，区域生态环境质量明显改善。"学术界中，生态治理水平或生态治理状态已成为研究热点，且通常将生态治理与可持续发展紧密结合在一起。对生态治理的研究通常从宏观角度进行顶层设计的探讨，或从生态文明测度方面定量讨论区域生态治理的成效和进展。如韩永辉依托GPCA模型，对各省生态文明治理进行了评价研究；成金华等采用动态因子分析法对中国的生态文明发展水平测度，并进一步通过生态文明发展指数来说明测算结果；宓泽锋等结合熵权TOPSIS法构建了协调度模型，通过改进评价的方法，将生态建设纳入综合评价中；赵先贵等学者将足迹家族法运用于资源环境压力评价中，并拓展到对地区生态进行的评价，且其内涵与我国生态建设与治理的目标一致。

关于对产业结构与生态治理关系的研究，通常从产业发展带来的经济效益角度研究其与生态的关系。Grossman、Krueger以42个发达国家的时序面板数据，通过计量经济学方法实证了经济与生态环境之间的倒U演变规律即环境库兹涅茨曲线（EKC）。国内外学者围绕EKC曲线和脱钩定理进行了大量实证研究。其还从产业投资、FDI、贸易顺差等细分角度研究了产业与生态环境的关系，逐渐重视产业结构调整对生态治理的重要作用，认为产业结构调整对污染减排具有作用，认为实现产业生态化是生态文明建设的重要途径。此外，学者基于人地系统等理论，不断延伸对耦合模型的应用，如赵雪雁等、邹伟进等研究产业结构经济效益与区域生态质量的关系。

综上，为充分地、有针对性地研究区域所面临的生态环境治理瓶颈与特定现状。本报告通过足迹家族中生态足迹、水足迹与碳足迹三种指标对区域的生态状况进行测度，研究区域生态治理水平的高低及进展。选取了"纵横向拉开档次法"确定各指标权重，避开了主观色彩的评价，从纵横向两方面呈现被评价目标的整体差别。并且，通过从高级化、合理化及经济效益三方面衡量地区产业结构水平，引入耦合模型，有针对性地研究京津冀区域内经济活动与生态的协调关系和差异，有利于转变经济发展方式，探索新型工业化道路和建设生态文明型国家，分析产业和环境之间的整合过程，为生态治理提供路径与方案。

二 生态治理效应评价模型

（一）足迹家族法

足迹家族主要是对生态足迹进行补充，它集合了多种足迹指标。由于测算方法的不确定性，足迹家族中主要包含生态足迹、水足迹和碳足迹三类指标，三者可以测算特定地区的生物资源、水资源消费以及碳排放情况对区域生态环境的影响。

1. 生态足迹模型

生态足迹是一种测量可持续发展的工具，是一种以土地面积为基础的量化指标。生态足迹模型分别从需求与供给两方面计算生态足迹与生态承载力，通过二者差值进行区域可持续发展评估。其计算公式如下：

$$\begin{aligned} EF &= N \times ef = N \times \sum_{i=1}^{n} Ai \times ri \sum_{i=1}^{n} (Ci/Pi) \\ EC &= N \times ec = N \times \sum_{i=1}^{n} r_i \times y_i \times Ai \end{aligned} \quad (1)$$

式中，EF 和 EC 分别表示区域的生态足迹和生态承载力，ef 和 ec 则分别表示区域的人均生态足迹和人均生态承载力。本报告参考了2006年世界自然基金会所确定的土地等价因子数值，以及参考了由 Wackernagel 测算的中国产量因子，分别作为均衡因子 ri 和产量因子 yi（如表1所示）。Ci 和 A_i 分别为第 i 种消费账户人均消费量和其所占用的生态生产性土地面积，P_i 为第 i 种消费账户的全世界平均生产量。

表1 均衡因子和产量因子

类型	耕地	建筑用地	林地	化石能源地	草地	水域
均衡因子	2.51	2.51	1.26	1.26	0.46	0.37
产量因子	1.66	1.66	0.91	0	0.19	1

2. 水足迹模型

水足迹的内涵为特定区域里生产的产品和服务在一定时间内消耗的水资源总量，其中主要指的是"虚拟水"。计算公式如下：

$$WF = K_i \times (W_a + W_i + W_t + W_e)/P_w \\ W_a = P_i \times VWC_i \quad (2)$$

其中，WF代表区域总水足迹（hm^2），W_a代表了区域所使用的农业用水量，W_i则为区域使用的工业用水量，W_t为区域所使用的生活用水量，而W_e表示区域所消耗的生态用水量（m^3）。本报告中的虚拟水主要指的是农产品包含的虚拟水含量，通过第i种类型的农产品的消耗量（P_i）乘以其自身所包含的虚拟水量。全球水资源的平均生产能力（P_w）依据参考文献取其值为$3140m^3/hm^2$，同时参考WWF2002所测算的数值确定了本报告的全球均衡因子（k_i）为5.19。

3. 碳足迹模型

根据生态足迹的内涵，碳足迹是指区域吸收能源消费碳排放所消耗的土地面积，碳承载力是指某一区域各类植被所吸收的CO_2的量。京津冀地区的大气污染主要由能源排放污染物造成，本报告以能源消费碳足迹计算为主。其计算公式如下：

碳足迹计算：

$$C = \sum_{n=1}^{i} a_i \times E_i \\ Q = \sum_{n=1}^{i} C_i \times q_i \\ CF = C/g = \sum_i Q_i/g \quad (3)$$

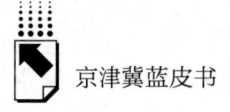

碳承载力计算：

$$CC = N \times cc = C_f + C_g + C_p$$
$$C_f + C_g = \sum (S_i \times NEP_i \times \frac{44}{12}/F)$$
$$C_p = (\beta \times c_i \times \frac{44}{12} \times \sum \frac{P_i}{Y_i})/F \quad (4)$$

式中，CF 代表区域能源消费的碳足迹（hm^2），CC 代表区域碳承载力。C 和 Q 分别代表区域能源消费的总量和碳排放量。i 代表各类能源的类型，q 和 g 分别代表第 i 类能源类型的标准煤折算系数和碳排量转换系数（如表 2 所示）。C_f 表示区域林地的碳承载力，C_g 为草地的碳承载力，C_p 则代表农地的碳承载力，g 和 F 取值均为 6.49t/hm^2。

根据已有文献的研究结果，本报告取森林 NEP 为 13.9685tCO_2/hm^2，草地 NEP 值为 3.4768tCO_2/hm^2，S 为各种植被类型所占的面积。依据秸秆进入工业的份额（造纸、板材），将校正系数 β 取值 0.05。国际上常用的生物量和碳量之间的转换系数（c_i）为 0.45 和 0.5，本报告取值为 0.5。经济系数（Y_i）则为第 i 种类型的经济产量（P_i）和生物产量之比。

表 2　第 i 类能源类型的标准煤折算系数与碳排量转换系数

	煤炭	焦炭	原油	燃油	汽油	煤油	柴油	天然气	电力
标准煤折算系数（kgce/kg,m^3, kwh）	0.71	0.97	1.43	1.43	1.47	1.47	1.46	1.33	0.12
碳排量转换系数(t/tce)	0.76	0.86	0.59	0.62	0.55	0.57	0.59	0.45	0.68

（二）生态治理效应评价方法

基于生态足迹原理，利用生态承载力方法构建了生态压力指数（EPI），并在此基础上，构建了碳压力指数（GPI），同时借鉴赵先贵提出的水资源压力指数（WPI）构建方法。其中，生态压力指数是指区域的人均生物质足迹与人均生态承载力的比值；碳压力指数是指区域人均碳足迹与人均碳承载力的比值；而水资源压力指数是指水足迹与其可用水资源量的比值。最后运用综合评价模型对京津冀生态治理状况进行处理,进而发现近年来京津冀地区生态治理的成果是否显著,进展是否可观。为此,本报告首先对三类指标的指数进行归一化处理,实现标准化。

各指数计算:$EPI = ef/ec$;$WPI = wf/wn$;$GPI = cf/cc$

综合评价方法:

$$e(x)_{ij} = \frac{\max(x_{ij}) - x_{ij}}{\max(x_{ij}) - \min(x_{ij})}$$

$$w(y)_{ij} = \frac{\max(y_{ij}) - y_{ij}}{\max(y_{ij}) - \min(y_{ij})}$$

$$g(e)_{ij} = \frac{\max(e_{ij}) - e_{ij}}{\max(e_{ij}) - \min(e_{ij})} \tag{5}$$

然后对生态压力、水资源压力与碳压力的评价指数结果进行权重加权得到京津冀生态治理指数。用 T 表示,则综合评价模型表达式为:

$$T = \alpha e(x) + \beta w(y) + \lambda g(e)$$

式中,EPI、$e(x)$ 代表各地区生态压力指数,WPI、$w(y)$ 代表水资源压力指数,GPI、$g(e)$ 代表碳压力指数。α、β、λ 代表权重。ef 和 ec 分别代表区域生物生态足迹和生态承载力,wf 和 wn 分别代表区域水足迹和可用水资源量,cf 和 cc 分别代表区域碳足迹和碳承载力。

(三)权重的确定

本报告根据纵横向拉开档次法,首先利用线性比例法对三大足迹进行无量纲化处理。利用 MATLAB7.0 软件进行矩阵计算。以北京为例,得出实对称矩阵 $H = \begin{bmatrix} 7.51 & 2.98 & 3.56 \\ 2.98 & 2.06 & 1.78 \\ 3.56 & 1.78 & 3.04 \end{bmatrix}$,矩阵 H 对应的最大特征值为 10.8481,与矩阵相应的特征向量为 $\lambda = [0.8119 \quad 0.3672 \quad 0.4359]^T$,将特征向量归一处理后得到组合权向量 $w_j = [0.5027 \quad 0.2274 \quad 0.2699]^T$,即生态压力指数权重为 0.5027,水资源压力指数权重为 0.2274,碳压力指数权重为 0.2699。

同理，天津的生态压力指数权重为0.3344，水资源压力指数权重为0.3239，碳压力指数权重为0.3416；河北的生态压力指数权重为0.2328，水资源压力指数权重为0.3736，碳压力指数权重为0.3906。

三 生态治理效应结果分析

（一）数据来源

本报告在计算足迹的过程中需要的原始数据生物资源、能源消费及水资源消耗，主要参考了国家统计年鉴和地区统计年鉴的数据。其中包括《中国统计年鉴》、《中国林业统计年鉴》、《中国能源统计年鉴》、《中国经济年鉴》和《北京统计年鉴》、《天津统计年鉴》、《河北经济统计年鉴》。其中，生态足迹测算中全球平均产量数据参考联合国粮农组织计算的有关数据，水足迹中种植作物单位虚拟水根据孙才志等的研究得来；碳足迹计算中的碳排放系数则参考《2006年IPCC国家温室气体清单指南》。

（二）京津冀人均生态足迹、人均生态承载力、人均生态赤字动态变化分析

2007~2016年京津冀人均生态足迹、人均生态承载力、人均生态赤字动态变化如图1所示。由图1可知，2007~2016年北京人均生态足迹呈逐渐下降趋势，从2007年的2.04hm²/人下降到2016年的1.01hm²/人，较2007年下降了1.03hm²/人，降幅为50.4%；天津人均生态足迹则呈现先波动上升后下降趋势，从2007年的3.64hm²/人上升到2011年的3.96hm²/人，并达到最高峰，到2016年又下降为3.11hm²/人；河北人均生态足迹则呈先波动上升后缓慢下降趋势，从2007年的3.49hm²/人上升到2012年的4.16hm²/人，而到2016年下降为3.86hm²/人，增幅为11.6%。近10年来，三地人均生态承载力变化都不明显，且在2007~2016年均处于人均生态赤字状态，可见京津冀区域近10年都出现生态超载的情况。北京人均生态赤字大体呈下降趋势，天津2008年出现减少情

况，2018~2011年出现上升趋势，而2011~2016年又呈下降趋势；河北人均生态赤字整体呈先上升后下降趋势。自2011年与2012年开始，河北的人均生态足迹与人均生态赤字逐渐反超天津的人均生态足迹与人均生态赤字，这与河北省能源消费量大幅度增加以及人口增长速度过快是分不开的，在2013年京津冀出现的严重"雾霾"事件中，河北所占比重较大，环境污染情况更为严重。根据生态赤字的变化情况，可以评价出目前京津冀三地资源环境状况，北京最优，其次为天津，最后为河北。原因如下。第一，说明北京和天津两大城市资源消耗控制取得了良好的效果，生态环境在逐渐地改善，而河北由于自身管理体系落后且制度不完善，其生态环境逐渐趋于恶化。第二，北京生态赤字自2007~2016年呈逐年下降趋势，其作为首都以及我国重要的政治经济文化中心，在产业结构、生态环境等方面的意识逐渐加强，不断提高地区技术创新能力，开发新能源，不断提高地区经济，环境整体向前发展。第三，在京津冀协同发展战略下，河北省不仅要为京津两地提供一定的资源，同时还要承接首都功能的转移，这使其环境承载压力变大。

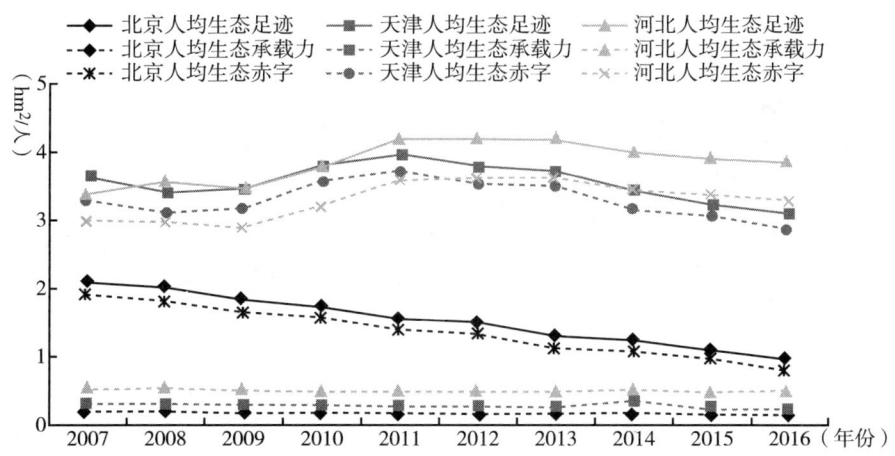

图1　2007~2016年京津冀人均生态足迹、人均生态承载力、人均生态赤字动态变化

（三）京津冀人均水足迹动态变化分析

2007~2016年京津冀人均水足迹构成及动态变化由图2、图3、图4可见：北京人均水足迹整体呈下降趋势，由2007年的346.69m^3下降到2016年的

239.58m³，下降了31%；天津2007~2015年人均生态水足迹呈波动下降趋势，由2007年的441.72m³下降到2015年的340.57m³，下降了23%，而在2016年出现了增长趋势，分析其原因，主要是2016年虚拟水以及实体水中的环境用水比2015年增加较多；河北省的人均水足迹大体呈逐渐上升趋势，由2007年的1330.17m³上升到2016年的1514.94m³，增加了14%。由图2、图3、图4可以看出，京津冀三地人均水足迹中大体以虚拟水足迹为主，河北虚拟水足迹比重尤其大，而实体水足迹比重较小并且变化不大。三地水足迹远大于统计年鉴的实体用水量，说明实体水不能完整地体现地区水资源状况。河北省水足迹相对于北京与天津差距较大，这是由于三地水资源管理存在较大的差距，河北省水资源管理相对较差，一直是京津冀区域水资源问题的短板。同时，在京津冀协同发展下，作为北京水资源的主要供应者，河北省水资源压力逐渐突出。

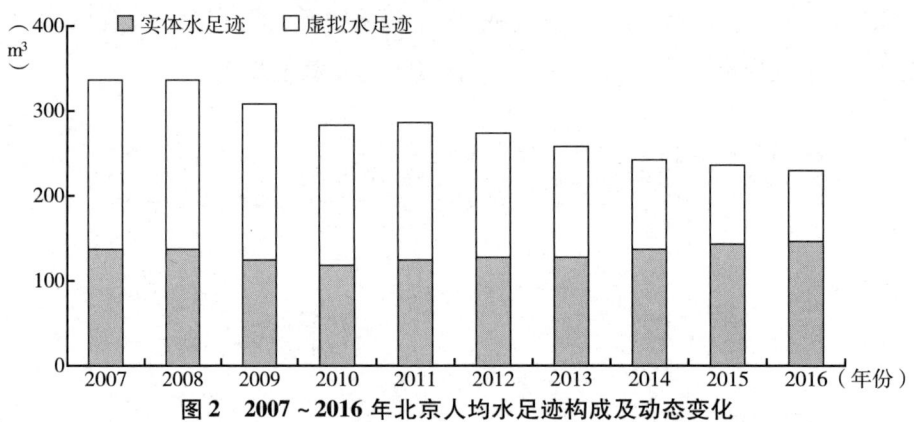

图2 2007~2016年北京人均水足迹构成及动态变化

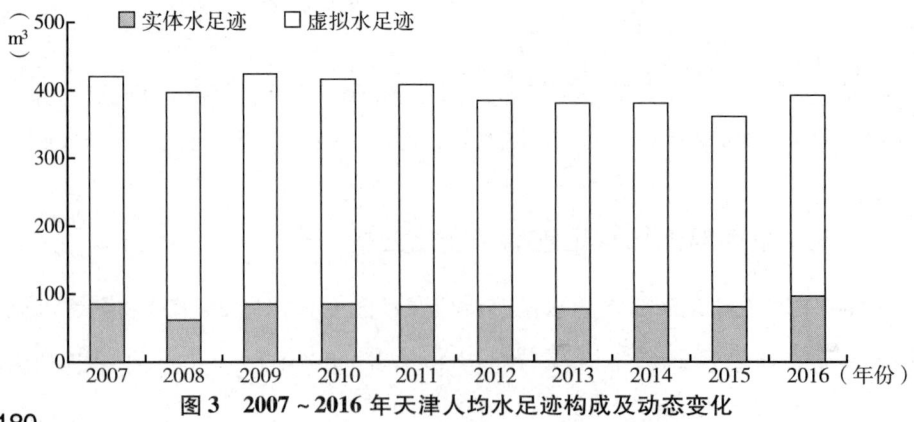

图3 2007~2016年天津人均水足迹构成及动态变化

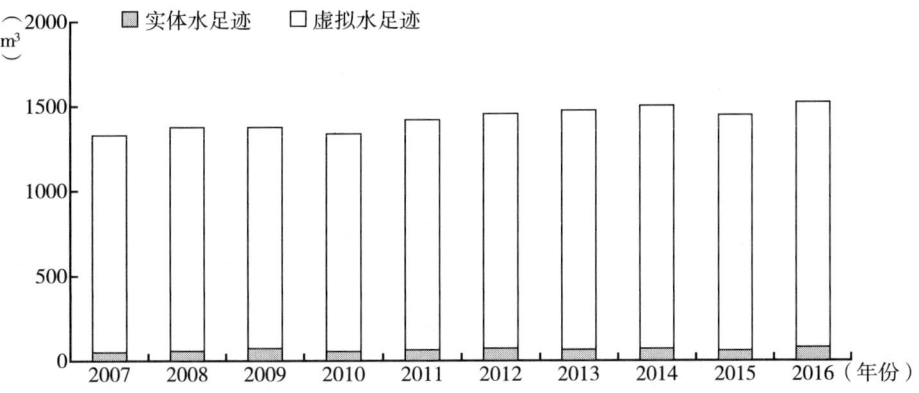

图 4　2007～2016 年河北省人均水足迹构成及动态变化

（四）京津冀人均碳足迹、碳承载力动态变化分析

2007～2016 年京津冀人均碳足迹、碳承载力动态变化如图 5、图 6 所示。由图 5 可知：2007～2016 年北京人均碳足迹大体呈逐渐下降趋势，从 2007 年的 0.40hm²/人下降到 0.28hm²/人，降幅为 30%；天津人均碳足迹最高，整体呈波动下降趋势，2007～2008 年下降并在 2008 年达到最低点，这与 2008 年北京奥运会的辐射影响存在一定的联系，从 2008 年的 0.57hm²/人上升到 2011 年的 0.71hm²/人，并在 2011 年达到最高，之后呈下降趋势；河北人均碳足迹整体呈逐渐上升趋势，从 2007 年 0.48hm²/人上升为 2011 年的 0.57hm²/人，增幅为 18.8%，可以看出，河北的环境状况不容乐观，2012～2013 年河北碳足迹出现了缓慢增长趋势并随后出现下降趋势，这是由于 2013 年空气污染比较严重，雾霾围城现象的出现使京津冀大力实行节能减排举措，能源消费量明显下降。由图 6 可以看出，京津冀三地人均碳承载力变化趋势不明显，其中，河北人均碳承载力最高，北京次之，天津人均碳承载力最低，其主要原因是天津林地和草地生产面积较小。近年来北京经济的快速发展，耕地面积缩减，主要农作物量逐渐减少，使其人均碳承载力呈下降趋势。

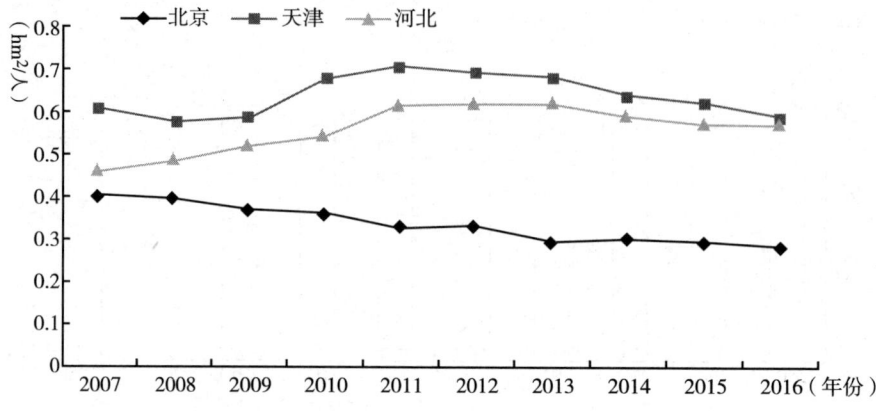

图5 2007~2016年京津冀人均碳足迹动态变化

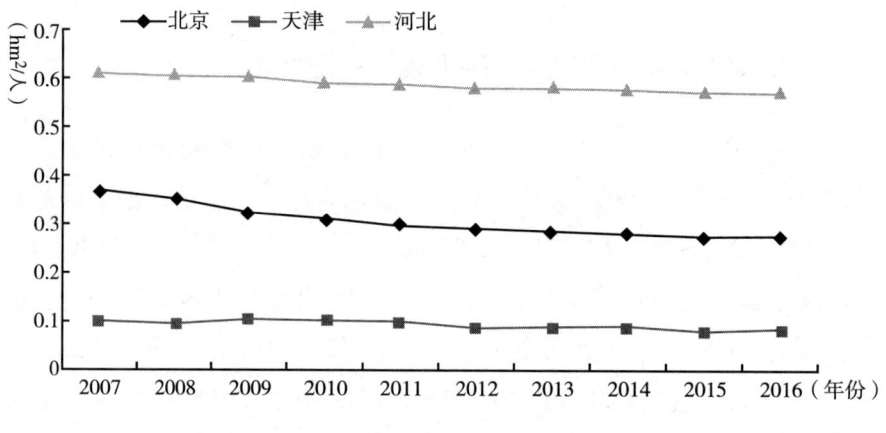

图6 2007~2016年京津冀人均碳承载力动态变化

（五）京津冀生态治理探究分析

根据上文所提到的有关综合评价方法，可得到2007~2016年京津冀区域生态治理情况的综合评价结果（如图7所示）。

从整体看，京津冀整体生态状况不断改善，但各个地区呈现了不同的建设程度和治理力度。京津冀三地生态发展最好的地区是天津，河北的生态发展水平略低于天津，而北京的生态发展水平相比之下最不容乐观。各个地区总体的生态治理指数都出现了一定的浮动。可以看出，北

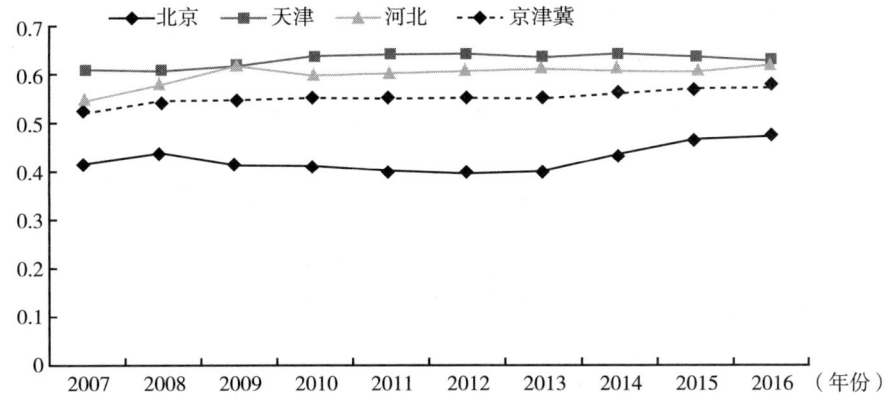

图7　2007～2016年京津冀区域生态治理指数

京的生态压力指数、水压力指数和碳压力指数都整体呈下降趋势，但总体生态状况为三地最好。以往对京津冀生态水平的研究多从经济、环境等多方面进行，北京具有技术转移与创新、产业结构调整等优势，但就其资源可持续发展能力分析，北京的生态、水和碳是影响其生态水平发展的重要因素，所以要根据地区的生态环境状况有针对性地进行治理。

从各足迹测度来说，在人均生态足迹方面，河北的人均生态足迹最高，呈波动上升趋势；其次是天津，呈波动下降趋势；最后为北京，整体呈下降趋势；且三地都面临严重的生态超载问题；北京与天津的生态赤字呈整体下降趋势，说明其生态现状正在改善，河北生态赤字呈先上升后下降趋势，但整体生态现状恶化。

在人均水足迹方面，2007～2016年北京人均水足迹呈下降趋势，天津则呈波动下降趋势，而河北的人均水足迹呈波动上升趋势，并且河北的人均生态足迹大约相当于北京和天津总数的两倍。2007～2016年北京和天津可用水资源量整体逐渐增加，河北的可用水资源量变化不大，需求的增多导致其水资源压力越来越大。面对可用水量不足的情况，如何减少地区用水量是一个关键问题。

在人均碳足迹方面，2007～2016年三地中天津的人均碳足迹最高，并且整体呈波动下降趋势；其次是河北，人均碳足迹呈上升趋势；最后是北京，其人均碳足迹呈下降趋势。河北与天津受其自身产业结构的影响，碳排放量较大。自2011年开始，天津人均碳足迹逐渐下降，而河北人均碳足迹虽然依旧呈上升趋势，但速度趋于平缓。三地人均碳承载力变化趋势都不明显，且河北最高，其次是北京，而天津的最低。

四 产业结构的生态耦合分析

（一）产业结构评价体系

1. 产业结构指标选取

现有分析产业结构与生态环境关系的文献主要从产业经济效益水平，产业结构水平即产业结构的合理化、高级化两大方面进行分析（如表3所示）。关于产业结构经济效益，其采用GDP、人均GDP、农民人均纯收入、全员劳动生产率、人均社会消费品零售额五项指标进行测度。其利用第三产业产值与第二产业产值之比来度量产业结构高级化，并借鉴干春辉选择的研究成果，利用改进泰尔指数来衡量产业结构合理化水平，具体方法如下所示：

$$TL = \sum_{i=1}^{n} \frac{Y_i}{Y} \ln\left(\frac{Y_i}{L_i} \bigg/ \frac{Y}{L}\right)$$

其中 Y_i/Y 表示产出结构，Y/L 表示生产率。如此，当经济处于均衡状态时，有 $Y_i/L_i = Y/L$，TL 值为零。$TL \neq 0$ 时，产业结构不合理，且 TL 越大，产业结构越不合理。

表3 产业结构评价体系

一级指标	代码	二级指标名称	单位	指标类型	权重
产业结构					
合理化	TL	改进的泰尔指数	—	（-）	0.1413
高级化	Ts	第三产业产值/第二产业产值	%	（+）	0.2757
经济效益	E1	GDP	万元	（+）	0.1415

续表

一级指标	代码	二级指标名称	单位	指标类型	权重
产业结构					
	E2	人均GDP	元/人	(+)	0.1551
	E3	农民人均纯收入	元/人	(+)	0.1447
	E4	全员劳动生产率	%	(+)	0.0714
	E5	人均社会消费品零售额	元/人	(+)	0.0703

2. 指标权重及综合水平计算

为了排除由量纲和数量级不同造成的影响，有必要对数据进行标准化处理。评价指标有正向、负向两种，对不同类型的指标采取相应的无量纲方法，则数据标准化方法如下：

正向指标：$x'_{ij} = \dfrac{x_{ij} - x_{j\min}}{x_{j\max} - x_{j\min}}$

负向指标：$x'_{ij} = \dfrac{x_{j\max} - x_{ij}}{x_{j\max} - x_{j\min}}$

式中 i 代表年份，j 代表指标，x_{ij} 是第 i 年指标 j 的原始数据，$x_{j\max}$、$x_{j\min}$ 分别表示第 j 个指标在所研究时间范围内的最大值和最小值，x'_{ij} 为标准化处理后的数值。

为避免人为因素带来的主观影响，采用熵权法计算各指标权重。在对原始数据标准化后，首先，计算第 i 年产业结构的第 j 个指标的比重 $p_{ij}(x)$；其次，计算第 j 个指标的信息熵 e_j；再次，计算第 j 个指标的差异系数 g_j；最后，计算得到第 j 个指标的熵权 w_j。具体方法如以下：

$$p_{ij}(x) = \dfrac{x'_{ij}}{\sum_{i=1}^{m} x_{ij}}, j = 1,2,3,\cdots,n$$

$$e_j(x) = -k \sum_{i=1}^{m}(p_{ij}\ln p_{ij}), \text{其中} k = 1/\ln m$$

$$g_j(x) = 1 - e_j(x)$$

$$w_j(x) = \dfrac{g_j(x)}{\sum_{i=1}^{m} g_j(x)}$$

由上述熵权法测定了产业结构体系中各指标权重后，由权重和指标可以最终确定系统的综合评价函数，其中 X'_{ij} 为标准化数据。

$$f(x) = \sum_{j=1}^{m} w_j(x) \cdot x'_{ij}, i = 1,2,3,\cdots,m, j = 1,2,3,\cdots,n$$

3. 数据来源

本报告在计算产业结构指数时使用的数据主要来源于国家统计年鉴和地区统计年鉴，包括《中国统计年鉴》、《中国经济年鉴》和《北京统计年鉴》、《天津统计年鉴》、《河北经济统计年鉴》。由于数据统计口径的变化，产业结构指数计算及其与生态环境的耦合分析将自2009年起进行。

（二）耦合的机制与模型

1. 耦合机制分析

近年来，学者通过对物理耦合模型的应用，结合人地系统理论，将生态与人类社会平等看待，亦符合中国自古以来的"天人合一"的思想，是体现现代环境伦理学的研究方法。

产业结构是各产业的内部构成以及不同产业之间的联动和比例关系。产业结构的组合类型和强度在很大程度上决定了经济效益、资源利用效率和对环境的压迫。合理化和高级化的产业结构有利于经济发展向集约型资源利用方式转变，实现环境持续协调发展。打好污染防治的攻坚战，就要调整产业结构，淘汰落后产能。

另外，生态环境承载并制约着产业经济。生态环境各要素是产业发展的物质基础，自然资源的禀赋决定了各个地区产业发展的先后次序、发展规模和发展程度。生态环境状态也会影响人才引进政策的实施效果，间接影响高精尖企业的入驻意愿。生态状况良好能够吸引人、财、物的投入，并促进当地的高端制造业或科技企业发展。高精尖产业一方面能够提高当地的资源利用效率，减少对不可再生资源的浪费；另一方面能够促进当地产业经济效益的提高，最终形成良性循环。可以明确，产业结构与生态之间是相互促进、相互制约的耦合关系。

2. 耦合模型构建

耦合度反映了相互作用的系统之间耦合关联的强弱,因产业与生态系统存在交互关系,故而本报告借鉴物理学中容量耦合的概念和模型,设 C 表示耦合度,则多个系统之间的相互作用的耦合模型可以表示为:

$$C = t\{(u_1 u_2 \cdots u_t) / \prod (u_i + u_j)\}^{1/t}$$

公式中,u 是系统功效函数,t 是系统个数,i 和 j 表示第 i 个和第 j 个系统。在本报告中,令 $f(x) = u_1$,$g(y) = u_2$,则建立耦合模型:

$$C = \frac{2\sqrt{f(x) \times g(y)}}{f(x) + g(y)}$$

$$D(x,y) = \sqrt{C \times T}$$

$$T = \alpha u_1 + \beta u_2 = \alpha f(x) + \beta g(y)$$

α,β 为待定系数,根据产业和生态系统的不同贡献率进行取值,并满足 $\alpha + \beta = 1$,本报告视产业与生态拥有同等重要的水平,故取 $\alpha = \beta = 1/2$。同时,借鉴王少剑等的研究成果,根据 $f(x)$,$g(y)$ 的大小关系,将 $D(D \in [0,1])$ 划分为3个大类,4个亚类及8个细分类型,如表4所示。

表4 耦合协调度 D 等级划分

大类型		亚类型	细分类型	
协调发展	$0.8 < D \leq 1$	高级协调	$f(x) > g(y)$	高级协调 - $g(y)$ 滞后
			$f(x) < g(y)$	高级协调 - $f(x)$ 滞后
转型发展	$0.5 < D \leq 0.8$	基本协调	$f(x) > g(y)$	基本协调 - $g(y)$ 滞后
			$f(x) < g(y)$	基本协调 - $f(x)$ 滞后
不协调发展	$0.3 < D \leq 0.5$	基本不协调	$f(x) > g(y)$	基本不协调 - $g(y)$ 滞后
			$f(x) < g(y)$	基本不协调 - $f(x)$ 滞后
	$0 < D \leq 0.3$	严重不协调	$f(x) > g(y)$	严重不协调 - $g(y)$ 滞后
			$f(x) < g(y)$	严重不协调 - $f(x)$ 滞后

（三）产业结构与生态的耦合水平分析

1. 产业结构水平

利用评价指标体系及线性加权法得到 2009～2016 年京津冀三地产业结构综合指数，如图 8 所示。

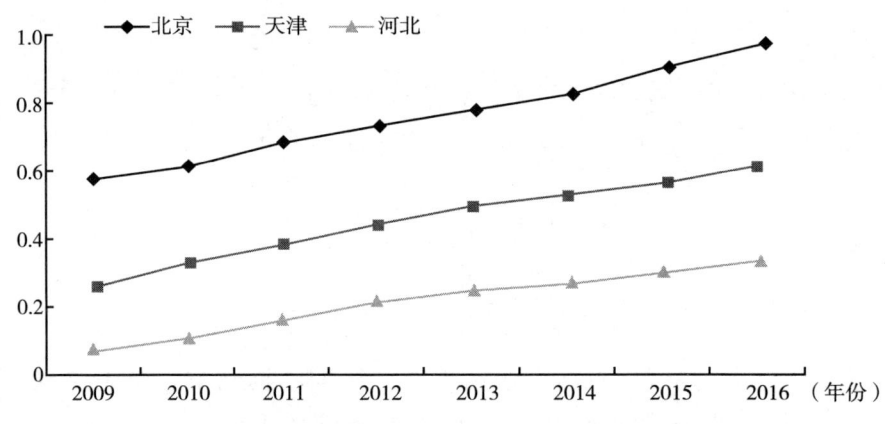

图 8　2009～2016 年京津冀三地产业结构综合指数

北京市产业结构在 2015 年达到 0.9706，接近最大值 1；天津与和河北产业结构水平远低于北京市，为 0.0683～0.6225，距离产业结构转型升级达到最优化还有较大差距。在指标权重方面，高级化指标——第三产业产值与第二产业产值占比最重；而现实情况中，天津市与河北省因地区自然资源禀赋的差异，在实现区域产业高级化和高端化方面较为迟缓。研究结果也与事实相符，京津冀三地产业结构发展严重不均衡，出现产业发展断层现象。因此，在实现三地产业阶段性的同时，天津市与河北省尤其要注意引入高技术产业，关注高端技术人才的引进，推动金融、旅游等服务业的发展。此外，需要搭建行业、产业合作平台，辅以社会行业组织的形式促进产业集聚，促进地区产业经济效益的发展，强化产业结构优化。

2. 耦合关系分析

将利用足迹家族法得到的生态治理指数与由评价体系得到的产业结构指数代入耦合模型中，得到京津冀地区 2009～2016 年耦合协调度的变化曲线，具体见图 9。

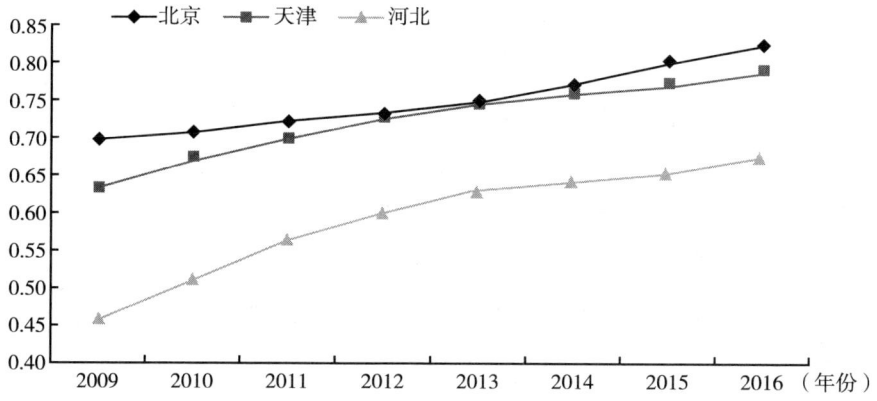

图 9　京津冀地区 2009～2016 年耦合协调度变化

由图9可知，2009～2016年，京津冀耦合协调度整体呈上升趋势。考察期间，北京市耦合协调度可以划分为两个阶段：第一阶段为2009～2014年，耦合协调度从0.6959上升到0.7715，处于生态环境超前、产业结构相对滞后的基本协调阶段，此阶段的发展类型为转型发展；第二阶段为2015～2016年，此时，耦合协调度为0.8017～0.8218，北京市已经处于协调发展－高级协调阶段，耦合特征依然是产业结构滞后于生态环境。天津市耦合协调度在考察期间一直处于转型发展－基本协调阶段，耦合协调度自2009年的0.6328上升到2016年的0.7899，且整个考察期间耦合特征都处于生态环境超前、产业结构相对滞后的状态。河北省的耦合协调度划分为两个阶段，第一阶段为2009年，耦合协调度为0.4529，为不协调发展－基本不协调阶段；第二阶段为2010年，耦合协调值上升为0.5077，进入转型发展－基本协调阶段。

北京、天津与河北三地均在2011年之前达到了关键的转型发展阶段。但是，仅北京市于2015年实现了生态文明与产业结构高级协调的阶段。天津市在2009～2011年的耦合协调度上升速度较快，在2012～2014年的耦合协调度与北京市相接近，但是在2015年后与北京的重新出现分歧，且耦合协调度上升速度趋缓。河北省耦合协调度曲线趋势与天津市相似，2009～2013年上升速度较快，2014～2016年趋缓，但是其曲线位于最低处，与北京、天津有显著差异。并且，由于天津市与河北省的产业结构综合水平与北京市的差距较为显著，不难得知两地距离进入协调发展－高级协调阶段还有一定的距离。另外，2009～2016年，不论是北京、天津还是河北省，生态治理水平一直处于落后状态。可见，京津冀加快生态治理水平，促进产业结构优化升级，推动产业结构生态化对区域环境刻不容缓。

综合研究结果，可以发现2009～2016年京津冀区域的产业结构水平整体呈上升趋势，但三地之间等级关系明显，北京的产业结构水平平均每年高于天津0.3045，天津的产业结构水平平均每年高于河北0.2371。并且，在2009～2016年中，北京市已经在2015年实现了生态文明与产业结构的高级协调发展，但是天津市与河北省还处于转型发展阶段，且从各地产业结构水平来看，尤其河北省距离实现高级协调发展还需要较长时间，需要格外关注产业的高端化和高技术化。

五　京津冀生态治理对策与建议

本报告首先基于足迹家族原理构建了指标体系，利用纵横向拉开档次法确定了三大指标的各自权重，利用综合评价法对京津冀区域生态状况进行了评价。其次结合产业结构水平讨论当地生态环境治理协调情况，通过针对性的评价与分析，为人们了解京津冀近十年的生态治理建设趋势提供了依据。本报告通过对京津冀区域的生态状况进行测度，针对京津冀的各个指标所存在的主要问题提出以下几点对策。

（一）构建生态环境协同治理补偿机制

京津冀地区污染相对严重的重要原因包括大量落后的产能的存在。天津和河北的第二产业比重长期处于一半以上，过高的第二产业导致区域大气污染严重，所以要努力推动产业转型升级，淘汰落后产业，减少污染。同时，三地在污染治理方面必须摆脱属地主义的治理模式，根据京津冀协同治理政策建立协同治理模式，明确其联合治理主体，确定联合立法，提高治理的可执行性。但由于三地在经济水平等方面存在明显的差异，所以在联合治理过程中，经济发展水平较高的地区应向相对落后地区给予适当补偿，实行补偿机制；建立责任与利益对等的规章制度，以保证产业协同的持续动力；明确产业定位和布局，带动企业产业联盟，形成特色的产业集聚，积极提升产业的综合竞争力，以实现新常态下的"转型升级、绿色发展"；坚持"中国2025制造"创新驱动、质量为先、绿色发展、结构优化、人才为本的基本方针，积极引进高端人才、高端技术，以供给侧改革为主线，坚持高质量、高效益生产方式；积极提高地区科技创新能力，强化创新主体和创新成果转化，提高全要素生产率，发展创新驱动的经济增长模式；积极推动高精尖产业，如高端制造设备、新能源等绿色能源产业，构建绿色低碳循环发展的经济体系和绿色GDP核算体系，推动生态与经济良性互动。

（二）加强京津冀协同发展的跨区域治理

作为我国经济发展的增长极，环境的跨域性和流动性决定了京津冀在治理生态环境问题方面也要一体化。京津冀在协同发展战略下依然要维持自身发展的可持续性。近年来，三地都出现了严重的生态赤字现象，并且能源消耗大多是影响区域生态足迹的主要因素，能源足迹的变化直接体现着地区产业结构的变化。作为核心发展区域，其应该大力发展其技术的优势，通过技术改造来避免地区经济发展所带来的污染转移。由于非首都功能的转移，北京的生态可持续性呈良好的发展态势，而河北面临着巨大的生态压力，这就需要河北在抓住发展机遇的同时充分利用本地的发展优势，优化产业结构，减轻其跨区域功能转移所带来的资源消耗。天津在加快滨海新区发展国家战略与京津冀协同发展战略下占据一定发展优势，但作为我国重要的重工业城市，其产业结构依然处于接二连三的工业化阶段，面对持续居高的生态足迹，要控制高耗能产业的发展速度，减轻生态压力。

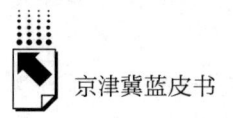

（三）建立京津冀一体化协同发展下环境治理新模式

区域的生态管理应摆脱现有的一亩三分地管理模式，建立统一调控管理的平台。传统治理模式是主要依靠政府的单一治理模式，协同治理构建了政府—企业、政府—政府、政府—社会公众、政府—非政府组织等多种合作关系的全新的治理模式。协同治理在环境治理的应用中，强调治理结果必须保证可持续发展。京津冀三地在环境保护和治理方面，虽然加强了环境防治、环境监测和环境执法等方面的合作交流，但在地方与地方治理层级间缺少一个能够代表各方共同利益、提供各方信息、制定统一政策的整合性合作组织，有必要对各区域内具有相同功能的部门进行整合。

参考文献

成金华、彭昕杰、冯银：《中国城市生态文明水平评价》，《中国地质大学学报》（社会科学版）2018 年第 2 期。

宓泽锋、曾刚、尚勇敏等：《中国省域生态文明建设评价方法及空间格局演变》，《经济地理》2016 年第 4 期。

赵先贵、赵晶、马彩虹等：《基于足迹家族的甘肃省生态文明建设评价》，《干旱区研究》2016 年第 6 期。

G. M. Grossman, A. B., Krueger, "Economic Growth and the Environment", *The Quarterly Journal of Economics*, 1995, 110 (2).

Coondoo D, Dinda S, "Carbon Dioxide Emission and Income: A Temporal Analysis of Cross-country Distributional Patterns", *Ecological Economics*, 2008, 65 (2).

Kanjilal K., Ghosh S., "Environmental Kuznet's Curve for India: Evidence from Tests for Cointegration with Unknown Structuralbreaks", *Energy Policy*, 2013, 56.

Jalil A., Feridun M., "The Impact of Growth, Energy and Financial Development on the Environment in China: A Cointegration Analysis", *Energy Economics*, 2011, 33 (2).

Ren S., Yuan B., Ma X., et al., "International Trade, FDI (Foreign Direct Investment) and Embodied CO_2 Emissions: A Case Study of Chinas Industrial Sectors", *China Economic Review*, 2014, 28 (1).

邢巧、王晨野、王凌等：《促进生态文明建设的海南产业结构调整探讨》，《生态经济：学术版》2011 年第 2 期。

赵雪雁、周健、王录仓：《黑河流域产业结构与生态环境耦合关系辨识》，《中国人口·资源与环境》2005 年第 4 期。

Wackernagel, Mathis, "Our Ecological Footprint: Reducing Human Impact on the Earth", *New Society Publishers*, 1996.

徐其军：《江苏省环境承载力评价研究》，南京农业大学，2008。

Kuznets S, "Economic Growth and Income Inequality", *American Economic Review*, 1995（1）。

谢鸿宇、陈贤生、林凯荣等：《基于碳循环的化石能源及电力生态足迹》，《生态学报》2008 年第 4 期。

孙才志、张蕾：《中国农产品虚拟水——耕地资源区域时空差异演变》，《资源科学》2009 年第 1 期。

邹伟进、李旭洋、王向东：《基于耦合理论的产业结构与生态环境协调性研究》，《中国地质大学学报》（社会科学版）2016 年第 2 期。

马强、林文：《基于 DEA 的江苏省产业结构优化分析》，《资源与产业》2010 年第 1 期。

王少剑、方创琳、王洋：《京津冀地区城市化与生态环境交互耦合关系定量测度》，《生态学报》2015 年第 7 期。

B.8
雄安新区创新生态构建与京津冀协同创新的耦合治理

李峰 张贵 王雪*

摘 要： 21世纪以来，国际格局、创新主体、创新模式以及创新环境都发生了重大新变化，国家之间和不同创新主体之间出现了新态势。世界各国正从单体创新、线性创新逐步向生态创新生态系统范式过渡。雄安新区要打造成全球创新高地和改革开放新高地，构建创新生态体系是其打造创新驱动新引擎的迫切需要与必然选择。受制于雄安新区自身的创新资源与经济发展阶段，雄安新区创新生态系统构建的起点与内在基因必然是"输入"型创新高地，是与京津冀创新生态体系嵌套、互动的创新生态系统，须从大区域、大创新生态体系实现整个区域创新生态体系的耦合，不仅需要关注其地理区位、比较优势、发展阶段、历史使命，更需要在京津冀协同创新网络、核心驱动力、组织形态方面进行耦合治理，以超前思维推动雄安新区创新生态的构建与发展。

关键词： 雄安新区 创新生态系统 京津冀协同创新

---

* 李峰，河北工业大学经济管理学院副教授、经济学博士，研究方向为区域经济与产业创新；张贵，河北工业大学经济管理学院教授、经济学博士，研究方向为产业创新；王雪，河北工业大学经济管理学院硕士研究生。

21世纪以来，国际格局、创新主体、创新模式以及创新环境都发生了重大新变化，国家之间和不同创新主体之间出现了新态势。尤其世界范围内科技加速发展，需要在科学、技术、产业交叉融合的发展趋势下，实现跨学科、跨部门、跨行业组织的深度合作和开放创新，且创新呈现多种模式（陈劲，2017）。更重要的是，世界各国正从单体创新、线性创新逐步向生态创新生态系统范式过渡。美国提出"国家创新倡议"，"形成一个21世纪的创新生态系统"，日本也提出要实施重大的政策转向，从技术政策转向基于生态概念的创新政策，强调创新生态是日本维持今后持续的创新能力的根基所在。世界各地的政策制定者都在支持多种多样的举措，以增强其国家创新生态系统，将其作为增强国家竞争力的一种方式（曾国屏，2013）。因此，雄安新区要打造成全球创新高地和改革开放新高地，构建创新生态体系是其打造创新驱动新引擎的迫切需要与必然选择。

然而，雄安新区现有交通不便利、电信基础设施不完善、技术人才供给严重匮乏、社会生活配套设施不齐全、创新创业的支撑条件不健全（刘红玉，2017）。受制于雄安新区自身创新资源与经济发展阶段，雄安新区不可能在短期内形成并发挥创新资源和要素的集聚效应。伴随着京津冀知识资本与高新技术产业向雄安新区的转移，其带来技术创新资源在更大范围内的空间转移与重新整合，雄安新区创新生态系统的构建的起点与内在基因必然是"输入"型创新高地，而这一"输入"的创新生态基因先验地决定了系统构建路径。因此，必然要求雄安新区创新生态系统是一个开放、动态的系统，是与京津冀创新生态体系嵌套、互动的创新生态系统，雄安新区创新生态系统的构建，须从大区域、大创新生态体系实现整个区域创新生态体系的耦合，不仅需要关注其地理区位、比较优势、发展阶段、历史使命，更需要在京津冀协同创新网络、核心驱动力、组织形态方面进行耦合治理，以超前思维推进雄安新区创新生态系统的建设，倡导与推动由政府主导的企业、民众、社会组织等多主体参与的网络化协同治理，推动雄安新区创新生态的构建与发展。

一 文献综述

（一）区域创新生态系统的研究

国外学者首先将生态学的思想融入了企业管理研究，1985年，Lundvall率先提出了"创新生态系统"一词，之后又开始将其运用于技术创新领域。Iansiti和Levin（2004）较早从生态位理论出发，提出处于不同地位但彼此在生态位中关联又十分密切的企业构成了创新生态系统。Adner（2006）则是第一个明确提出企业创新生态系统的学者，他认为企业要将创新置于核心地位，同时，企业还需与相关合作伙伴一同构建完整的创新链以推动企业的创新成功。在创新生态功能上，Sáez-Martínez等（2016）从市场机制角度，认为以市场为导向的企业能够更多地参与创新生态，同时，合作的增多和高知识的积累也能够使企业获得被市场认可的机会。在产业层面，Ander等（2010）认为创新生态系统可以使产业间形成联系，促进技术进步，提高产业竞争力。López等（2015）从具体行业角度出发，揭示了化学工业的创新生态过程与行业监管、创新和技术变革相互交织、互相支持的本质，逐步加强了对创新生态认识的深化。

国内学者是在国外创新生态系统研究基础上深化认识的，早期的王如松和杨建新（2000）、黄鲁成（2003）等人分别从不同角度阐述了创新生态系统的内涵。在此基础上，田跃新等（2013）将创新生态系统定义为一个具有自适应、自调节和自组织功能的复合体。胡斌等（2013）指出，传统产业组织内部企业主体之间是优胜劣汰的竞争关系，这种竞争关系使企业之间不得不各自为营，而创新生态系统无论在生产结构上还是在地理区位上都使产业内的创新主体更加密切地结合在一起，实现共生进化。纪承等（2015）进一步明确指出，共生体成员间在独自利益和共同目标的驱使下，不仅注重自身的经营和发展，还关注整个利益相关群体及系统整体的生存与权益获取。

对于雄安新区的创新生态建设，我国学者提出创新生态体系的构建是雄安新区打造创新驱动新引擎的迫切需要。张贵等（2018）认为雄安新区要坚持创新驱动战略，借鉴硅谷等国外创新区域建设经验，打造创新生态系统，同时要兼具企业孵化、创业培育、创新研发、成果转化、生活服务、人才集聚和融资服务等多项功能。吕拉昌（2018）也从多个角度提出雄安新区要通过全域性的创新改革形成世界一流的创新创业生态环境，如雄安新区要建设一流的基础设施，提供优质的公共服务，吸引高端人才的集聚；通过体制与机制改革，激发创新活力，促进科技成果转换。田学斌（2017）则从创新文化的角度提出，创新创业的文化氛围对于雄安新区创新生态系统的构建是至关重要的。纪良纲等（2017）则从科技研发转化的角度认为雄安新区应利用京津人才科技资源密集优势，建设一批联合研发基地、协同创新中心和科技成果转化基地。

（二）创新生态治理的相关研究

国外学者对治理理论的研究开展较早，主要有 J. N. Rosenau（1995）、Gerry Stoker（1999）、Oliver E. Williamson（2001）等，其强调社会、市场、公民等组织或个体共同参与公共社会管理。梁中（2015）则进一步将治理理论与创新相结合，提出政府、企业、大学及科研机构等都是创新生态系统中的权益主体，也是创新生态系统的治理主体，对创新生态系统的治理强调多元、多中心治理主体的广泛参与。与之类似，张仁开等（2016）进一步明确了多元共治是全球科技创新中心城市创新治理的基本模式，参与治理的主体包括政府、高校、科研院所和企业等创新主体，以及科技社团、中介组织、金融机构等第三方社会组织。

伴随着创新范式的逐步变化，学者逐步展开了对创新生态治理的研究。Ard-Pieter（2009）则认为创新生态系统能够在一定程度上规避市场机制失灵和企业权威失灵，所以必须通过治理保持系统竞争优势。Clarysse 等（2014）提出在创新生态系统中，核心企业通过协调和影响各成员间的经济行为和社会关系实现对生态系统的治理。从治理重点角度，Cusumano 等（2002）认为治理重点包括对标准的选择，对系统结构、模块数量与种类、模块之间连接方式等技术要素的界定。同时，Wareham 等（2014）认为对于协作创新关系的管理也是创新生态治理中重要的一方面，这样才能有效地避免搭便车、敲竹杠、技术泄露、知识产权纠纷等风险，保持技术群落的稳定性和演进性之间的平衡。

与国外学者不同，我国学者更多从企业和产业创新生态视角开展对创新生态治理的研究。张运生等（2010）明确提出高科技企业创新生态系统治理机制包括系统成员共享决策权的决策机制，基于自主知识产权、用户基础规模与市场地位、政府支持力度的谈判协调机制。郑少芳、唐方成（2018）则进一步从知识治理的视角，基于高科技企业创新生态系统的知识结构，结合动态创新环境，对高科技企业创新生态系统的知识治理机制进行了深入研究，并以华为的知识治理机制作为案例进行分析。研究结果表明，模块化分工、知识选择性披露、创新生态系统的集体认同、创新外部合法性和交叉专利许可等知识治理机制有助于化解高科技企业创新生态系统的知识风险，提升知识治理绩效。王超（2015）从旅游社区产业出发，认为基于创新生态系统的旅游社区的社会治理机制具有我国旅游社区自治的政府服务、三方互动监督的环境治理、社会组织蕴藏的社会智慧、各方主体参与的信息沟通四大作用。常大华（2016）从治理利益分配角度，提出创新生态系统运行过程中面临诸多对系统整体收益产生重要影响的风险，确定利益分配方案时，各主体的努力水平应该作为重要影响因素，确保公平公正。张华（2016）认为各风险承担主体应以"利益共享、风险共担"为协同原则，将承担风险的大小作为影响分配的一个重要因素。

二 京津冀协同创新发展现状与存在问题

（一）京津冀整体经济发展状况

截至2016年底，北京市、天津市以及河北省的GDP分别为24899.30亿元、17885.39亿元以及31827.90亿元，人均GDP分别为11.80万元、11.50万元和4.30万元，河北省明显低于北京市与天津市。从发展速度来看，2006~2016年，北京市与天津市的经济增速基本维持在相同水平，在

2016年，北京市的经济增长速度明显快于天津市。在2006～2011年，天津和北京GDP值的差距也基本维持在4500亿元的水平，但2012年后天津和北京GDP之间的差距也逐渐被拉大（见图1）。

河北省的经济增速明显不同于北京、天津，它呈现出不同的阶段性特征。2006～2008年河北省的经济增速与北京、天津类似，但2009～2011年河北省经济增速明显加快，2011年GDP总值已明显高于了北京和天津，2011～2013年经济增速比较平稳，和北京增速持平，但在2013年以后，河北省GDP增速度开始放缓，明显低于北京和天津，尽管在2016年经济增速有所提高，但增速仍低于北京。

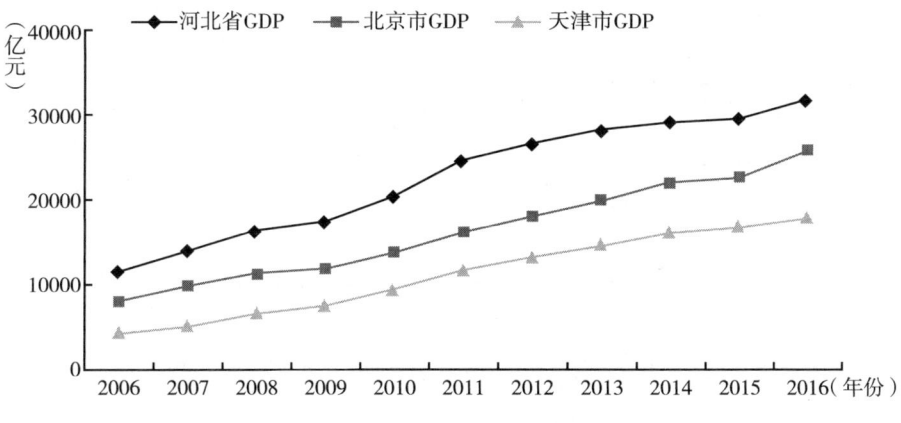

图1 京津冀地区GDP发展趋势

从经济发展阶段来看，北京、天津、河北分别处于后工业化阶段、工业化后期阶段和工业化中期阶段，京津冀三地呈明显的梯度变化格局。北京是我国政治、文化、科技、国际交往的中心，农业所占比重较小，现代服务业和科技相对发达，产业结构呈现"三二一"的模式，处于后工业时代。天津制造业产业基础雄厚，形成了航空航天、装备制造、电子信息、生物医药、新能源新材料等优势产业，此外，其通信设备、计算机及其他电子设备制造业等在全国具有明显优势，在资源吸附和聚合上具有良好的区域和产业优势。河北正处于工业化中期阶段，主导产业为第二产业，河北是我国重要的材料、能源基地，钢铁、水泥、玻璃等产能在全国占有重要份额。相比京津两地，河北的第一产业所占比例高。在压缩产能、治理污染的强约束下，第二产业亟须推动原材料产业高端化、特种化、功能化转型升级，促进优势产能国际合作。

为了比较直观地认识京津冀经济发展水平差异，需要以2004年、2008年、2012年及2016年京津冀各城市的GDP数据进行比较分析。

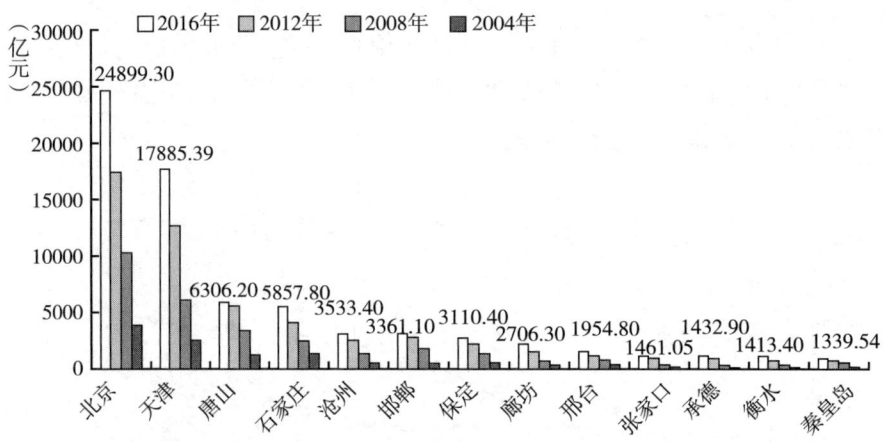

图2　2004年、2008年、2012年及2016年京津冀各市的GDP数据

可以看出，在京津冀城市群内部，历年来北京的GDP都遥遥领先于其他城市，天津市紧随其后。2016年，在河北省内部GDP最多的市是唐山市，其次是石家庄市；在河北省内部GDP排名最后的三个城市分别是秦皇岛市、衡水市和承德市。河北省内部经济发展水平可以分为四个梯队：在河北省经济发展中处于上游的城市无疑是唐山市和石家庄市；处于中游的城市有沧州市、邯郸市和保定市；廊坊市和邢台市的经济总量差距不大，处于河北省的中下游；剩下的城市张家口市、承德市、衡水市和秦皇岛市的经济发展水平处于河北省的下游。按2016年的GDP计算，北京市的GDP水平约为河北省第一名唐山市的3.95倍，约为河北省最后一名秦皇岛市的18.6倍；天津市的GDP水平约为唐山市的2.8倍，是秦皇岛市的13.3倍。京津冀城市群中河北省内部各城市与核心城市北京、天津的经济总量差距甚大。

（二）京津冀创新资源非常丰富，但三地创新产出表现不同

京津冀地区拥有丰富的自然资源、雄厚的工业基础、优越的区位条件，作为一个多城市组成的复合型经济区域，其是我国智力资源最为密集的地区之一，知识创新能力在全国占有明显的优势。京津冀地区集中了全国1/3的国家重点实验室和工程技术研究中心，拥有超过2/3的两院院士，聚集了以中关村国家自主创新示范区为代表的7个国家高新区和7个国家级经济技术开发区，拥有丰富密集的创新资源。北京拥有中国科学院、中国工程院的科研机构，拥有全国最大的科学技术研究基地，每年获得的科研奖励约占全国的1/3。2016年，京津冀三地研究与试验发展（R&D）经费支出合计超过2400亿元，占全国的比重超过15%，研究与实验发展经费支出占地区生产总值的3.3%。京津冀专利申请量和授权量分别达到35.1万件和17.2万件，均占全国的10.7%。

如图3所示，2006~2015年，京津冀区域的专利申请受理总量从9.5564万项增加到了28.0335万项，增加了1.93倍，北京市、天津市和河北省的专利申请受理量均有不同程度的增加。2015年，京津冀区域的专利申请受理总量为28.0335万项，其中，北京市的专利申请受理总量为15.6312万项，约占京津冀总量的55.76%，天津市的专利申请受理总量为7.9963万项，约占京津冀总量的28.52%，河北省的专利申请受理总量为4.4060万项，约占京津冀总量的15.72%。从图3可以看出，北京市、天津市和河北省的专利申请受理量均逐年提升，其中北京市的增长率最高，天津市次之，河北省的增长率最低。在2006年，京津冀三地的专利申请受理量并没有太大差距，均处于较低水平，但随着京津冀三地经济发展水平的提高，北京市的专利申请受理量与其他两地产生了较大落差，尤其是在2012~2013年，其呈现猛增态势；天津市的专利申请受理量在2011年之后逐渐与河北省拉开差距，但仍赶不上北京市的增长速度，因此与北京市的专利申请受理量的差距也逐渐加大；河北省在2006~2010年专利申请受理量并没有太大改变，直到2011年出现增长势头，但远不及北京市与天津市的增长速度。

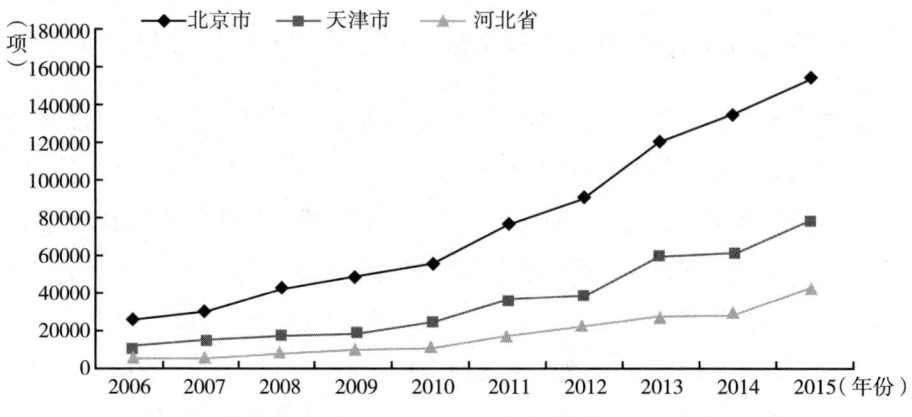

图3 2006~2015年京津冀区域的专利申请受理量

如图4所示,"2015年,我国京津冀区域的科研工作者所发表的科研论文总量为116283篇。其中,北京市发表科技论文数为48734篇,约占京津冀总数的41.91%;天津市发表科技论文数为23122篇,约占京津冀总数的19.88%;河北省发表科技论文数为44427篇,约占京津冀总数的38.21%。2010年,我国京津冀区域的科研工作者所发表的科研论文总量为95864篇。其中,北京市发表科技论文数为39384篇,约占京津冀总数的41.08%;天津市发表科技论文数为16055篇,约占京津冀总数的16.75%;河北省发表科技论文数为40425篇,约占京津冀总数的42.17%。2006年,我国京津冀区域的科研工作者所发表的科研论文总量为86067篇。其中,北京市发表科技论文数为37200篇,约占京津冀总数的43.22%;天津市发表科技论文数为14361篇,约占京津冀总数的16.69%;河北省发表科技论文数为34506篇,约占京津冀总数的40.09%。从图4可以看出,京津冀区域的科技论文情况总体分布不均,地域间差别显著。北京市发表科技论文数增长速度较为平稳,增长幅度较小,直到2014年、2015年才出现领先的趋势;天津市发表科技论文数一直是最少的,增长速度也较为平稳;河北省发表科技论文数与北京相当,但增速呈现波动形式,在2008年和2014年有小幅下降,但是在2009年又有一次较大的跃升,导致2009年、2010年和2011年河北省发表科技论文数一度超越北京。"

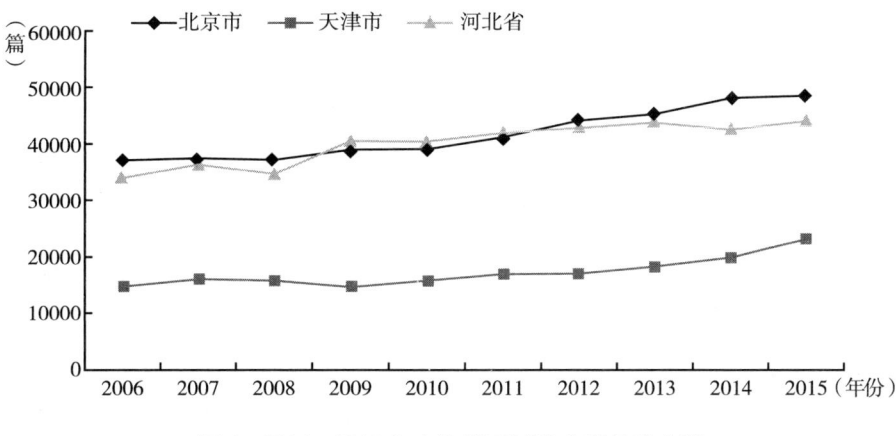

图4　2006～2015年京津冀区域发表科技论文数

（三）京津冀创新政策密集出台，京津冀三地创新联系逐步增强，但三地创新产出表现不同

京津冀协同发展战略出台后，从国家到地方已密集出台了系列文件，对推动京津冀协同创新和打造京津冀协同创新共同体提出了大量要求和行动规划（见表1）。

表1　京津冀创新政策出台时间和重点内容

时间	政府部门	规划	协同创新重点内容
2015年4月	中共中央政治局审议通过	京津冀协同发展规划纲要	通过建设京津冀协同创新共同体，打造国家自主创新重要源头，推动区域创新资源整合共享
2015年8月	京津冀三地科委和科技厅联合编制	京津冀协同创新发展战略研究和基础研究合作框架协议	将建立京津冀区域协同创新发展战略研究机制和基础研究长效合作机制，重点聚焦科技创新一体化、政策协同创新、科技资源共享等方面，打造京津冀科技协同创新发展的"软环境"
2015年9月	北京市科委出台	关于建设京津冀协同创新共同体的工作方案（2015～2017年）	以北京的优势产业和科技资源联合带动津冀地区创新发展，依托技术、资本、市场等纽带，构建京津冀协同创新共同体，共同打造引领全国、辐射周边的创新发展战略高地，提升区域发展整体水平

续表

时间	政府部门	规划	协同创新重点内容
2016年2月	京津冀三地联合编制	"十三五"时期京津冀国民经济和社会发展规划	重点是培育创新载体、强化北京全国科技创新中心地位和功能,推进京津冀全面创新改革实验区建设,加快建设各级各类科技园区和创新平台,增强高端创新要素集聚能力
2016年7月	中共中央、国务院批复	京津冀系统推进全面创新改革试验方案	以促进创新资源合理配置、开放共享、高效利用为主线,以深化科技体制改革为动力,充分发挥北京全国科技创新中心的辐射带动作用,打造中国经济发展新的支撑带
2016年10月	河北省政府	河北省促进科技成果转移转化行动计划(2016~2020年)	实施一批重大科技成果转移转化引导项目,建设一批科技成果转移转化平台,创新科技成果转移转化机制,完善科技成果转移转化政策措施,建立市场导向、政府服务、企业主体、产学研结合的科技成果转移转化推广体系
2017年4月	中共中央、国务院印发通知	决定设立河北雄安新区	集中疏解北京非首都功能,探索人口经济密集地区优化开发新模式,调整优化京津冀城市布局和空间结构,培育创新驱动发展新引擎,深入推进京津冀协同发展
2017年8月	河北省科技厅	河北·京南国家科技成果转移转化示范区建设实施方案	以打造京津冀科技成果转移转化共同体为目标,全面推进提升产业创新能力、培育企业创新主体、搭建创新创业平台、完善技术转移体系等八项主要任务。

资料来源:根据国家出台文件资料整理得到。

伴随着推动京津冀协同创新大量政策的落地,京津冀跨区域协同政策与制度障碍明显弱化,三地跨地区的高校、科研机构与企业的合作频次显著增加,2015年,我国京津冀区域的技术市场合同成交总额为3996.87亿元,其中,北京市的技术市场合同成交额为3453.89亿元,约占京津冀总额的86.41%;天津市的技术市场合同成交额为503.44亿元,约占京津冀总额的12.60%;河北省的技术市场合同成交额为39.54亿元,约占京津冀总额的0.99%。2010年,我国京津冀区域的技术市场合同成交总额为1718.17亿元,其中,北京市的技术市场合同成交额为1579.54亿元,约占京津冀总额的91.93%；天津市的技术市场合同成交额为119.34亿元，约占京津冀总额的6.95%；河北省的技术市场合同成交额为19.29亿元，约占京津冀总额的1.12%。2006年，我国京津冀区域的技术市场合同成交总额为771.8亿元，其中，北京市的技术市场合同成交额为697.33亿元，约占京津冀总额的90.35%；天津市的技术市场合同成交额为58.86亿元，约占京津冀总额的7.63%；河北省的技术市场合同成交额为15.61亿元，约占京津冀总额的2.02%。

从图5可以看出，京津冀区域技术市场合同成交额总体分布不均，省份间差异较大。北京市的技术市场合同成交额一直遥遥领先，并且一直保持着较高的增长速度，在2011~2012年有大幅提升；天津市的技术市场合同成交额增长速度较小，在2011年之后才有明显涨幅，但与北京的差距还是很大；河北省的技术市场合同成交额是最低的，增长速度也是最小的，这导致河北省的技术市场合同成交额与其他两地的差距越来越大。

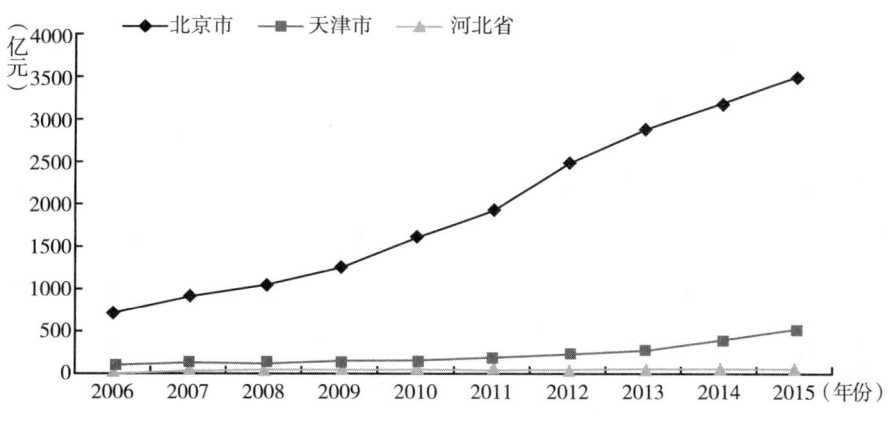

图5 京津冀区域技术市场合同成交额

中关村是全国科技创新中心的引导者和主力军。近年来，在中关村的辐射带动下，京津冀三地相互输送创新资源，发挥自身的优势做好产业对接，从而优化产业结构。2015年5月，中关村与天津仪表厂联合开办了"胡同创意工厂"，并与南开大学进行合作，引进北京的创投机构等资本力量，使

得中关村特有的创新孵化模式在天津本地实现了复制。2016年，中关村继续加快天津滨海中关村科技园、保定中关村创业中心、石家庄（正定）中关村集成电路产业基地等合作园区或基地的建设。到2016年底，中关村企业已在津冀两地设立的分公司、子公司超过5800家。与京津合作共建各类创新基地62个，曹妃甸中关村高新技术产业基地有5家中关村企业落地，清华大学重大科技项目（固安）中试孵化基地开工建设，沧州北京现代汽车产业基地一期工程动工，中捷生物产业园四环、康辰、朗依等首批10家北京医药企业也已正式开工。

（四）京津冀协同创新网络初见成效，但由于历史发展、思维惯性等条件制约，京津冀三地创新网络构建仍需进一步推进与完善

京津冀协同创新空间面临明显的"断崖式分割"：一是京津冀区域创新资源空间分布不均衡，呈现"核心—外围"结构，三地创新能力差异较大，尤其北京在创新资源的吸附和聚合方面具有特殊优势，形成了以北京为极点的单极核创新极化空间；二是北京集聚模式主要以高端原创性科技创新为主，但其创新成果未有效辐射周边，科技创新协同度低，创新成果"向南飞"的"异地转化效应"明显。京津冀城市群创新要素的流动与开放共享程度较低，创新链与产业链的对接不充分，阻碍了京津冀1+1＞2的协同创新效应。并且由于北京和天津分别为京津冀特大城市，而河北中间层的大城市数量过少，人口在300万以上500万以下的城市仅有唐山市一个，城市群主要为中等城市和小城市，没有形成有效承接京津制造业的次级核心，致使人流、物流、资金流、信息流在梯度转移时，由于底层城市层级偏低无法有效承接辐射，创新链与产业链对接融合不充分，科技资源共享不足，三地科技创新协同转化与制造业转型升级任务比较艰巨。以新一代电子信息战略性新兴产业为例，京津冀地区是我国重要的电子信息产业集群之一，北京是我国电子信息制造业研发创新中心，但京津冀电子信息制造业协作体系不完善，核心技术与高端装备对外依存度高，研发与转化不畅，电子信息产业集群整体没有进入设计、知识产权经营等知识、技术密集型的产业环节，使得电子信息产业发展抗风险能力差、增值空间有限。

因此，京津冀三地需要通过合作构建协同创新体，发挥自身的优势，将北京强大的源头科技创新能力与天津雄厚的技术研发和科技成果转化实力和河北省的巨大技术承接潜力相结合。雄安新区的设立使得三地分工明确、优势互补，推进产业链、资金链、政策链、服务链的深度融合，进而形成京津冀三地完整的创新网络。

三 雄安新区创新生态与京津冀协同创新耦合分析

（一）雄安新区发展的客观基础

2017年4月1日，中共中央、国务院决定设立国家级新区。雄安新区规划建设以特定区域为起步区先行开发，起步区面积约100平方公里，中期发展区面积约200平方公里，远期控制区面积约2000平方公里。2018年4月14日，中共中央、国务院批复《河北雄安新区规划纲要》，4月21日，《河北雄安新区规划纲要》正式发布。河北雄安新区的设立，是以习近平同志为核心的党中央深入推进京津冀协同发展做出的一项重大决策部署，是继深圳经济特区和上海浦东新区之后又一具有全国意义的新区，是千年大计、国家大事。作为北京非首都功能疏解的集中承载地，雄安新区将与北京城市副中心形成北京新的两翼，有利于缓解北京"大城市病"，探索人口经济密集地区优化开发新模式，推动雄安新区实现更高水平、更有效率、更加公平、更加可持续发展，将其建设成为绿色生态宜居新城区、创新驱动发展引领区、协调发展示范区、开放发展先行区，努力打造贯彻落实新发展理念的创新发展示范区。

雄安新区涉及河北省雄县、容城、安新3县及周边部分区域，地处北京、天津、保定腹地，区位优势明显、交通便捷、生态环境优良、资源环境承载能力较强、现有开发程度较低、发展空间充裕，具备高起点、高标准开发建设的基本条件。然而从经济发展基础来看，雄安新区（含雄县、容城、安新三县）总面积达1576.6平方公里，人口112万，GDP为218.29亿元，工业增加值为113.84亿元，在河北省所占比重分别为0.83%、1.50%、0.69%和0.98%。从产业发展来看，作为传统的农业地区，雄县、容城、安新三县的农业生产在经济发展中占了较大比重。在工业方面，雄县目前的主要产业是塑料包装、压延制革、电器电缆和乳胶制品，产业水平较为低端。容城县号称"中国北方服装之城"，拥有服装企业900多家，年生产能力达4.5亿多件；在机械制造、汽车零部件、箱包、毛绒玩具等领域，形成了一定的产业基础。安新县主要产业为制鞋业。总体来看，雄安新区产业结构以农业、劳动密集型工业为主，经济发展水平在京津冀地区处于低洼地带。

（二）推动雄安新区自身创新生态系统的构建

从理论来看，创新活动有很强的空间集聚性，往往在特定的地理空间和时间下产生。雄安新区地处北京、天津、保定腹地，距离天津约110公里，距离北京约120公里，与京津形成新三角空间联系，对河北扩散面积明显增大，具有较强的"临近效应"和"场效应"。雄安现有交通不便利、电信基础设施不完善、技术人才供给严重匮乏、社会生活配套设施不齐全，创新创业的支撑条件不健全（刘红玉，2017）。受制于雄安新区自身创新资源与经济发展阶段，雄安新区不可能在短期内形成并发挥创新资源和要素的集聚效应。然而，伴随着京津冀知识资本与高新技术产业向雄安新区的转移，其带来技术创新资源在更大范围内的空间转移与重新整合，雄安新区创新生态系统的构建的起点与内在基因必然是"输入"型创新高地。

因此，雄安新区必须提升自身吸引力、强化软硬环境，明确承接方案与路径，解锁空间内未被充分利用资源的内生价值，为雄安新区企业的成长提供丰富的资源、创造更多的机会、激发更强烈的愿望、给予更大的动力，使雄安新区企业在不同成长阶段有不同的资源匹配和支持。第一步，建立完善的公共交通基础设施和优质的公共服务体系；第二步，积极汇聚创新资源，包括技术创新、创新人才；第三步，着力发展创新型产业，发展科技研发类产业，发展金融服务业，发展商务服务业；第四步，尽快建立健全政策支撑体系。

需要加强雄安新区创新生态系统三个方面的建设。第一，以企业为核心的多元化产业成果转化生态型体系。树立"开放经济"和"共享经济"的发展理念和战略目标，发挥企业作为产业生态网络核心主体的作用，形成知识、人才等生产要素相互交融的产业生态系统。第二，建立有利于产业协同创新的组织体系和技术创新联盟，培育有效的产业共生规范，促进企业与研究机构之间的信息流动，保证产业间竞合与共生的延续性。第三，以政府为核心的产业活动服务生态型体系。探索技术平台建设方面的共生共建机制，通过对科技基础条件资源进行战略重组以及优化，建立成果孵化器、科技园区等技术合作平台，从财税、监管、司法等"软环境"上支持产业共生网络中各主体之间的协同关系。引导大学、研究机构等成立技术研究所、大学园、科学园、孵化器等研发平台、创新平台和创业平台的集聚地，激发创新和创业精神，促进新知识的商业运用。重组和整合三地的研究机构功能，推动应用型大学等研究机构与企业开展共生合作，加速科技成果的产业化，推动产学双螺旋共生合作。

雄安新区不仅是京津冀与国际资本、高端劳动力等生产要素的聚集地，而且需要成为京津冀与国际开展生产活动的连接空间与载体，本质上要求其创新生态系统保持高强度、高频率的空间联通性，解决创新系统稳定性不强、区域协调机制不健全、政区域产学研结合不紧密、开放式创新水平不高等问题（杜传忠，2015）。与原有的创新生态系统相比，雄安新区的创新生态系统是京津冀协同创新在空间维度上的新发展，雄安新区创新扩散具有累积性，能够使创新扩散者持续进行创新活动，而创新主体通过创新捕获，提高自身创新势能，形成系统创新活动的良性循环。

（三）基于京津冀协同创新框架对雄安新区创新生态系统进行构建

伴随着京津冀协同发展国家战略的推进，京津冀协同发展进入新阶段，不仅是首都人口和传统产业的转移与疏解，知识密集型的资源和产业也开始主动布局津冀（周密，2016）。雄安新区与京津之间的分工协作关系不断被创新和强化，其创新生态系统也不再是一个封闭的组织系统，而是开放的动态系统。厘清（北）京雄（安）创新要素流动特性与创新要素联动，雄安新区通过创新资源的空间转移和空间再配置，整合、重构京津创新资源与创新要素，将区域内的企业创新逐渐并入区域创新网络体系中，两者相互镶嵌和协同互动，实现整个区域创新资源重组，进而实现知识扩散与知识增值。

同时，单个科技创新主体的强势并不能确保整个创新系统有足够高的创新效率，只有当各主体产生广泛的关联和互动时，才能保证系统创新效率的提高。雄安新区需要引进、培育具有竞争优势转型能力的企业，推动雄安新区创新生态系统"核"的发展，打造全国创新驱动经济增长新引擎和世界创新创业的策源地。其主要包括系统的开发与共享、竞合与共生、创新催化与涌现、学习与反哺、创新扩散与捕获等机制及它们之间的耦合作用，实现系统的顺利孕育与生成通过实现高效、高质地承接北京非首都功能疏解，推动京津冀创新空间集聚与扩散方式的转变。

通过京津雄产业融合的新路径、新业态和新模式，转变原有的空间封闭的分工组织模式，扩大企业、产业和不同经济结构之间知识可交流的范围，基于协同治理的不同模式，例如，共建区域成果转化中心、技术交易中心、知识产权中心，搭建科技资源共享、信息共享、隐性知识学习的知识溢出平台（王忠，2014），通过人才信息的自由流动，创新溢出覆盖京津冀多重区位，增加科技转化可支撑的最佳跳跃距离与最远跳跃距离（袁富华，2016）。

雄安新区创新生态与京津冀协同创新之间是一种主体间学习与反哺的关系，可以将其看作一种优势互补、风险共担、共同发展的正式而非合并的合作关系，学习与反哺的过程是低收益的创新策略将会不断被高收益的创新策略取代并反复直至达到系统整体均衡的过程，是消除现实中区域间不同主体之间的隔阂和冲突，从根本上对京津冀整体利益产生协同增效功能的重要的创新生态体系，能够推动京津冀封闭区域体系向开放的链接全球创新资源要素舞台的转变，进而实现高质量发展。

四 基于治理视角下雄安新区创新生态系统构建的对策建议

创新生态系统能持续健康发展必然要有卓有成效的协调机制，通过一套包括正式与非正式的制度安排来协调创新生态系统各创新主体之间的利益关系，协调创新生态系统的创新资源配置，保证创新生态系决策的正确性，从而保障所有创新主体的利益。由于雄安新区与京津冀创新生态体系具有嵌套互动性，原有的仅围绕雄安新区构建创新生态的体系的思维具有部分局限性，必须从大区域、大创新生态体系部署创新链，以创新链配置科技资源，而要实现创新生态体系的耦合，形成网络化、协同的治理体系成为必需。多主体、多层级、网络化、开放协同的创新治理机制既是京津冀创新要素联动、区域空间重塑、现实发展的内在需求，也是推进京津冀协同创新的必然要求和科学选择。

（一）以协同创新的治理理念推进雄安新区创新生态的建设

首先在理念方面，雄安新区创新生态的构建必须在京津冀协同创新的大框架下进行，以京津冀协同创新政策体系的制定和创新治理体系的构建配置科技资源，强调其是以产业链配置创新链，"自上而下"与"自下而上"的结合，政府的科技资源重点投向基础性和战略性研究，同时更加注重向产业创新的引导和支持，营造以企业为创新主体的发展环境。强调不同创新主体和利益相关者的职责、权利、责任与义务，促进政府、市场、社会及创新共同体间的信任与合作，密切不同主体、要素、部门机构、地域区域、体制机

制、多元主体的平等参与和管理科技创新系统的公共事务，形成多中心、多层级、网络化的治理模式。积极推进雄安新区治理体系和治理能力现代化，将雄安新区打造成全球创新高地。

协同创新的治理是京津冀创新主体的多元参与，政府、企业、高校、科研机构、中介组织、金融机构等是重要的创新主体和创新治理主体。其中，政府是创新治理的主导者，企业和科研机构是创新治理的主体，其他社会组织是创新治理的参与者和监督者。通过雄安新区创新生态与京津冀协同创新的耦合，获得示范模仿、沟通交流、互动学习等知识外溢途径，提升雄安新区对创新知识的吸收与转化能力，实现从原有生产能力到新产品的生产能力的调配，有利于形成"自我发现"的创新产品。另外，雄安新区的高标准建设，将改变京津冀知识在空间分布上的分散状态，避免创新主体孤立、蔓延式分布，降低区域创新主体研发成本和创新风险。

（二）推动京津雄协同创新治理机制的建设与发展

雄安新区创新生态系统的治理逻辑起于雄安新区与京津冀协同创新的关系与互动之间的紧密关系。从治理角度分析，对雄安新区创新主体间的关系（治理结构）进行治理是创新生态系统治理的关键，并且如何发挥协同效应激励创新主体间的互动行为（治理行动）以提高创新效率对系统的治理也有着不可或缺的作用。因此，需要做到政府向市场、社会、地方放权，处理好"政府间的关系"，实现"政府的归政府、市场的归市场、社会的归社会"，在雄安新区创新生态系统中，需要优化"政府—市场—社会"的"三维一体"治理机制，激发创新主体的创造性、保持持续发展的活力、制约与协调合作伙伴的行为。

从利益角度来看，提升各类创新主体的治理能力，实现系统整体效益最大化是其核心目标；从参与主体来看，系统治理的主体是多元的，系统的所有权益主体都参与多元共治；从知识、价值共享角度分析，治理需要解决私有知识产权与资源配置的合理性问题，有效缓解系统内创新主体间以及创新主体个人利益与系统整体利益的冲突；从实现手段来说，治理的主要方式是把握创新主体竞争与协作行为的平衡性，建立创新主体间以及创新主体对系统的信任，通过协调和谈判，使得系统能够持续高效地运作；从治理行为存在的时间角度来看，创新生态系统的治理是一个过程，是治理主体间持续的、动态的协调互动，始终贯穿于系统存续过程。

雄安新区创新生态的构建与发展必然内嵌于更为宏观的区域协同创新治理的进程。其目的在于打破京津冀各自的小体系，引导不同类型的创新主体跨区域联合，形成具有一定结构、功能、层次，并能够协同演化的创新共同体，通过更为自觉主动地协同创新，开拓京津冀协同创新的新局面。通过京津雄治理机制的完善，充分释放区域间"人才、资本、信息、技术"等创新要素的活力，推动以科技创新为主导的供给侧结构性改革，实现从政府创新管理机制向市场机制与社会机制相结合转变，提高创新效率和资源配置效率，推动形成政府、市场和其他社会主体多元参与、民主协商和依法治理的格局，推动创新发展，打造创新驱动、经济增长新引擎。

（三）构建政府主导的多元参与的创新生态治理体系

基于政府主导多元参与下雄安新区创新生态系统的构建涉及政治、经济以及社会的各个方面，需要加快治理机制的创新，建立体制机制新高地，充分激发市场活力，全面提高资源配置效率，促进和保障雄安新区创新生态系统的建设。创新生态系统治理的核心是协调、服务，它强调从政府机制向市场机制与社会机制相结合转变，统筹创新资源，构建创新生态系统和创新共同体。

首先，政府的主导作用非常重要。一是政府怎么样才能为创新提供卓有成效的激励机制和制度保障，在创新生态系统构建初期，政府的资金扶持发挥了关键作用，更好地发挥了政府在创新薄弱环节和共性关键技术领域提供政策支持的作用；二是政府还要出台一系列激励创新、鼓励竞争、支持人才流动和促进科研成果转化的法律法规政策，为企业创新提供公平自由的市场竞争环境；三是要减少政府对市场的行政干预，充分发挥市场在配置创新资源中的决定性作用,让市场甄别技术优劣并促进新技术、新产业发展,打破行业垄断和地方保护,促进生产要素自由流动,营造有利于创新的公平竞争市场环境,充分激发市场活力。

其次,雄安新区创新生态系统的开放共享需要建立一个由众多创新主体参与的平台,系统内部的创新知识和资源会不断在平台内部和外部之间进行流动,并且两者之间更多地体现为一种博弈的关系;系统中创新主体间竞合共生关系的产生,源于竞合状态的创新主体间的共生需求,而这种需求的产生是系统中内外影响要素共同作用的结果。这就要求充分发挥企业、高校、科研机构、行业协会、中介机构、民间团体等在人才发展上的协同作用,要形成多维一体的产业共生机制。其主要是发挥好政府的协调、引领、政策支持作用;强化企业物种的参与,形成以企业为主体的产业体系;发挥高校和科研院所对产业转换升级的科研支持作用;强化人才市场及中介机构的专业服务作用;发挥民间团体及个人的交流融合作用。

最后,雄安新区创新生态系统的构建与发展并不是一蹴而就的,要经历一个相对较长的孕育、生成、成长及成熟阶段,而科技、人才、资本、平台及公共基础服务,其他物理技术、经济范式的持续变革是创新生态系统的内生动力机制,对系统生成起决定性作用;创新文化的激励机制、政府政策的引导机制、中介机构的服务机制、用户需求的导向机制等是创新生态系统的外生动力机制,对系统生成起加速或减速作用。由此,一个良好的创新生态系统将是在一定的前提条件下,由内生动力机制与外生动力机制协同作用的结果。

参考文献

袁富华、张平、刘霞辉等:《增长跨越:经济结构服务化、知识过程和效率模式重塑》,《经济研究》2016年第10期。

张淑梅:《区域创新与合作:新常态下的京津冀协同发展》,《行政管理改革》2015年第4期。

周密、孙哲：《京津冀区域吸收能力的测算和空间协同研究》，《经济地理》2016年第8期。

李国平：《京津冀地区科技创新一体化发展政策研究》，《经济与管理》2014年第6期。

高丽娜、蒋伏心：《南京跨区域创新合作形成机制及优化路径研究》，《科技与经济》2012年第1期。

李峰、赵怡虹：《建设京津冀协同创新示范区的路径与保障机制研究》，《当代经济管理》2017年第3期。

白俊红、王钺、蒋伏心：《研发要素流动、空间知识溢出与经济增长》，《经济研究》2017年第7期。

李峰：《雄安新区与京津冀协同创新的路径选择》，《河北大学学报》（哲学社会科学版）2017年第6期。

张贵、石海洋、刘帅：《京津冀都市圈产业创新网络再造与能力提升》，《河北工业大学学报》（社会科学版）2014年第1期。

颜廷标：《努力把雄安新区建成创新驱动发展引领区》，《河北日报》2017年4月21日，第七版。

李晓华、刘峰：《产业生态系统与战略性新兴产业发展》，《中国工业经济》2013年第3期。

郭莉、苏敬勤、徐大伟：《基于哈肯模型的产业生态系统演化机制研究》，《中国软科学》2005年第11期。

洪帅、吕荣胜：《中国产业创新生态系统研究综述》，《经济问题探索》2017年第5期。

沈体雁、齐子翔、王彦博：《京津冀产业区际有序转移的市场设计——基于双边匹配算法》，《经济学家》2016年第4期。

鲁金萍、杨振武、刘玉：《京津冀城市群经济联系网络研究》，《经济问题探索》2015年第5期。

皮建才、薛海玉、殷军：《京津冀协同发展中的功能疏解和产业转移研究》，《中国经济问题》2016年第6期。

梅亮、陈劲、刘洋：《创新生态系统：源起、知识演进和理论框架》，《科学学研究》2014年第12期。

曾国屏、苟尤钊、刘磊：《从"创新系统"到"创新生态系统"》，《科学学研究》2013年第1期。

周立群主编《创新、整合与协调：京津冀区域经济发展前沿报告》，经济科学出版社，2007。

Ruth, M., Davidsdottir, B., *Industrial Ecosystems, the Dynamics of Regions and Networks in Industrial Ecosystems*, Edward Elgar, 2009.

Zohar Herbsman, Ralph Ellis, *Multiparameter Bidding System – Innovation in Contract*

Administration, Journal of Construction Engineering and Management, 1992, 118 (1).

Lansiti, M., Levien, R., *The Keystone Advantage: What the New Dynamics of Business Ecosystems Mean for Strategy, Innovation, and Sustainability*, Boston: Harvard Business School Press, 2004.

Anna Lamprou, David J. Hess, *Finding Political Opportunities: Civil Society, Industrial Power, and the Governance of Nanotechnology in the European Union*, Engaging Science Technology and Society, 2016.

Lowe, Ernest, John Warren, Stephen Moran, *Discovering Industrial Ecology: an Executive Briefing and Source Book*, Cleveland, OH: Battelle Press, 1997.

B.9 京津冀人力资源配置的效率与治理[*]

梁林 赵玉帛 李青[**]

摘 要： 长期以来，人力资源在空间维度中的配置极为不平衡，制约了京津冀协调发展战略的深入实施。科学评价京津冀人力资源配置效率，探究京津冀人力资源配置的时空格局、演变机制和影响因素成了优化人力资源配置的有效治理途径。首先，构建了京津冀人力资源配置效率评价指标体系；其次，运用超效率DEA测算了京津冀人力资源配置效率，并分析了其时空格局；最后，运用探索性空间数据方法（ESDA）明晰了京津冀人力资源配置的演变机制，并运用Malmquist指数识别了其影响因素。研究发现，京津冀人力资源配置效率虽整体呈现逐年提高的发展态势，但在空间上仍呈现"东高西低"格局，地区差异化显著；相邻的人力资源配置效率的聚集特征呈现由负向空间自相关演变为正向空间自相关的发展态势；技术进步是影响京津冀人力资源配置效率的重要因素。其进而提出了推进京津冀人力资源优化配置的治理整体方案、原则和关键点。

---

[*] 本部分由梁林、赵玉帛、李青执笔完成，得到国家社会科学基金（18CGL019）、河北省自然科学基金（G2018202059）、河北省社会科学基金（HB18GL031）、天津市社科规划重点项目（TJGL16-001）、河北省社会科学发展研究课题（201804120201）资助。

[**] 梁林，河北工业大学经济管理学院副研究员、硕士生导师，研究方向为区域人才规划；赵玉帛，河北工业大学工商管理专业硕士研究生；李青，河北工业大学工商管理专业硕士研究生。

关键词: 京津冀 人力资源配置效率 时空格局 演变机制 影响因素

京津冀区域作为国家重大发展战略区域和科技创新的核心区域,肩负着引领和带动实现创新型国家战略目标的重任。作为中国经济增长的重要引擎之一,其在人力资源、科技信息、产业升级、区域协同创新等诸多方面具有独特优势,为经济社会发展奠定了较好的资源基础。人力资源作为京津冀经济社会发展过程中的重要资源,已经成为区域经济发展的核心动力源泉。

然而,由于受到经济产业发展程度、户籍、医疗教育、基础设施建设以及人力资源互通共享机制等多方面的影响,目前京津冀内部的人力资源发展差距仍然较大,分布格局失衡,配置效率较低,严重阻碍了京津冀协同发展的进程。随着2014年京津冀协同发展等国家重大战略的提出以及《京津冀人才一体化发展规划(2017~2030年)》的发布,京津冀人力资源发展的要求和目标进一步明确,急需精准掌握京津冀人力资源配置现状中的问题,通过探究京津冀人力资源配置的机制,使京津冀人力资源结构更加合理,配置高效均衡,从而提升人才国际竞争力,实现建成"世界高端人才聚集区"的追求。

一 文献综述

区域人力资源配置问题引起了学术界的广泛重视,现有研究主要集中在宏观和微观两个层面。在微观层面,李文林等分析了数字环境下图书馆人力资源配置过程中存在的诸多问题,并从网络化趋势下用户的信息需求方面提出优化配置效率的策略。白全民等利用数据包络分析的CCR模型来测度商业银行的人力资源配置效率,利用相关性分析方法得出人力资源配置效率对商业银行的盈利能力有显著影响。李珏等通过协调适配度评价模型对国有重点林区的人力资源配置和产业结构的协调性进行测度,得出林业第二、第三产业比重的提升对人力资源配置优化具有重要意义。张秀川等构建了疾病预防控制机构 DEA 人力资源配置评价模型,通过实证研究验证了该方法在应急资源配置效率中的适用性。在宏观层面,何福平分析了福建区域人力资源配置中存在的体制障碍,重沿海、轻内陆,重数量、轻质量,整体素质不高等问题,认为优化区域人力资源配置能够促进区域经济建设和人的全面发展。杨继明等使用自主创新实验性调查数据,利用 Tobit 模型验证了区域人力资源配置水平对区域创新的积极作用。杨胜利等构建了区域劳动力资源配置效率指标体系,通过投入产出模型测度了我国 31 个省份的劳动力资源配置效率,并对区域差异性和影响因素进行了探究。

由此可见,现有研究偏重于对人力资源配置效率微观层面的研究,对宏观层面的研究相对较少,且大多是定性分析,也鲜有从时空两个维度去刻画人力资源配置效率变化以及演变机制的研究。鉴于此,本报告拟首先构建京津冀人力资源配置效率评价指标体系,测度三省份人力资源配置效率值,进而基于超效率 DEA 方法动态测度京津冀人力资源配置效率时空格局变化,利用探索性空间数据方法分析其演变机制。

二 研究方法与数据来源

(一)京津冀人力资源配置效率评价指标选取与数据来源

人力资源配置效率的测度一般分为人力资源投入指数和人力资源产出指数两个方面。为了全面、科学、有效地评价京津冀人力资源配置效率,对评价指标体系的选取要遵循科学性、可比性、可操作性及综合性等原则。本报告在相关文献的基础上,将经济资源投入指数、产业发展投入指数、社会服务投入指数和人力资本投入指数作为人力资源投入指数的二级指标;将经济资源产出指数、产业发展产出指数和社会发展产出指数作为人力资源产出指数的二级指标,并选取人力资源配置效率的三级指标对应二级指标,构建京津冀人力资源配置效率评价指标体系(如表1所示)。

表1 京津冀人力资源配置效率评价指标体系

一级指标	二级指标	三级指标
人力资源投入指数	经济资源投入指数	人均全社会投资总额(万元)
		人均外商直接投资额(万美元)
	产业发展投入指数	人均R&D经费内部支出(万元)
		人均新增固定资产(万元)
	社会服务投入指数	每万人普通小学和中学数(所)
		每万人卫生机构数(个)
		人均一般公共预算支出(万元)
	人力资本投入指数	每万人城镇非私营单位就业人数(万人)
		每万人科技人员数(人)
人力资源产出指数	经济资源产出指数	人均GDP(万元)
	产业发展产出指数	每万人专利申请授权量(件)
		第三产业比重(%)
	社会发展产出指数	每万人普通小学和中学在校生数(万人)
		每万人卫生机构床位数(张)
		人均一般公共预算收入(万元)

资料来源:以上数据均来自2013~2017年《中国统计年鉴》、《中国科技统计年鉴》、《河北经济统计年鉴》和《河北科技统计年鉴》的相关统计数据,以此来测度2012~2016年京津冀的人力资源配置效率变化情况。

(二)超效率DEA

基于传统的DEA模型计算得到的有效单元,即效率值是1的评价单元可能出现多个,然而传统的DEA方法无法对这些有效评价单元进行进一步区分。因此Banker等提出超效率数据包络分析法(Super-Efficiency)以弥补传统DEA的上述问题,Andersen等于1993年进一步改进了超效率数据包络分析法。其中,超效率CCR-DEA模型主要考虑被评价决策单元相对于其他单元的效率,其构造的参考集并不含有被评价决策单元本身,因此该评价模型可对DEA有效决策单元做出进一步区分评价。超效率

CCR-DEA 模型为：

$$\begin{cases} \min[\theta - \varepsilon(\sum_{i=1}^{m} s_i^- + \sum_{r=1}^{s} s_i^+)] \\ s.t. \sum_{\substack{j=1 \\ j \neq k}}^{n} X_{ij}\lambda_j + s_i^- = \theta X_0 \\ \sum_{\substack{j=1 \\ j \neq k}}^{n} Y_j\lambda_j - s_r^+ = Y_0 \\ \lambda_j \geq 0, j = 1,2,\cdots,n, s_i^- \geq 0, s_i^+ \geq 0 \end{cases} \quad (1)$$

其中，X、Y 分别表示投入向量和产出向量，表示效率值。λ_j 为各决策单元的组合系数，s^-、s^+ 为松弛变量。超效率 DEA 模型在进行第 k 个决策单元效率评价时，使第 k 个决策单元的投入和产出被其他所有的决策单元投入和产出的线性组合替代，将第 k 个决策单元排除在外（$j=k$）。

（三）Malmquist 指数

Malmquist 指数又被称为"全要素生产率"（TEPCH），通常被用于计算生产效率的变化情况。最初由 Malmquist 在 1953 年提出，Caves 等于 1982 年用其测算生产效率的变化，1994 年，Rolf Fare 等人将这一理论的一种非参数线性规划法与 DEA 理论相结合。Malmquist 指数的定义为：TFPCH = ECH × TECH = PECH × SECH × TECH。Malmquist 指数可分解为技术效率变化指数（ECH）与技术进步变化指数（TECH）。技术效率变化指数又能够分解为纯技术效率变动指数（PECH）与规模效率指数（SECH）。技术效率测度技术效率变化中由纯技术效率影响的部分，规模效率指数则测度其生产规模的变化情况。Malmquist 指数和分解的各类指数数值均有特定的含义：如果指数数值大于 1，则表示在评价时间段里相应指数效率呈现上升态势；反之，则说明其呈下降的趋势。

各指数在人力资源配置中所表示的具体含义如下：全要素生产率反映人力资源的规模集聚效应、社会技术进步、人力资源要素资源配置和利用水平的发展情况。如果指数大于 1，表明人力资源配置效率提高；若小于 1，则

表明人力资源配置效率下降。规模效率反映人力资源的规模集聚效应对人力资源配置效率的影响。纯技术效率反映人力资源要素资源配置和利用水平的发展情况,通过管理水平的变化影响人力资源配置效率。综合技术效率则总体反映人力资源的规模集聚效应、人力资源要素资源配置和利用水平的发展情况。技术进步变化指数反映社会技术进步程度对人力资源配置效率的影响,反映技术的创新和进步程度,指数小于1表示技术退步,大于1表示技术进步,而等于1则无变化。

(四)探索性空间数据分析(ESDA)

三省份科技资源配置呈现差异化特征,ESDA为探索科技资源配置效率在时空维度上的演变规律,应用空间计量经济学中的探索性空间数据分析方法。ESDA是一系列空间数据分析技术及方法的集合,使用可视化的方法来描述数据的空间分布规律,从而获得数据的空间结构,揭示空间相互作用的机制,其包括全局空间自相关及局部空间自相关。

1. 全局空间自相关

全局空间自相关利用单一的指数值来反映该区域的自相关程度,从而分析整体的空间模式。全局空间自相关指数为 Global Moran's I,见公式(2)。

$$\begin{cases} I = \dfrac{n \sum_{i=1}^{n} \sum_{j=1}^{n} w_{ij}(y_i - \bar{y})(y_j - \bar{y})}{\left(\sum_{i=1}^{n} \sum_{j=1}^{n} w_{ij}\right) \sum_{i=1}^{n}(y_i - \bar{y})^2} \\ \bar{y} = \dfrac{1}{n} \sum_{i=1}^{n} y_i \end{cases} \quad (2)$$

式(2)中,I 为全局空间自相关指数,n 为空间单元数据数目,y_i 和 y_j 分别表示空间单元 i 和 j 的属性值,w_{ij} 是空间权重系数矩阵,表示各空间单元邻近关系。Global Moran's I 指数取值范围在 [-1, 1]。当 I 大于0时,该区域在空间分布上呈正空间自相关,观测属性呈集聚空间格局,且越接近1时其正相关越强;反之,当 I 小于0时,该区域在空间上存在负空间自相关,观测属性呈离散空间格局,且越接近 -1 时其负相关越强;当 I 接近0

时，该区域的观测属性不存在空间自相关，在空间上呈随机分布格局。

2. 局部空间自相关

局部空间自相关能够分析某一空间单元和其邻近单元某一属性的相关程度，局部空间自相关指数为 Local Moran's I，见公式（3）。

$$\begin{cases} I_i = \dfrac{y_i - \bar{y}}{S^2} \sum_{j=1}^{n} w_{ij}(y_j - \bar{y}) \\ S^2 = \dfrac{1}{n} \sum_{i=1}^{n} (y_i - \bar{y})^2 \\ \bar{y} = \dfrac{1}{n} \sum_{i=1}^{n} y_i \end{cases} \quad (3)$$

式（3）中，I_i 为局部空间自相关指数，n 为空间单元数据数目，y_i 和 y_j 分别表示空间单元 i 和 j 的属性值，w_{ij} 是空间权重系数矩阵，表示各空间单元邻近关系。

三 京津冀人力资源配置效率的时空格局

利用 EMS1.3 统计软件求解投入角度的超效率 CCR-DEA 模型即（1）式，可得 2012~2016 年京津冀 13 个城市人力资源配置效率与排名情况（如表 2 所示）。

表 2 2012~2016 年京津冀 13 个城市人力资源配置效率与排名情况

	2012 年	2013 年	2014 年	2015 年	2016 年	2012~2016 年	
	效率	效率	效率	效率	效率	平均值	排名
北 京	4.962	5.462	5.914	4.868	5.669	5.375	1
天 津	1.912	1.840	1.817	1.854	1.867	1.858	4
石家庄	1.863	1.802	2.035	1.776	1.764	1.848	6
承 德	1.802	1.667	1.632	1.758	2.029	1.778	8
张家口	1.185	1.176	1.039	1.387	1.599	1.277	13
秦皇岛	1.695	1.583	1.541	2.360	2.435	1.923	2
唐 山	1.931	2.111	1.727	1.690	1.958	1.883	3
廊 坊	1.490	1.562	1.435	1.906	2.533	1.785	7
保 定	1.156	1.157	1.230	1.452	1.553	1.310	12

续表

	2012年效率	2013年效率	2014年效率	2015年效率	2016年效率	2012~2016年平均值	排名
沧州	1.950	1.606	1.885	1.781	2.032	1.851	5
衡水	1.737	1.704	1.666	1.642	1.274	1.604	9
邢台	1.326	1.222	1.583	1.649	1.143	1.385	11
邯郸	1.191	1.467	1.399	1.446	1.602	1.421	10
平均值	1.861	1.874	1.916	1.967	2.112	1.946	—

（一）京津冀人力资源配置效率整体呈现逐年提高的发展态势，且北京人力资源配置效率显著高于其他城市

京津冀人力资源配置效率整体呈现逐年提高的发展态势，其人力资源配置效率平均值的变化路径为 1.861→1.874→1.916→1.967→2.112，整体提高了 0.251。2012~2016 年京津冀人力资源配置效率的平均值排名在前三位的分别为北京、秦皇岛和唐山，这些地方在经济社会发展、产业升级以及人力资源方面具有巨大的优势，有利于使其人力资源配置效率保持在较高的水平；排名在后三位的分别是邢台、保定和张家口，这些地方由于地理位置和经济社会发展等方面的限制，阻碍了其人力资源配置效率的提高。其中，北京的人力资源配置效率平均值为 5.375，远高于排名第二的秦皇岛的 1.923，大约是其配置效率的 2.8 倍，其中 2015 年配置效率下降为 4.868，可能是京津冀一体化和京津冀协同发展战略的初步实施，导致北京人力资源配置效率处于动荡时期。

（二）京津冀人力资源配置效率总体表现出由低向高发展态势，空间格局呈现"东高西低"布局，地区差异显著

为更加直观地分析 2012~2016 年京津冀人力资源配置效率分布变化情况，通过使用 ArcGIS10.2 软件定量符号化中的分级色彩方法，根据表 2 对 DEA 方法测算的 2012~2016 年京津冀 13 个城市人力资源配置效率进行七阶段分类，绘制出图 1。人力资源配置效率（用 E 表示）分为七个阶段：初级阶段（1＜E≤1.3），较低级阶段（1.3＜E≤1.6），低级阶段（1.6＜E≤

1.9），中级阶段（1.9＜E≤2.2），较高级阶段（2.2＜E≤2.5），高级阶段（2.5＜E≤2.8），最高级阶段（E＞2.8）。通过对其阶段变化情况进行探究可以得到，2012~2016年京津冀13个城市人力资源配置效率的地理空间特征及随时间演进的态势。

（1）除2013年和2014年外，京津冀人力资源配置效率上升为更高阶段的区域逐年增多，基本表现为由各阶段向其更高级阶段的发展态势，说明京津冀人力资源配置效率在不断提高。其中，2012~2014年京津冀人力资源配置效率除较高级阶段和高级阶段外，在初级阶段、较低级阶段、低级阶段、中级阶段和最高级阶段均有分布；2015年京津冀人力资源配置效率除初级阶段、较高级阶段和高级阶段外，在较低级阶段、低级阶段、中级阶段和最高级阶段均有分布；2016年京津冀人力资源配置效率在七个阶段均有分布。

（2）京津冀人力资源配置效率阶段的空间格局基本呈现为东高西低的态势。京津冀人力资源配置效率阶段相对较高的区域主要位于京津冀的东部，而效率阶段相对较低的区域主要位于京津冀西部，石家庄除外。京津冀东部区域的人力资源管理更多呈现低级阶段、中级阶段，甚至是较高级阶段和高级阶段，但是京津冀西部区域的人力资源配置效率则更多地呈现初级阶段、较低级阶段和低级阶段。

（3）京津冀人力资源配置效率阶段的地区差异化较为显著。例如，北京的人力资源配置效率一直处于最高级阶段，但与其相邻的张家口和保定连续三年处于人力资源配置效率的初级阶段，虽然在2015年和2016年有所提升，但是也仅处于较低级阶段，成为京津冀人力资源配置效率的低洼地区；同时，位于京津冀南部的衡水、邢台和邯郸的人力资源配置效率一直处于初级阶段、较低级阶段和低级阶段，成为另一低洼地区，从而使得京津冀人力资源配置效率阶段呈现显著的地区差异。

（三）京津冀人力资源配置效率极化现象显著，北京人力资源配置效率及波动幅度显著高于天津和河北

为进一步分析京津冀人力资源配置效率情况，对河北省11个人力资源

配置效率数据进行处理，得到2012~2016年京津冀人力资源配置效率与排名情况（如表3、图1所示）。

表3 2012~2016年京津冀人力资源配置效率与排名情况

	2012年	2013年	2014年	2015年	2016年	2012~2016年	
	效率	效率	效率	效率	效率	平均值	排名
北京	4.962	5.462	5.914	4.868	5.669	5.375	1
天津	1.912	1.840	1.817	1.854	1.867	1.858	2
河北	1.575	1.551	1.561	1.713	1.811	1.642	3

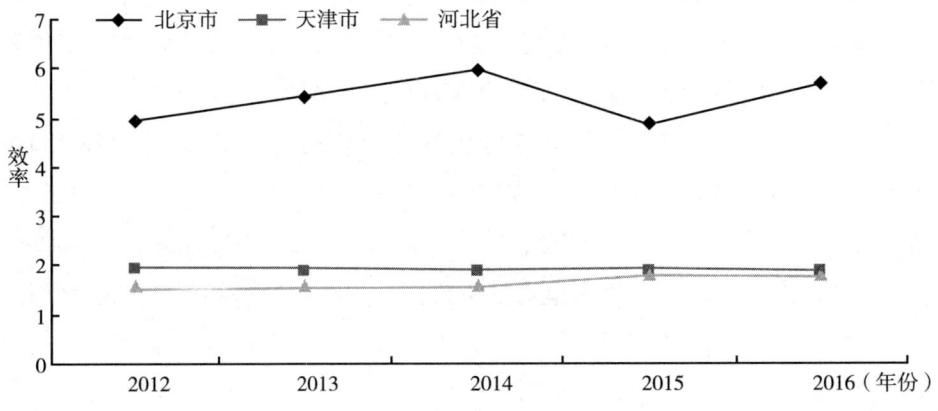

图1 2012~2016年京津冀人力资源配置效率

由表3和图1可以发现，京津冀三地人力资源配置效率极化现象显著，北京人力资源配置效率和波动幅度显著高于天津和河北。2012~2016年北京人力资源配置效率平均值为5.375，远高于天津的1.858和河北的1.642，约是天津的2.9倍，河北省的3.3倍，三省份人力资源配置效率的平均值排名由高到低依次是北京、天津、河北。其中，北京人力资源配置效率呈现在较大幅度中波动上升的发展态势，经历了先上升，再下降，后上升的过程，整体配置效率上升0.707；天津人力资源配置效率呈现在较小幅度中波动下降的发展态势，经历了先下降，后上升的过程，整体配置效率下降0.045；河北省的人力资源配置效率呈现在较小幅度中上升的发展态势，经历了先下降，后上升的过程，整体配置效率上升0.236。虽然五年中河北省的人力资源配置效率一直低于天津，但是河北省的人力资源配置效率与天津的差距由2012年的0.337逐渐缩小为2016年的0.056。

四 京津冀人力资源配置效率演变机制

为深入分析2012~2016年京津冀人力资源配置效率整体的演变机制，本报告使用GeoDa软件计算了京津冀人力资源配置效率的全局自相关系数Moran's I 指数（见表4）和局部自相关的Moran散点图（见图3）。全局Moran's I 指数反映了京津冀人力资源配置效率空间整体上的集聚或分散程度，但在一定程度上掩盖了局部的空间差异性，因此需要利用局部空间自相关进一步揭示京津冀人力资源配置效率的局部空间差异。

（一）人力资源配置效率聚集特征呈现由负向空间自相关演变为正向空间自相关的发展态势

根据全局空间自相关指数测算结果（见表4），结论如下。结果显示，除2014年外，其他年份均未通过 P 值检验（$P \leq 0.05$）。2012~2015年的全局自相关系数Moran's I 指数均为负值，表明京津冀人力资源配置效率在空间分布上呈现负向空间自相关的集聚特征，即人力资源配置效率较高的与人力资源配置效率较低的互相邻近，也就是相邻较多地表现为"高—低"和"低—高"的空间集聚特征。但是2016年的全局自相关系数Moran's I 指数变为正值，表明京津冀人力资源配置效率在空间分布上呈现正向空间自相关的集聚特征，即人力资源配置效率较高的邻近，人力资源配置效率较低的也互相邻近，也就是相邻较多地表现为"高—高"和"低—低"的空间集聚特征。

同时，随着时间的推移，由Moran's I 的值可以发现，京津冀人力资源配置效率的空间负相关集聚特征呈现先逐渐变强，再逐渐变弱的趋势，最值为-0.336，表现为较强的空间负相关集聚特征。到2016年，京津冀人力资源配置效率的 Moran's I 值变为 0.100，表现为较弱的空间正相关集聚特征，并成为京津冀人力资源配置效率空间负相关集聚特征的关键转变时期。

表4 2012~2016 年京津冀人力资源配置效率的全局自相关系数 Moran's I 指数

年份	2012	2013	2014	2015	2016
Moran's I	-0.235	-0.245	-0.336	-0.190	0.100
P 值	0.138	0.104	0.034	0.191	0.109
Z 值	-1.034	-1.274	-2.098	-0.832	1.106

（二）人力资源配置效率属于扩散效应区、过渡区、低速增长区和极化效应区的各呈现较大的变化趋势

根据局部空间自相关指数测算结果，现将京津冀人力资源配置效率划分定义为扩散效应区、过渡区、低速增长区和极化效应区，四类区域的空间自相关要素详见表5。

表5 空间自相关要素

集聚特征	扩散效应区	过渡区	低速增长区	极化效应区
符号	H-H	L-H	L-L	H-L
散点图所在象限	第一象限	第二象限	第三象限	第四象限
空间相关性	空间正相关	空间负相关	空间正相关	空间负相关
空间单元属性	同质性	异质性	同质性	异质性
集聚方式	该区域效率值较高，且其相邻区域效率值也较高	该区域效率值较低，但是其相邻区域效率值较高	该区域效率值较低，且其相邻区域效率值也较低	该区域效率值较高，但是其相邻区域效率值较低

通过对 2012~2016 年京津冀人力资源配置效率局部自相关的 Moran 散点图（见图2）进行分析，可以得到 2012~2016 年京津冀 13 个城市人力资源配置效率四类区域的分布情况（见表6）。现根据四类区域的分布情况对京津冀人力资源配置的演变机制进行深入探究。

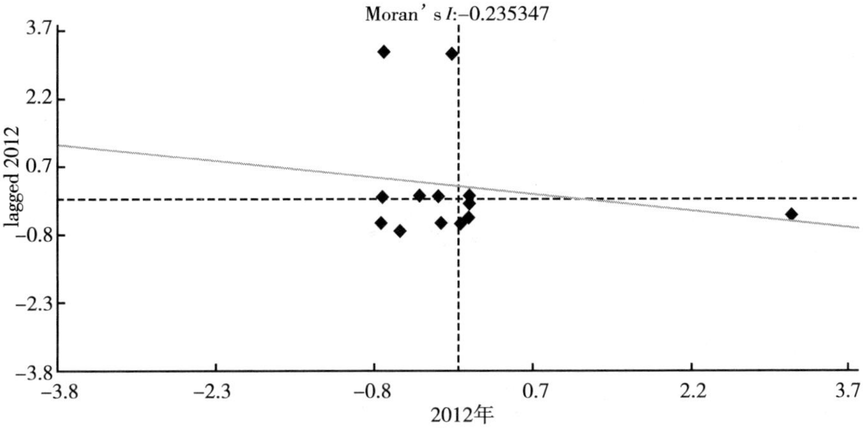
Moran' s I:-0.235347
lagged 2012
3.7
2.2
0.7
-0.8
-2.3
-3.8
-3.8
-2.3
-0.8
0.7
2.2
3.7
2012年

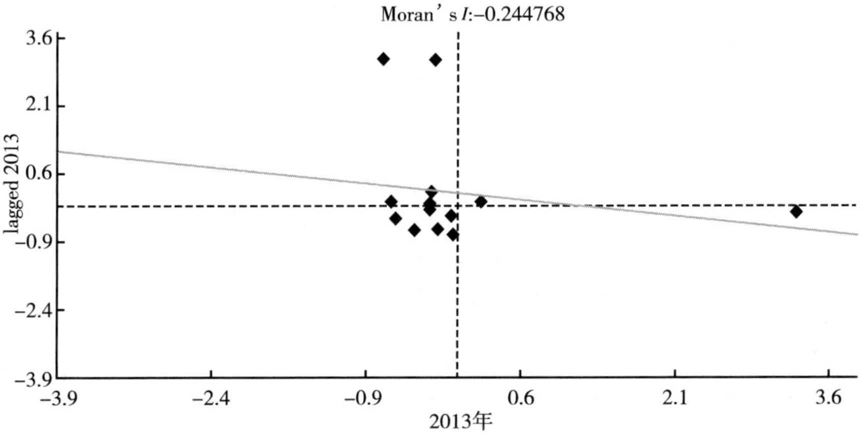
Moran' s I:-0.244768
lagged 2013
3.6
2.1
0.6
-0.9
-2.4
-3.9
-3.9
-2.4
-0.9
0.6
2.1
3.6
2013年

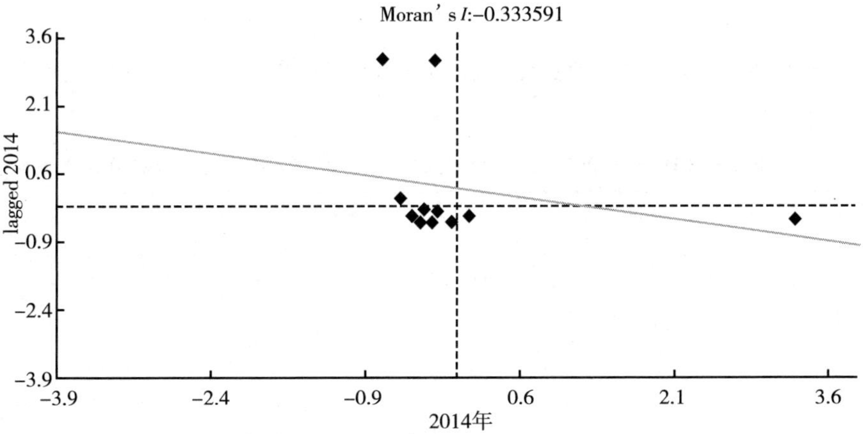
Moran' s I:-0.333591
lagged 2014
3.6
2.1
0.6
-0.9
-2.4
-3.9
-3.9
-2.4
-0.9
0.6
2.1
3.6
2014年

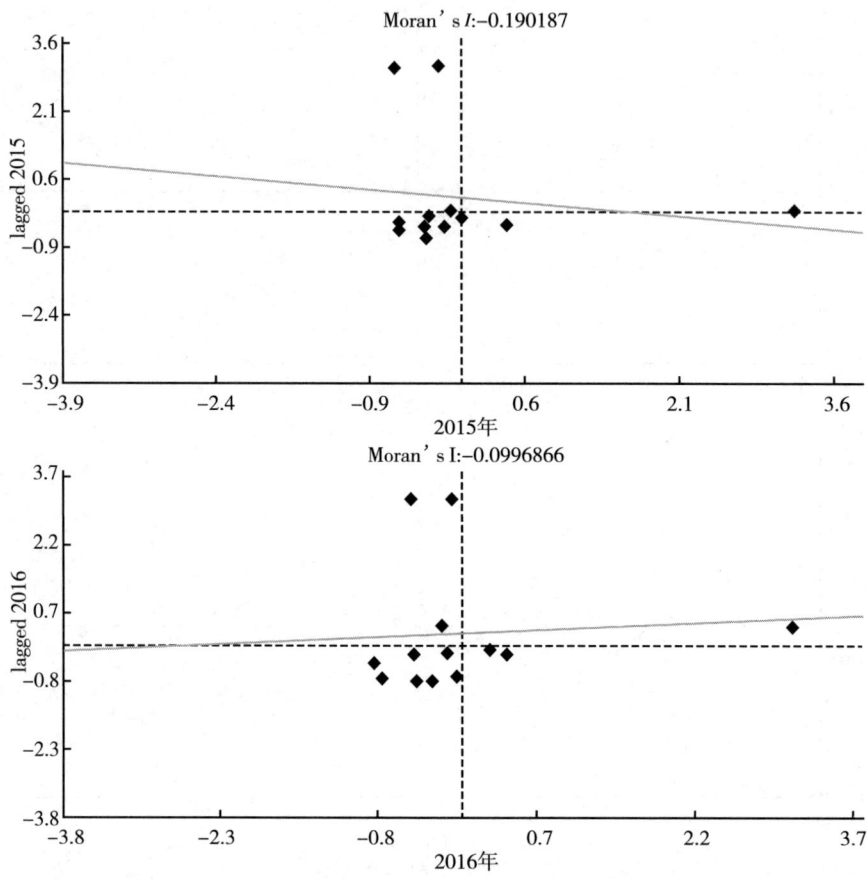

图 2　2012～2016 年京津冀人力资源配置效率局部自相关的 Moran 散点图

表 6　2012～2016 年京津冀 13 个城市人力资源配置效率四类区域的分布情况

年份	扩散效应区	过渡区	低速增长区	极化效应区
2012	唐山	承德、张家口、廊坊、保定、秦皇岛	衡水、邢台、邯郸	北京、天津、石家庄、沧州
2013	—	承德、张家口、秦皇岛	天津、石家庄、廊坊、保定、衡水、邢台、邯郸、沧州	北京、唐山
2014	—	承德、张家口、保定、	天津、廊坊、唐山、秦皇岛、衡水、邢台、邯郸、沧州	北京、石家庄

续表

年份	扩散效应区	过渡区	低速增长区	极化效应区
2015	—	承德、张家口	天津、石家庄、廊坊、唐山、保定、衡水、邢台、邯郸、沧州	北京、秦皇岛
2016	北京	天津、承德、张家口	石家庄、唐山、保定、衡水、邢台、邯郸、沧州	秦皇岛、廊坊

（三）京津冀各城市人力资源配置效率空间集聚特征分析

1. 北京人力资源配置效率的局部空间集聚特征

如表6所示，2012~2015年北京人力资源配置效率一直位于极化效应区，自身效率值一直处于高水平，但是与其相邻的张家口、保定等城市人力资源配置效率却一直处于较低水平，从而导致了北京呈现高—低的集聚特征；2016年北京人力资源配置效率位于扩散效应区，这是由于与其相邻的张家口、保定、廊坊和承德人力资源配置效率的提高，从而使其呈现高—高的集聚特征。北京作为我国经济社会最发达的地区之一，拥有优惠的产业政策、丰富的人力资源、发达的地区经济等有利因素，一直保持高投入-高产出的人力资源配置模式，其人均一般公共预算支出、每万人城镇非私营单位就业人数和每万人科技人员数等人力资源投入方面均远高于其他各城市，加之自身高水平的人力资源配置和产出，使其人均GDP、第三产业比重和每万人专利申请授权量等人力资源产出方面均高于其他各城市。

2. 天津和石家庄人力资源配置效率的局部空间集聚特征

2012年天津人力资源配置效率位于极化效应区，2013~2015年位于低速增长区，2016年位于过渡区，变化原因在于天津人力配置效率整体呈现下降发展态势，而毗邻地区如廊坊等人力资源配置效率呈现上升趋势。天津作为环渤海地区经济中心，其滨海新区作为自由贸易试验区，为天津的经济发展注入了新活力，但天津在教育投入、城镇非私营单位就业以及科技投入等方面的力度有待加强，同时，其人力资源成果转化能力急需进一步提升。2012年和2014年石家庄的人力资源配置效率位于极化效应区，其在2013

年、2015年和2016年位于低速增长区，变化原因在于石家庄人才配置效率呈现先下降后上升的发展态势，而与之相邻的保定、衡水和邢台的人力资源配置效率却一直处于较低水平。

3. 保定和廊坊人力资源配置效率的局部空间集聚特征

2012年和2014年保定人力资源配置效率位于过渡区，2013年、2015年和2016年位于低速增长区。2012年廊坊的人力资源配置效率位于过渡区，2013~2015年位于低速增长区，2016年位于极化效应区。保定和廊坊紧邻北京、天津和石家庄，地理位置优越，但是它们的人力资源配置效率水平较低可能有两方面原因：一是北京、天津和石家庄对其人力资源等方面的吸引，导致其人力资源特别是优质人力资源的聚集能力较弱，其每万人城镇非私营单位就业人数需要进一步增加；二是对人均一般公共预算投入偏少，利用外商直接投资能力偏弱，从而削弱了人力资源配置过程中社会服务和经济投入等重要因素。其中，廊坊在2016年的人才配置效率上升为2.533，高于与之相邻的天津、保定和沧州，从而使其由低速增长区过渡到极化效应区。

4. 承德和张家口人力资源配置效率的局部空间集聚特征

2012~2016年承德和张家口的人力资源配置效率一直位于过渡区，它们的人力资源配置效率一直处于较低水平，但是与其相邻的北京和唐山的人力资源配置效率则一直处于较高水平。承德经济基础不好，基础设施落后，加之交通不便，使其发展受到制约。张家口由于地理位置特点，侧重生态环境保护，第一产业和第二产业的发展受到制约。它们在外商直接投资、科技资源投入、一般公共预算支出等人力资源投入方面严重偏低，同时，人均GDP和专利申请授权量等人力资源产出方面严重偏低，导致其人力资源配置效率一直偏低，从而使得它们一直位于过渡区。其中，虽然北京和张家口获得了2022年冬奥会举办权，在一定程度上促进了张家口的经济社会发展，但是人力资源配置效率提高幅度有限，仅为0.414。

5. 秦皇岛和唐山人力资源配置效率的局部空间集聚特征

2012~2013年秦皇岛的人力资源配置效率位于过渡区，2014年位于低速增长区，2015~2016年位于极化效应区，这是由于秦皇岛的人力资源配置效率呈现先下降后上升的发展态势，并且整体上升幅度较大，为0.74。2012年唐山的人力资源配置效率位于扩散效应区，2013年位于极化效应区，2014~2016年位于低速增长区，这是由于唐山人力资源配置效率呈现先上升后下降的发展态势。秦皇岛和唐山人力资源配置效率一直保持在较高的水平，在京津冀各城市排名中分别为第2、第3。秦皇岛和唐山凭借东邻渤海、西邻京津、扼守华北地区通往东北地区的咽喉要道等优越的地理位置和发达的交通网络，加之不断增加对社会服务的投入，重视科技资源投入和对科技人员的培养，不断提高引进利用外资的能力，特别是唐山的GDP长期处于河北省各地区前列，从而实现了人力资源的高效配置。

6. 衡水、邢台、邯郸和沧州人力资源配置效率的局部空间集聚特征

除2012年沧州的人力资源配置效率位于极化效应区外，2012~2016年衡水、邢台、邯郸和沧州的人力资源配置效率长期位于低速增长区，从而成为京津冀人力资源配置的薄弱地区。其中，沧州由于其紧邻京津，并拥有黄骅综合大港，促进了人力资源配置，其平均值在京津冀各城市中排名第5。衡水、邢台和邯郸引进和利用外商直接投资的能力较弱，在科技资源投入方面偏低，对人力资源培养、引进和利用的能力不足，并且对人力资源的社会保障服务投入力度偏弱，从而导致其人力资源配置效率偏低，并长期位于低速增长阶段。

五 京津冀人力资源配置效率影响因素

为了更好地探究不同时期天津人才配置效率的变动状况，利用DEAP2.1软件计算投入角度CCR模型的Malmquist指数，对2012~2016年京津冀人力资源投入和产出的面板数据进行分析，可得到2012~2016年京津冀分年份的全要素生产率指数及其分解的计算结果，如表7和表8所示。

（一）京津冀人力资源配置效率分年份的 TEPCH 指数及其分解

表7　2012～2016年京津冀人力资源配置效率分年份的 TEPCH 指数及其分解

年份	技术效率（ECH）	技术进步（TECH）	纯技术效率（PECH）	规模效率（SECH）	全要素生产率（TFPCH）
2012～2013	1	0.611	1	1	0.611
2013～2014	1	1.001	1	1	1.001
2014～2015	1	0.721	1	1	0.721
2015～2016	1	1.088	1	1	1.088
平均值	1	0.855	1	1	0.855

（1）从分年份的全要素生产率角度可以发现，2012～2016年的全要素生产率平均值为0.855，说明京津冀人力资源配置效率呈现14.5%的下降趋势。虽然京津冀人力资源配置的技术效率为1，但是其技术进步指数下降了14.5%，从而导致其全要素生产率下降了14.5%，说明技术进步是京津冀人力资源配置效率的主要影响因素。同时，只有2013～2014年和2015～2016年的全要素生产率大于1，其他年份均小于1，说明京津冀人力资源配置效率在2013～2014年出现0.1%的增长，在2015～2016年出现8.8%的增长，其他年份均为下降。

（2）从技术效率的角度可以发现，2012～2016年的技术效率平均值为1，且京津冀人力资源配置的技术效率历年均为1，说明技术效率未出现上升或下降趋势。进一步分析可知，京津冀人力资源配置的纯技术效率和规模效率平均值都为1，且历年效率都为1，说明纯技术效率和规模效率均未出现上升或下降趋势。

（3）从技术进步的角度可以发现，2012～2016年的技术进步指数平均值为0.855，整体呈现先上升后下降再上升的变化趋势。其中，2013～2014年和2015～2016年的技术进步指数大于1，说明该时期技术进步促进了京津冀人力资源配置效率的提高；但是2012～2013年和2014～2015年的技术进步指数小于1，说明该时期技术进步是制约京津冀人力资源配置效率提高的主要因素。

(二) 京津冀人力资源配置效率分城市的 TEPCH 指数及其分解

表8 2012~2016 年京津冀人力资源配置效率分城市的 TEPCH 指数及其分解

城市	技术效率（ECH）	技术进步（TECH）	纯技术效率（PECH）	规模效率（SECH）	全要素生产率（TFPCH）
北 京	1	1.033	1	1	1.033
天 津	1	0.991	1	1	0.991
石家庄	1	0.865	1	1	0.865
承 德	1	0.760	1	1	0.760
张家口	1	0.826	1	1	0.826
秦皇岛	1	0.891	1	1	0.891
唐 山	1	0.822	1	1	0.822
廊 坊	1	0.800	1	1	0.800
保 定	1	0.894	1	1	0.894
沧 州	1	0.791	1	1	0.791
衡 水	1	0.807	1	1	0.807
邢 台	1	0.755	1	1	0.755
邯 郸	1	0.875	1	1	0.875
平均值	1	0.855	1	1	0.855

（1）从全要素生产率角度可以发现，只有北京的全要素生产率大于1，其余各城市均小于1，说明只有北京的人力资源配置效率总体呈现增长态势，且增长幅度为3.3%，其余各城市的人力资源配置效率均表现为不同程度的下降态势，且下降幅度差距较大，其中下降幅度最小的是天津，为0.9%，而下降幅度最大的是邢台，为24.5%。京津冀人力资源配置的技术效率平均值为1，技术进步平均值为0.855，说明技术进步是影响天津人力资源配置效率的主要因素。

（2）从技术效率的角度可以发现，京津冀人力资源配置的技术效率都为1，说明各城市的技术效率未出现上升或下降趋势。其中，各城市的纯技术效率和规模效率均为1，说明各城市的纯技术效率和规模效率均未出现上升或下降趋势。

（3）从技术进步的角度可以发现，除北京的技术进步指数大于1，呈现正增长趋势外，其他各城市的技术进步指数均呈现负增长趋势，说明技术进步提高了北京人力资源配置效率，抑制了其他各城市的人力资源配置效率。

综上所述，对京津冀分年份和分城市的全要素生产率指数及其分解数据进行逐步分析，发现京津冀人力资源配置的全要素生产率总体呈现下降趋势，并且技术效率、纯技术效率和规模效率未出现波动变化，技术进步总体呈现下降趋势，因此，技术进步是影响京津冀人力资源配置效率的重要因素。

六 推进京津冀人力资源优化配置的治理策略

本报告构建了京津冀人力资源配置效率评价体系，利用超效率 DEA 对其配置效率的时空格局进行分析，采用探索性空间数据方法对京津冀人力资源配置的演变机制进行分析，运用 Malmquist 指数探究京津冀人力资源配置效率的影响因素。下面将基于研究结果，提出推进京津冀人力资源优化配置的整体治理方案、原则和关键点。

（一）基于配置效率的时空格局，提出京津冀人力资源配置的整体治理方案

从京津冀人力资源配置效率的时空格局来看，一方面，其总体呈逐年提高的发展趋势；另一方面，其呈现"东高西低"的分布格局以及地区差异化显著的现状。因此，提出京津冀人力资源配置的整体治理方案。

1. 强化人力资源配置的顶层设计，推进人力资源协同共享机制

京津两地应发挥其"领头"作用，在人力资源培养上对河北各市进行支持，通过企业、高校、科研机构等社会力量，以共建研发中心、联合办学、项目合作、精准人力资源培养等形式实现互帮互助，推动京津冀人力资源共育机制的形成。人力资源的保障服务对人力资源配置和三地之间人力资

源的流动起着至关重要的作用。当前,京津冀三地之间已经实现了服务业从业人员资质互认,但京津冀三地之间的人力资源服务保障机制尚未统一。京津冀三地应制定统一的地方服务标准,逐步实现人力资源管理政策,使人力资源保障水平协同一致,以此促进三地之间服务业的对接合作,最终实现三地之间人力资源的优化配置。

2. 推动人力资源信息化建设,建立统一的人力资源信息共享库

通过互联网通信、AI、大数据、物联网等技术的应用,建立京津冀人力资源政策体系,对三地的人力资源市场进行整合统一,集合三地力量建立统一有序、信息共享、运行规范的人力资源市场。京津冀三地在发展中有着各自不同的定位,人力资源的层次、类型需求也大有不同。三地之间应立足自身的发展需要,以市场为导向,建立统一的人力资源信息共享库,为三地提供人力资源需求和人力资源供给信息,创造条件引导人力资源在三地之间合理有序流动,实现人力资源自我价值实现的最大化。

3. 加强北京对河北教育和医疗等人力资源公共服务的支持力度

北京应给予资源支持,帮助河北产业承接地建立完善的公共服务体系。对于产业迁入地的教育服务,北京应利用拥有的众多一流大学和一流学科建设高校资源以及优质的中小学教育资源,结合产业迁入地的实际情况和地方高校的实力,设立分校分院,不能设立分校分院的,在师资力量上给予帮助,实现京师入冀定期轮换交流机制。对于产业迁入地的医疗服务,北京应利用其众多的三甲医院和先进精密的医疗器械设备,与产业迁入地的医院进行资源共享,以"技术支持、医疗信息共享、学术交流、医师培养"等模式,对迁入地医院进行帮扶,以提高其医疗水平。

(二)基于配置效率的演变机制,提出京津冀人力资源配置的治理原则

基于京津冀人力资源配置演变机制判断,空间自相关由负向演变为正向,且各呈现较大变化趋势的现状,提出京津冀人力资源配置的治理原则。

1. 长期处于过渡区的地区应加强与相邻地区的协同互动

张家口和承德在地理位置和交通优势上逊于东部沿海，需要结合各功能定位，加强"依靠京津，服务自身"的意识，区别对待，分类解决。张家口和承德毗邻北京，在京津冀协同发展中的功能定位为生态涵养区。张家口是著名的冰雪运动旅游胜地，国家级生态文明示范区，张家口应充分利用北京－张家口2022年冬奥会这一契机，完善基础设施，优化京张交通网络，提高公共服务水平，以北京为名片，利用其毗邻北京、生态优美的优势，吸引在京人力资源的流入。

2. 长期处于低速增长区的城市应积极融入京津冀一体化

保定和廊坊接壤北京南部和天津西部，在承接京津产业转移和优化自身产业结构调整上，具有得天独厚的优势。两地应抓住雄安新区建设的重大历史机遇，积极承接京津产业转移，围绕优势产业进行深度融合和产业链延伸，形成多层次产业承接体系，优化区域产业布局，实现人力资源回流。邯郸、邢台、衡水三地既不接壤京津地区，又非沿海港口城市，在经济发展水平、交通区位、教育医疗等方面处于劣势。三地应完善交通体系，打造与京津两地和相邻省会城市的"半小时通勤圈"，加大教育医疗方面的投入，实现京津优质教育医疗资源共享，提高三地的公共服务水平。

（三）基于配置效率的影响因素，提出京津冀人力资源配置的治理关键点

从人力资源配置效率的影响因素看，技术进步是影响京津冀人力资源配置效率的重要因素。由此，提出京津冀人力资源配置的治理关键点。

1. 充分利用大数据、人工智能、云计算等先进技术，建立自下而上的人力资源需求库

提高人力资源的配置水平，需要强化人力资源配置中市场的决定性作用，打破三地政府机关在人力资源的选用、考核、评价、激励等方面包管一切的局面，政府应认清自己在人力资源配置中的服务地位，为企业人力资源的配置提供帮助与支持，帮助企业构建层次分明、自下而上、类型不同的人

力资源需求库。

2. 结合当地高校毕业生情况和流动人口状况，建立区域人力资源供给库

三地政府机关在各地高校毕业生的所学专业、就业意向、薪资待遇等信息获取方面具有先天优势，应通过结合各地流入、流出人口的就业信息，建立信息完备、真实有效、资源共享的人力资源供给库，为企业选人、用人提供便利。

3. 强化三地政府在人力资源供给、需求信息联通中的桥梁作用

政府需要对录入人力资源需求库的企业进行审查，保证其资质合格，为企业的招聘信息进行信用背书，并加强事前、事中、事后监督；为录入人力资源需求信息的企业提供技术支持和帮助，减少企业负担；鼓励和引导将高校毕业生就业意向信息录入人力资源供给库，对供给与需求匹配成功的企业给予奖励。

参考文献

沈晓平、张红、潘锐焕等：《京津冀区域科技资源投入产出效率研究》，《情报工程》2017年第6期。

李文林、曾莉、车玮：《数字环境下高校图书馆人力资源配置问题研究现状与思考》，《图书馆论坛》2010年第1期。

白全民、孙健、安佰芹：《商业银行人力资源配置效率及对盈利性影响的实证分析》，《金融发展研究》2008年第1期。

李珏、王玉芳：《重点国有林区人力资源配置与产业结构协调性测度》，《林业经济问题》2017年第6期。

张秀川、刘婷婷、王春平等：《数据包络分析在疾病预防控制机构卫生应急人力资源配置效率评价中的应用》，《中国卫生资源》2018年第2期。

何福平：《区域人力资源配置对海峡西岸经济区建设的影响及对策研究》，《南方经济》2005年第10期。

杨继明、冯俊文、李永忠：《人力资源配置与区域创新有效性研究——技术吸收能力视角》，《科学管理研究》2010年第1期。

杨胜利、段世江：《转型期我国劳动力资源配置效率评价与分析研究》，《中国人力

资源开发》2016年第19期。

高宁、李景平：《人力资源配置科学性测评指标体系的构建》，《统计与决策》2016年第6期。

彭皓玥、王树恩：《我国科技人才配置的效率》，《工业工程》2008年第2期。

王晓丹、金喜在：《基于DEA方法的人力资本结构效率评价》，《税务与经济》2008年第3期。

Banker Rajiv-D, "Estimating Most Productive Scale Size Using Data Envelopment Analysis", *European Journal of Operational Research*, 1984, Vol. 17 (1).

Andersen P., Petersen NC, "A Procedure for Ranking Units in Data Envelopment Analysis", *Management Science*, 1993, Vol. 39 (10).

周平：《基于超效率DEA模型的区域低碳效率空间分异——以湖南省各市州为例》，《经济地理》2017年第3期。

李闻一、朱祥波、王宇：《政府科技投入成本效益分析——基于超效率CCR模型与Malmquist指数模型》，《科技进步与对策》2016年第21期。

任宇飞、方创琳：《京津冀城市群县域尺度生态效率评价及空间格局分析》，《地理科学进展》2017年第1期。

武红：《中国省域碳减排：时空格局、演变机理及政策建议——基于空间计量经济学的理论与方法》，《管理世界》2015年第11期。

刘汉初、卢明华、刘成：《山西省县域人口半城市化的空间格局研究》，《经济地理》2015年第1期。

B.10 京津冀高技术产业治理与路径选择

李涛 温科

摘　要： 产业发展是京津冀协同发展的重点领域之一，而高技术产业治理对京津冀产业发展尤为重要。本报告从政策环境、发展基础、产出效益和产业竞争力四个维度，运用熵权法对京津冀高技术产业治理指数进行测度，并对医药制造业、航空航天器及设备制造业、电子及通信设备制造业、计算机及办公设备制造业和医疗设备及仪器仪表制造业治理四个子行业治理指数进行测度，通过对高技术产业整体及分行业的分析，明晰了京津冀三地在高技术产业方面拥有的优势与劣势，以期提出更具针对性的对策建议，推进京津冀产业治理。

关键词： 京津冀　高技术产业　治理指数

产业发展是区域经济发展的重要决定力量，特别是随着我国经济步入"新常态"，抓住新兴技术革命和技术创新带来的新机遇、加速创新驱动，是推动京津冀协同发展的关键。然而，京津冀产业，特别是高技

---

* 河北省社会科学基金"京津冀协同创新背景下河北省以创新引领产业转型升级对策研究"（HB16YJ004）。
** 李涛，河北工业大学经济管理学院博士研究生，研究方向为产业创新与经济地理；温科，河北工业大学经济管理学院博士研究生、邯郸学院经济管理学院讲师，研究方向为产业创新与区域经济。

术产业发展差距明显，产业协同效果不显著。如何通过高技术产业治理推进京津冀产业协同发展，进而提升区域整体竞争力是本报告所研究的重点。

一 文献综述

在产业全球化背景下，产业转型升级已经不再是传统的、简单的由劳动密集型、资本密集型向技术密集型的转换，而是包括产业内部主体之间、内部主体与外部环境之间的整个产业生态升级。产业治理就是指通过一系列正式或非正式的制度安排，协调产业生态内部关系，旨在建立和维护产业竞争优势并采取集体行动的持续的过程（吴定玉等，2017）。目前，学术界对产业治理的研究主要集中在以下三个方面。一是产业价值链治理。学术界对产业价值链治理的相关研究主要基于全球价值链（Global Value Chain，GVC），Gereffi 等（2003）将全球价值链治理模式分为市场、模块型、关系型、领导型和科层型五种，并指出从市场到科层，产业主体的权力不对称程度逐渐增强。Humphrey 和 Schmithz（2000）研究了全球价值链的治理与产业集群升级之间的关系，指出价值链升级有工艺流程升级、产品升级、功能升级和跨产业升级四种实践形式。国内学者黄永明和聂明（2006）认为，价值链的升级不是单个企业的行为，而是整个价值链条各环节及其支撑系统之间的相互依赖和作用。邓伟根和王然（2010）指出，在经济全球化格局下，发展中国家一般基于产品内分工而被纳入全球价值链，形成外向型发展的工业化模式，而这种工业化模式的产业转型受到 GVC 中各主体之间正式与非正式制度安排的统一约束。进一步地，文婷和韩笑（2013）以我国移动通信产业为例，探讨价值链治理者决定机制，研究表明，处于价值链环节的企业垄断性越强，则越有可能成为价值链的治理者。二是产业链治理。产业链的理论来源于亚当·斯密的分工理论，形式上是劳动分工，本质上是提高产业链效率。汪延明和杜龙政（2010）从公司治理角度提出，产业链治理应当以技术董事和信息董事为主构建产业链董事会。

彭本红等（2016）分析了移动互联网产业链存在的问题，提出产业网络是治理基础，社会网络是补充；此外，还肯定了政府在产业链治理中的独特作用。王伟（2017）将产业链内涵特征从供需链、产品链、价值链、技术链和空间链五个视角进行考察，并以资源型产业为例，认为产业链治理的目的是提高资源使用效率，促进产业链升级。三是产业集群治理。产业集群通过产业内各主体之间的协同与互动，提升产业竞争优势。张聪群（2008）提出了产业集群治理的三维逻辑，认为社会机制和激励约束机制是两大主要治理机制。产业集群中的企业由于地理、技术等多为邻近，这使得集群内知识溢出加快，甚至产生了一些负向激励。对此，魏江等（2010）从集群治理理论视角提出了四种保护模式。此外，有学者从规避产业集群风险角度，将企业社会责任纳入分析框架，提出了从关系性嵌入、结构性嵌入和关系性与结构性嵌入三方面的产业集群治理机制（吴定玉等，2017）。

产业发展是一个国家或地区经济增长的关键力量，也是提升区域竞争力的重要途径。作为我国经济发展的重要增长极，京津冀地区高技术产业发展的状况直接决定了未来京津冀协同发展的质量。学术界对京津冀高技术产业发展的相关研究主要集中在以下几个方面。一是高技术产业协同创新的相关研究。臧维等（2015）构建了基于资源视角的京津冀高技术产业协同创新体系，研究结果表明，京津冀三地高技术产业创新协同度较低。崔松虎和刘莎莎（2016）将协同学的基本理论纳入分析框架，指出三地高技术产业的制度创新系统、结构创新系统和行为创新系统在发展趋势上存在较大差别。武玉英等（2016）通过构建要素与产业协同度测度模型，证明了要素异质性对高技术产业的影响。二是高技术产业创新效率测算。王丽平和周龙（2016）从综合效率、规模效率、规模报酬和投影分析等五个视角，对京津冀高技术产业的技术创新效率进行分析，并从政府、产业和企业三个层面提出了相应的对策建议。王双进和李新刚（2018）则通过运用DEA-Windows模型，比较分析了三地高技术产业R&D活动效率，结果表明，外部环境因素和随机噪声有重要影响。三是高技术产业综合评价。卜洪运和陶玲玲（2016）基于改进的指数型功效函数对京津冀高技术产业集群竞争力进行了评价，在研究期内，京津冀高技术产业竞争力不断提升。范德明和杜明月（2017）基于TOPSIS灰色关联投影法对京津冀高技术产业的技术创新能力进行了动态评价，提出加强区域合作和优势互补是缩小区域技术创新能力差距的有效途径。然而，卜洪运等（2017）运用EM算法的因子分析模型测算了高技术产业集群发展水平，结果表明，北京和河北高技术产业发展总体上呈现上升态势，而天津的高技术产业发展波动较为明显。

综上所述，已有研究为本报告提供了有益借鉴与参考，也为本报告开展提供了思路。一方面，产业治理相关研究多集中于产业链、产业集群治理等方面，对高技术产业治理的研究不足；另一方面，京津冀高技术产业研究多集中于对创新效率、产业发展等方面的研究，基于治理视角的高技术产业相关研究较少。因此，本报告首先对京津冀高技术产发展现状进行详细梳理与分析，通过构建产业治理指数评价高技术产业发展情况，分析高技术产业发展所面临的问题，进而提出基于治理视角的高技术产业发展对策建议，以期为提升京津冀协同发展质量提供参考。

二 京津冀高技术产业发展现状分析

（一）京津冀高技术产业总体状况

2016年京津冀地区高技术产业主营业务收入合计达9907.06亿元，占全国高技术产业主营业务收入的比重为6.44%，其中，北京、天津和河北主营业务收入分别为4308.54亿元、3762.45亿元和1836.07亿元。

由图1可知，2006~2016年，京津冀地区高技术产业主营业务收入上升趋势明显，2007年后出现下滑可能是受美国次贷危机的影响，2009年后，三地主营业务收入增幅明显，2014~2016年，高技术产业主营业务收入一直保持在9900亿元以上。分地区来看，在研究期内，北京高技术产业发展最好，除 2013~2015 年之外，其高技术产业主营业务收入始终领跑京津冀；天津高技术产业主营业务收入从 2006 年的 2335.95 亿元增长到 2016 年的 3762.45 亿元，特别是在 2013~2015 年，其高技术产业主营业务收入超过北京，而到了 2016 年，天津高技术产业主营业务收入出现了明显下滑；河北高技术产业主营业务收入一直处于增长态势，由 2006 年的 327.25 亿元，增长到 2016 年的 1836.07 亿元，但仍显著低于北京和天津。

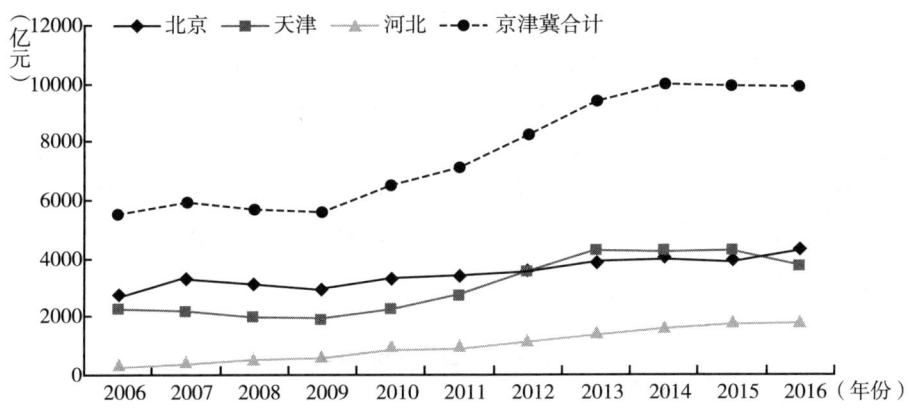

图1　2006~2016 年京津冀高技术产业主营业务收入

资料来源：北京、天津和河北历年《高技术产业统计年鉴》。

由图 2 可知，在研究周期内，无论是京津冀整体还是分地区，高技术产业增长率波动幅度大体上高于全国平均水平；此外，受美国次贷危机影响，京津冀及全国高技术产业增速下滑明显，特别是北京和天津下滑幅度较大，导致京津冀地区 2008~2009 年高技术产业增速为负数。2009~2016 年，北京高技术产业增速波动较大，特别是在 2015 年，其增速为负数；天津高技术产业增速在 2012 年之后，基本上呈现下滑态势，增速由最高的 30.75%下滑到 2016 年的 -11.13%；河北高技术产业增速波动大体上高于京津冀和全国增速波动，2011 年增速下滑明显，到 2016 年，河北高技术产业增速为 7.63%，是研究期内增速的最低点。

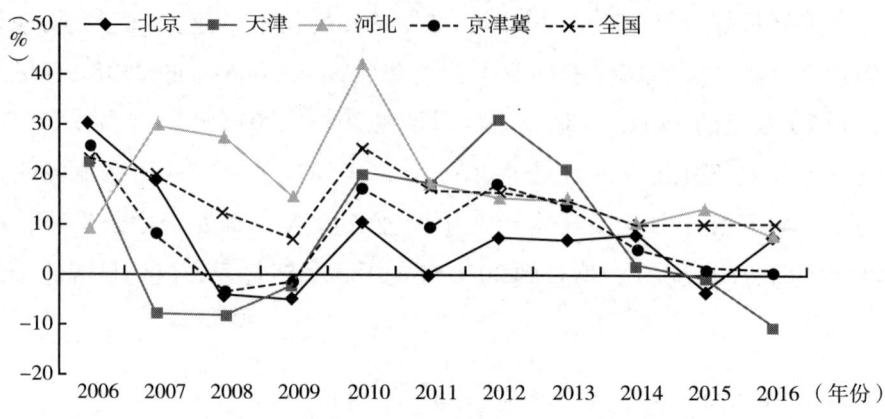

图 2　2006～2016 年京津冀及全国高技术产业增长率

资料来源：根据北京、天津和河北历年《高技术产业统计年鉴》计算整理。

高技术产业主营业务收入及其增速的变化，主要是京津冀区域内部的比较，而主营业务收入占比则反映了京津冀区域高技术产业在全国的重要程度（如图3所示）。

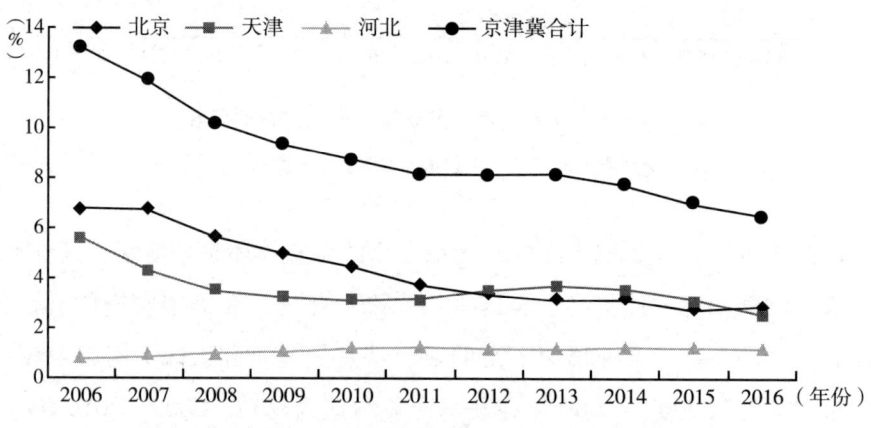

图 3　2006～2016 年京津冀高技术产业主营业务收入占比

资料来源：根据北京、天津和河北历年《高技术产业统计年鉴》计算整理。

由图3不难发现，2006～2016年，北京和天津高技术产业占比呈逐渐下降趋势，北京占比由2006年的6.81%逐渐下降到2016年的2.80%，天津占比则从2016年的5.62%下降到2016年的2.45%，而京津两地的占比严重下降导致整个京津冀地区占比从2006年的13.21%下降到2016年的不足7%。虽然河北在研究期内高技术产业占比有所上升,但是幅度较小,一直维持在1.2%左右。从高技术产业占比趋势可以看出,京津冀高技术产业整体发展落后于其他地区,高技术产业发展亟待加强。

(二)分行业发展状况

1. 医药制造业

2016年京津冀地区医药制造业主营业务收入合计达2322.22亿元,比2006年增加了1736.79亿元,其中,北京、天津和河北的主营业务收入分别为809.03亿元、567.41亿元和945.78亿元。

由图4可知,2006~2016年,京津冀整体医药制造业发展势头良好,主营业务收入名义增长率为近15%。分地区来看,河北医药制造业始终处于地区领先地位,特别是在2009~2013年,主营业务收入增长迅速,之后几年虽然增幅有所收窄,但仍然处于上升态势;北京医药制造业发展迅速,年均名义增速为近19%,高于平均水平4个百分点,特别是2016年,主营业务收入增幅明显,进一步缩小了与河北的差距;天津医药制造业发展相对缓慢,2013年之后,医药制造业主营业务收入增长进一步放缓,低于区域整体增速。

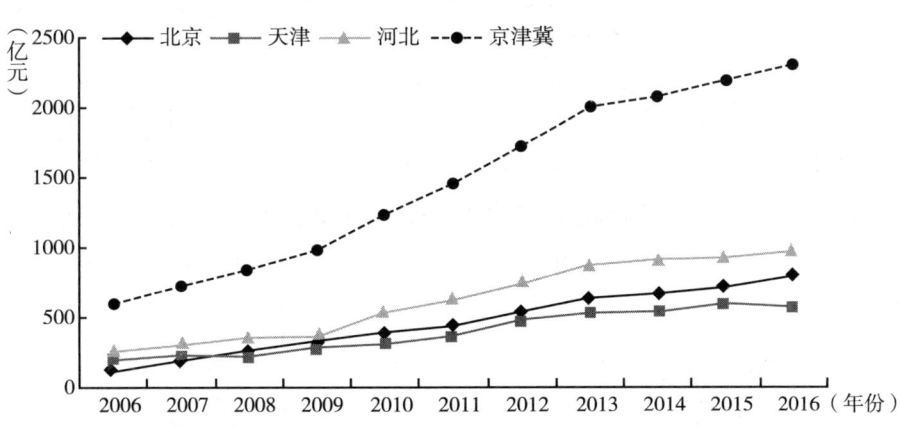

图4 2006~2016年京津冀医药制造业主营业务收入

资料来源:北京、天津和河北历年《高技术产业统计年鉴》。

由图5可知，在2006~2016年，相对于全国其他地区，京津冀整体医药制造业发展滞后，主营业务收入占比逐年下降，由2006年的12.41%下降到2016年的8.23%，降幅明显，且未出现向好趋势。分地区来看，河北医药制造业主营业务收入占比始终是整个京津冀地区最高的，但下滑趋势明显，特别是从2010年的4.60%下降到2016年的3.35%，为近年来的最低点；天津医药制造业占比下降幅度最大，从2006年的4.59%下降到2016年的2.01%，成为京津冀地区占比最小的地区；北京医药制造业占比波动幅度不大，始终保持在3%左右。

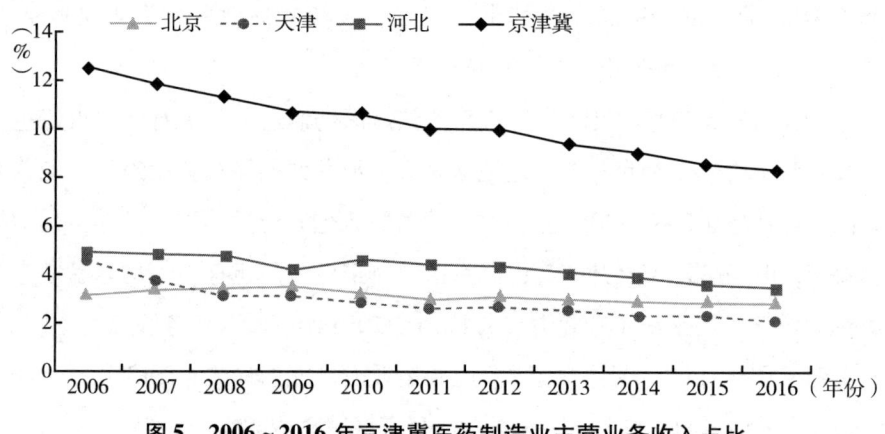

图5　2006~2016年京津冀医药制造业主营业务收入占比

资料来源：根据北京、天津和河北历年《高技术产业统计年鉴》计算整理。

结合图4和图5可知，就医药制造业主营业务收入方面而言，河北在整个京津冀发展最好，北京次之，天津最差。在研究期内，无论是京津冀整体还是分地区，医药制造业主营业务收入增长较快，但占全国比重逐渐降低，说明与全国其他地区相比，京津冀在医药制造业方面的发展还是滞后的。

2. 航空航天器及设备制造业

2016年京津冀航空航天器及设备制造业主营业务收入合计达1212.63亿元，不考虑价格因素影响，约是2006年的19.43倍，其中，北京、天津和河北的主营业务收入分别为284.17亿元、904.01亿元和24.45亿元。

由图 6 可知，2006～2016 年，京津冀整体航空航天器及设备制造业增长趋势明显，特别是 2008 年之后，增幅明显，而从 2012 年开始，增幅进一步扩大，在不考虑价格因素情况下，京津冀整体航空航天器及设备制造业年均增速为近 35%。分地区来看，在空客天津总装线、新一代运载火箭产业化基地等龙头项目的带动下，天津航空航天器及设备制造业发展迅猛，主营业务收入从 2006 年的 3.12 亿元增长到 2016 年的 904.01 亿元，成为京津冀地区该产业名副其实的领头羊；北京航空航天器及制造业在 2009 年之后开始迅速发展，主营业务收入从不足 83 亿元，增长到 2016 年的 284.17 亿元，年均增长率为近 23%；河北航空航天器及设备制造业发展较为缓慢，由 2006 年的 6.08 亿元增长到 2016 年的 24.45 亿元，主营业务收入由 2006 年比天津多 1 倍，到 2016 年仅为天津的 1/37。

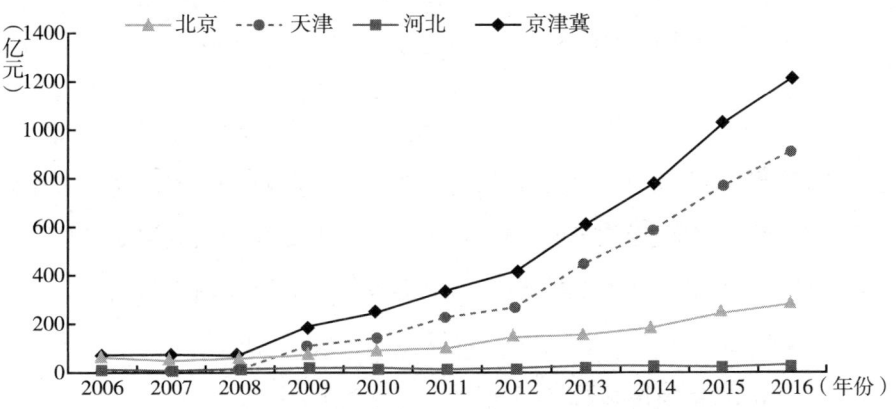

图 6　2006～2016 年京津冀航空航天器及设备制造业主营业务收入

资料来源：北京、天津和河北历年《高技术产业统计年鉴》。

由图 7 可知，从整体上看，2006～2016 年，京津冀航空航天器及设备制造业发展迅速，特别是在 2008 年之后，主营业务收入占全国比重迅速上升，由最低点的 6.29%，增长到 2016 年的 32%，而且从趋势上看，占比还会进一步提高。分地来看，天津航空航天器及设备制造业占比从 2008 年开始大幅度提高，由最低的不足 0.3% 增加到 2016 年的 23.78%，是推动京津冀航空航天器及设备制造业发展的主要地区；而北京该产业占比波动幅度较小，在 2013 年之后开始逐步回升，到 2016 年达到最大值 7.47%；河北该产业占比长期在 1% 以下，与京津相比，差距明显。

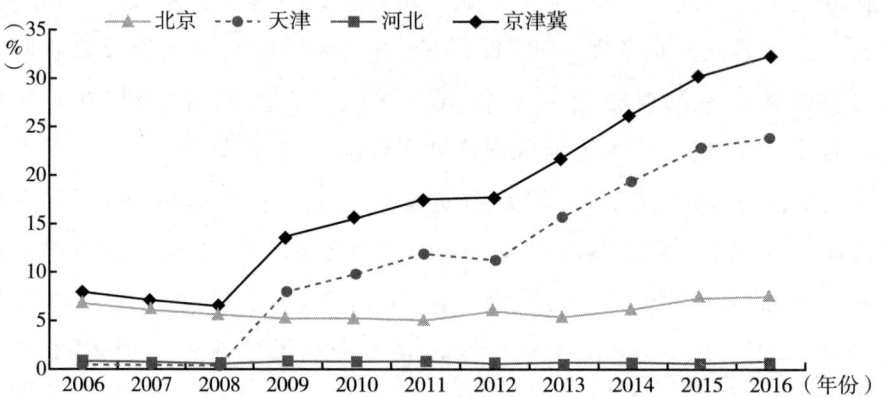

图 7　2006～2016 年京津冀航空航天器及设备制造业主营业务收入占比

资料来源：根据北京、天津和河北历年《高技术产业统计年鉴》计算整理。

结合图 6 和图 7 可知，在研究期内，无论是京津冀整体还是分地区，航空航天器及设备制造业呈现上升的发展趋势，天津整体产值最高，占比也最大，北京次之；河北虽然产值增幅较大，但是占比并未明显增加，甚至还有下降趋势。总体来看，京津冀航空航天器及设备制造业的快速发展，主要依靠天津和北京。

3. 电子及通信设备制造业

2016 年京津冀地区电子及通信设备制造业主营业务收入合计达 4429.93 亿元，其中，北京、天津和河北的主营业务收入分别为 2063.74 亿元、1744.42 亿元和 621.77 亿元。

由图 8 可知，2006～2016 年，京津冀电子及通信设备制造业主营业务收入波动较大，2007～2009 年，主营业务收入由 4083.82 亿元下降到 3337.34 亿元；随后，又开始逐年上升，至 2014 年达到 5399.58 亿元，为近年来的最高值，之后又开始逐年下降，到 2016 年下降为 4429.93 亿元。分地区来看，在研究期内，北京电子及通信设备制造业主营业务收入波动较小，基本上维持在2000亿元左右；天津则波动较大，由2006年的1939.82亿元逐渐降低到2009年的1369.33亿元，随后又开始逐年上升，到2013年达到近年来的最大值2934.93亿元，之后三年连续下降，到2016年已下降至2000亿元以下，低于2011年的水平；河北电子及通信设备制造业主营业务收入呈现增长态势，从2006年的62.82亿元增加到2016年的621.77亿元，在不考虑价格因素的影响下，过去11年，其增长了近9倍。

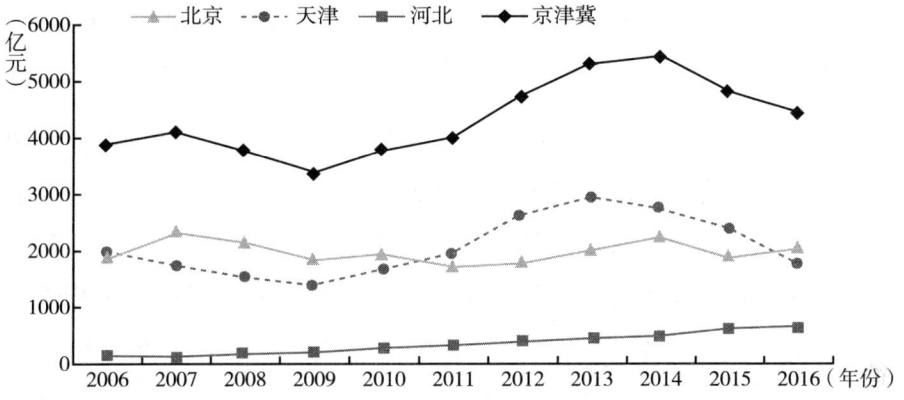

图8　2006~2016年京津冀电子及通信设备制造业主营业务收入

资料来源：北京、天津和河北历年《高技术产业统计年鉴》。

由图9可知，2006~2016年，相对于全国其他地区，京津冀整体电子及通信设备制造业发展缓慢，主营业务收入占比逐年下降，由2006年的18.24%下降到2016年的5.07%，降幅明显，但下滑幅度有所放缓。在京津冀区域内部，北京和天津的占比交替领先，2007~2010年，虽然两地占比均有所下降，但是天津下降幅度更大；而在2011~2015年，北京占比下降更快。在研究期内，河北电子及通信设备制造业主营业务收入占比始终呈现上升态势，由2006年的0.30%，逐渐增长到2016年的0.71%，但占比始终处于北京、天津之后。

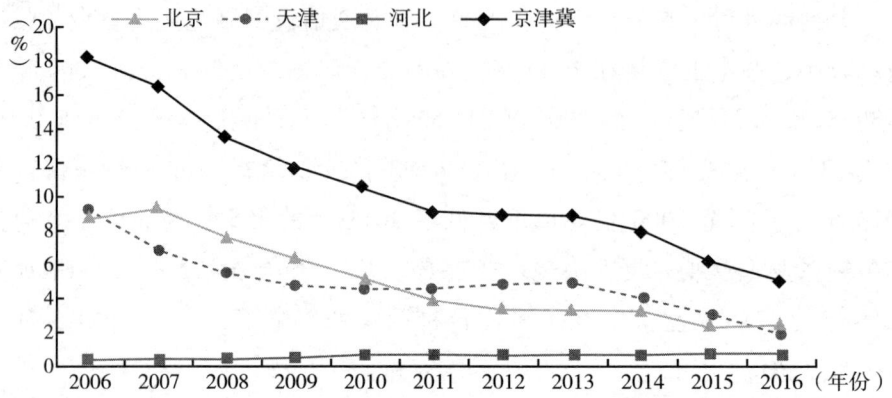

图9 2006～2016年京津冀电子及通信设备制造业主营业务收入占比

资料来源：根据北京、天津和河北历年《高技术产业统计年鉴》计算整理。

结合图8和图9可知，就电子及通信设备制造业主营业务收入方面而言，北京和天津波动幅度较大，特别是近年来，京津冀整体电子及通信设备制造业出现了明显下降；从主营业务收入占比情况看，无论是京津冀整体还是分地区（河北除外），下降趋势明显，这在一定程度上说明，近年来，京津冀地区在电子及通信设备制造业方面的发展是落后的。

4.计算机及办公设备制造业

2016年京津冀地区计算机及办公设备制造业主营业务收入合计1119.98亿元，不考虑价格因素影响，是2006年的1.55倍，其中，北京、天津和河北的主营业务收入分别为710.11亿元、395.18亿元和14.69亿元。

由图10可知，2006～2016年，京津冀计算机及办公设备制造业发展较快，虽然在2009年出现暂时下降，但随后开始大幅增加，主营业务收入名义增长率为近5%。分地区来看，北京在计算机方面始终处于地区领先地位，且津冀与其差距明显，特别是在2009～2012年，主营业务收入增长迅速，之后几年产业发展开始趋于平缓，主营业务收入始终保持在700亿元左右；天津计算机及办公设备制造业波动较大，

2006~2011年，主营业务收入先是逐步上涨，至2008年达到极大值183.09亿元，随后开始下降，至2011年达到极小值64.56亿元，之后，主营业务收入开始大幅上涨，到2016年达到近年来最大值395.18亿元；在研究期内，河北计算机及办公设备制造业主营业务收入呈现波动态势，由2006年的4.13亿元增长到2010年的20.83亿元，随后又波动下降至14.69亿元。

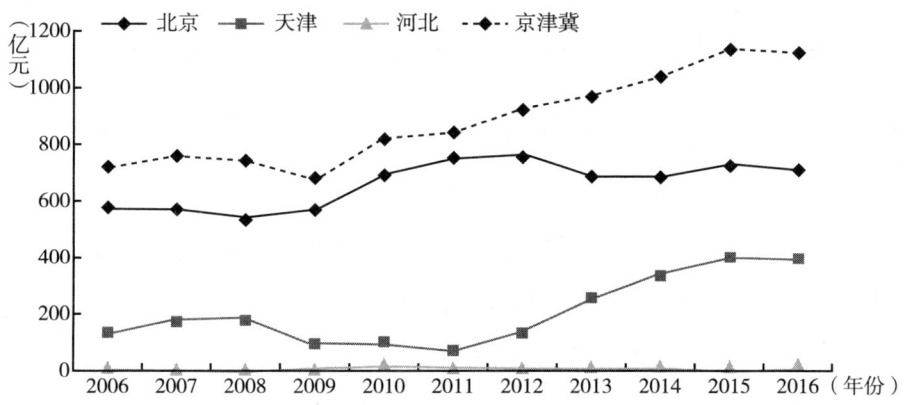

图10 2006~2016年京津冀计算机及办公设备制造业主营业务收入

资料来源：北京、天津和河北历年《高技术产业统计年鉴》。

由图11可知，2006~2016年，京津冀整体计算机及办公设备制造业主营业务收入占比大致呈"U"形波动，由2006年的5.72%下降到2011年的3.93%，随后，又开始上升，至2015年达到5.86%的极大值。分地区来看，北京主营业务收入占比始终是整个京津冀地区最高的，占比由2006年的4.62%波动下降至2014年的2.94%，随后又出现大幅度上升，但仍未超过2006年的最高点；天津占比趋势与京津冀整体趋势类似，呈现"U"形波动，从2007年开始缓慢下降，至2011年达到极小值0.31%，之后迅速上升，到2015年达到极大值2.03%；河北省计算机及办公设备制造业占比波动幅度不大，除2010年外，其余年份主营业务收入占比均低于0.1%。

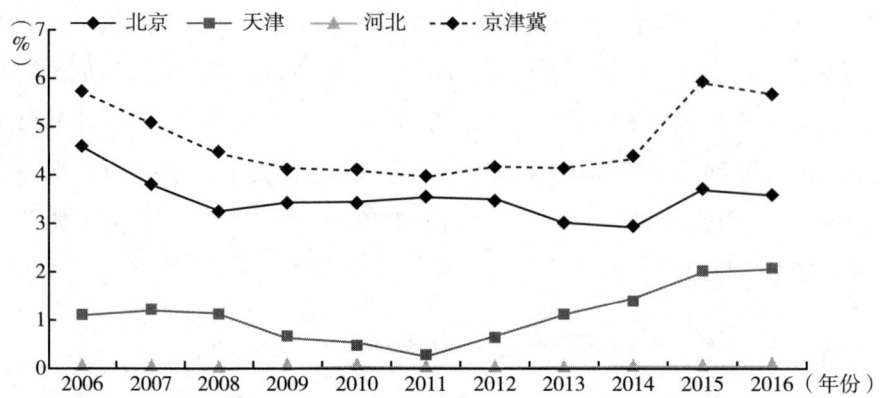

图 11　2006～2016 年京津冀计算机及办公设备制造业主营业务收入占比

资料来源：根据北京、天津和河北历年《高技术产业统计年鉴》计算整理。

结合图10和图11可知，就计算机及办公设备制造业主营业务收入及其占比情况而言，北京在整个京津冀发展最好，天津次之，河北最差。在研究期内，无论是京津冀整体还是分地区，计算机及办公设备制造业主营业务收入均实现了较快增长，其中，北京和天津是该行业在区域的主要力量，河北的发展则相对滞后。

5. 医疗仪器设备及仪器仪表制造业

2016年，京津冀医疗仪器设备及仪器仪表制造业主营业务收入合计达689.78亿元，不考虑价格因素影响，是2006年的2.45倍，其中，北京、天津和河北的主营业务收入分别为430.61亿元、125.40亿元和133.77亿元。

由图12可知，2006～2016年，京津冀医疗仪器设备及仪器仪表制造业发展良好，基本呈直线上升趋势，主营业务收入从2006年的281.43亿元增长到2016年的689.78亿元，年均名义增长率近9%。分地区来看，北京在医疗仪器设备及仪器仪表制造业方面始终处于地区领先地位，特别是在2008～2013年，主营业务收入增长迅速，之后几年虽然增幅有所收窄，但仍然处于上升态势；天津和河北两地主营业务收入几乎呈现交替领先的上升趋势，名义平均增速近14%，高于北京增速，但两地起点过低，导致在研究期内，收入增加幅度有限。

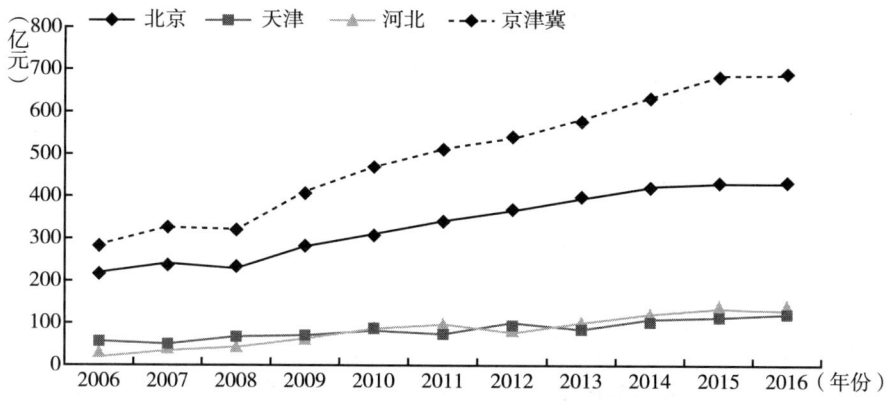

图 12　2006～2016 年京津冀医疗仪器设备及仪器仪表制造业

资料来源：北京、天津和河北历年《高技术产业统计年鉴》。

由图13可知，2006～2016年，京津冀整体医疗仪器设备及仪器仪表制造业发展相对缓慢，主营业务收入占比逐年下降，由2006年的11.91%下降到2016年的5.92%，降幅明显，且下降趋势未出现明显扭转。由于北京医疗仪器设备及仪器仪表制造业主营业务收入占整个京津冀的绝大多数，因而，北京占比趋势变化大体上与京津冀整体相一致；而天津和河北占比则是大体呈逐渐下降趋势，进一步加速了京津冀医疗设备及仪器仪表制造业占比的下降。

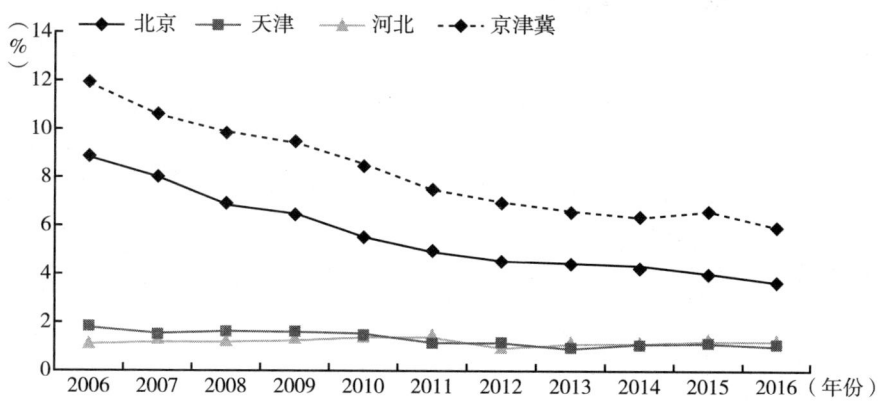

图 13　2006～2016 年京津冀医疗仪器设备及仪器仪表制造业占比

资料来源：根据北京、天津和河北历年《高技术产业统计年鉴》计算整理。

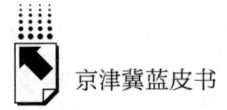

结合图12和图13可知,就主营业务收入方面而言,无论是京津冀区域还是分地区,医疗仪器设备及仪器仪表制造业发展迅速,北京在整个京津冀区域发展最好,天津和河北相差无几。然而,如果考虑主营业务收入占比,那么无论是京津冀整体还是分地区占全国的比重均在下降,特别是北京,下降趋势尤为明显,说明与全国其他地区相比,京津冀在医疗仪器设备及仪器仪表制造业方面的发展是滞后的。

三 京津冀高技术产业治理测算与分析

(一)测算方法说明

熵最早是热力学中的一个物理概念,由德国物理学家克劳修斯首次提出,经由申农引入信息论,现已在可持续发展等领域中得到广泛应用。为克服人为确定权重具有主观性、截面数据缺少时间维度考察、多指标变量间可能存在信息重叠等问题,本报告采用熵权法对京津冀高技术产业治理指数进行测度。熵权法的计算步骤如下。

第一步,构建初始数据矩阵。若评价某地区 m 年的产业治理情况,评价体系有 n 个指标,则其初始数据矩阵为:$X = \{x_{ij}\}_{m \times n} (0 \leq i \leq m, 0 \leq j \leq n)$,$x_{ij}$ 为第 i 个样本,第 j 个评价指标。

第二步,标准化处理。若指标值越大对产业治理水平的提高越有利,则采用公式:$x'_{ij} = \dfrac{x_j - x_{\min}}{x_{\max} - x_{\min}}$;若指标值越小对产业治理水平的提高越有利,则采用公式:$x'_{ij} = \dfrac{x_{\max} - x_j}{x_{\max} - x_{\min}}$。第 j 项指标下第 i 个年指标值比重为:$y_{ij} = x'_{ij} / \sum_{i=1}^{m} x'_{ij} (0 \leq y_{ij} \leq 1)$。

第三步,指标信息熵值 e 和信息上冗余度 d 的计算。

信息熵值公式为:$e_j = -K \sum_{i=1}^{m} y_{ij} \ln y_{ij}$,$K = \dfrac{1}{\ln m}$;信息冗余度公式为:

$d_j = 1 - e_j$。

第四步，计算评价指标权重：$\omega_i = d_j / \sum_{j=1}^{m} d_j$。

第五步，产业治理综合得分计算。单项指标得分 $s_{ij} = \omega_i \times X'_{ij}$；综合水平得分 $s_i = \sum_{j=1}^{n} s_{ij}$。

（二）指标体系与数据来源

本报告从政策环境、发展基础、产出效益和竞争力4个维度构建了产业治理指数评价体系，用国有企业投资、民营企业投资和外资企业投资来衡量产业政策环境变化；用资产总计和行业从业人员平均人数衡量产业发展基础；用高技术产业主营业务收入、利润总额和出口交货值衡量产出效益；用R&D人员全时当量、R&D内部经费支出、新产品销售收入和有效发明专利数表示产业竞争力，具体指标体系如表1所示。

表1 京津冀产业创新治理指标评价体系

一级指标	二级指标
政策环境	国有企业投资（亿元）
	民营企业投资（亿元）
	外资企业投资（亿元）
发展基础	资产总计（亿元）
	行业从业人员平均人数（人）
产出效益	主营业务收入（亿元）
	利润总额（亿元）
	出口交货值（亿元）
竞争力	R&D人员全时当量（人年）
	R&D内部经费支出（万元）
	新产品销售收入（万元）
	有效发明专利数（件）

鉴于数据的可获得性和统计口径的一致性，本报告选取了京津冀三地2009~2016年的面板数据，国有企业投资、民营企业投资、外资企业

投资、资产总计等 12 项二级指标均来自历年《中国高技术产业统计年鉴》。

(三) 京津冀高技术产业治理结果分析

对原始数据运用熵权法，确定各指标权重，具体结果见表 2。

表 2　2009~2016 年各指标权重

指标	权重系数
国有企业投资	0.090407
民营企业投资	0.073509
外资企业投资	0.140674
资产总计	0.051423
行业从业人员平均人数	0.033802
主营业务收入	0.098629
利润总额	0.088568
出口交货值	0.077458
R&D 人员全时当量	0.133729
R&D 内部经费支出	0.051391
新产品销售收入	0.070689
有效发明专利数	0.099722

根据表 2 中的权重系数，分别测算出 2009~2016 年京津冀三地 4 个维度的 12 个指标的单项评价得分以及综合评价得分，综合评价得分具体见图 14。从整体高技术产业治理水平来看，京津冀三地产业治理情况大体呈现上升态势，研究期内均有大幅度提高。分地区来看，除 2015 年外，北京综合评价得分始终位列第一，从 2009 年的 0.308 波动上升到 2016 年的 0.714；天津产业治理情况仅次于北京，甚至在 2015 年的综合评价得分超越了北京，位列第一，但在 2016 年下降幅度明显，综合评价得分降至 0.560；河北高技术产业发展迅速，产业治理综合评价得分由 2009 年的 0.031 增长至 2016

年的0.351，产业治理成绩显著，但与京津相比，还存在较大差距，高技术产业治理综合评价得分始终位于京津之后。

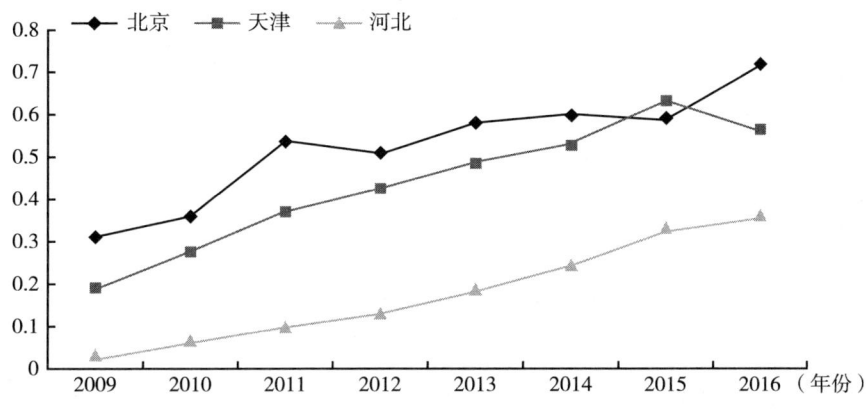

图14　2009~2016年京津冀高技术产业治理综合评价得分

为进一步观测高技术产业间治理水平的差异，探究不同地区在不同产业方面的竞争优势，本报告将分别计算京津冀医药制造业、航空航天器及设备制造业、电子及通信设备制造业、计算机及办公设备制造业、医疗仪器设备及仪器仪表制造业的综合评价得分。

由图15可知，在研究期内，河北医药制造业产业治理水平最高，仅2011年和2012两年的综合评价得分低于天津，其他年份均处于领先地位，由2009年的0.179增长到2016年的0.592。河北医药制造业产业基础雄厚，截至2016年底，河北规模以上医药工业企业283家，其中，石药控股集团有限公司、华北制药集团有限责任公司、神威药业集团和石家庄以岭药业股份有限公司均位于全国同行业前列。天津医药制造业综合评价得分仅次于河北，位列第二，综合评价得分由2009年的0.173波动增长到2014年的0.568，赶超河北趋势明显，但随后出现大幅度下滑，与河北产生差距。北京医药制造业综合评价得分在2010年后开始迅速上升，2015年超越天津，位列第二，产业治理综合评价得分由2009年的0.140增长到2016年的0.582，发展势头强劲。

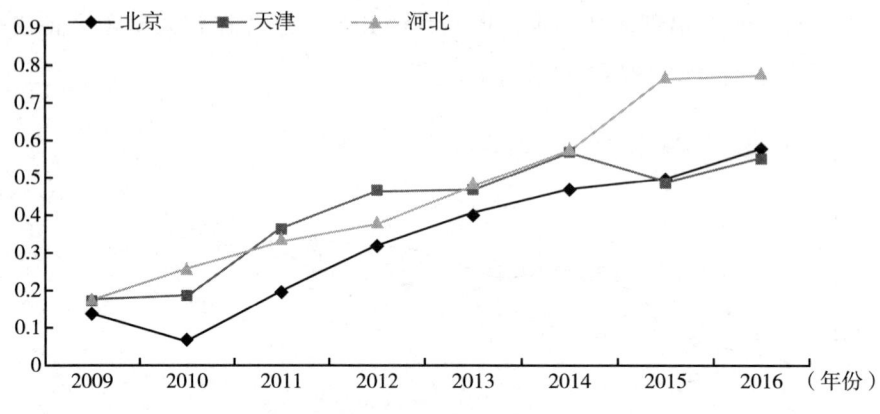

图 15　2009~2016 年京津冀医药制造业产业治理综合评价得分

由图 16 可知,在研究期内,天津航空航天器及设备制造业产业治理水平整体而言是最高的,仅 2012 年和 2013 两年综合评价得分低于北京,其他年份均处于领先地位,由 2009 年的 0.225 增长到 2016 年的 0.554,特别是在 2015 年还达到了 0.700 的极大值。在航空产业方面,天津形成了以空客 A320 飞机和中航直升机为龙头,以西飞机翼、古德里奇等配件厂商为依托的民用航空产业链;在航天产业方面,天津培育了新一代运载火箭、空间站等"撒手锏"产品,吸引了航天机电、航天瑞莱、航天睿特等一批高技术企业的落户,一大批本地企业参与航空航天配套,推动天津航空航天

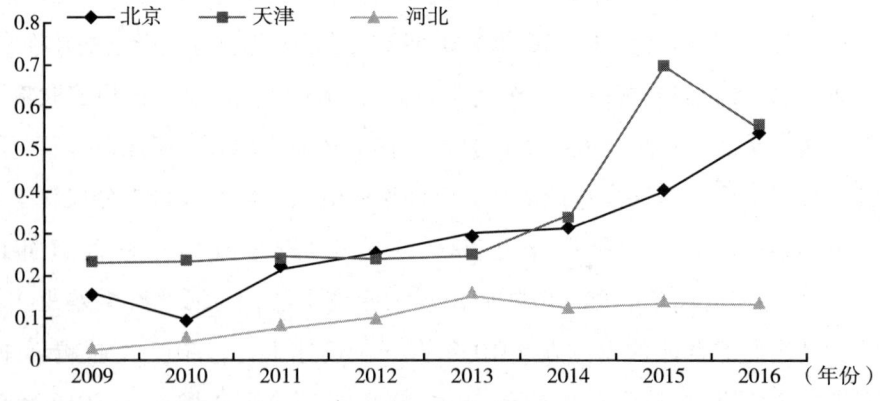

图 16　2009~2016 年京津冀航空航天器及设备制造业产业治理综合评价得分

产业基础不断增强。北京航空航天器及设备制造业综合评价得分仅次于天津，位列第二，综合评价得分由2009年的0.154波动增长到2016年的0.539，几乎与天津持平。河北航空航天器及设备制造业综合评价得分在研究期内处于波动上升趋势，由2009年的0.030上升到2016年的0.133，但与京津相比仍有明显差距。

由图17可知，在研究期内，京津电子及通信设备制造业领先优势明显，且呈交替领先态势。2009~2012年，北京综合评价得分高于天津；2013~2015年，天津综合评价得分高于北京；2016年，北京电子及通信设备制造业再次领跑；河北电子及通信设备制造业综合评价得分由2009年的0.034增长到2016年的0.278。依托大型央企和创新型民营企业，北京在集成电路关键装备及工艺、大数据、人工智能、网络空间安全基础软硬件、第五代移动通信（5G）芯片和元器件等重点领域的核心技术方面处于领先地位；天津作为国家首批电子信息产业基地，在移动通信、片式元件、集成电路、化学与物理电源四大产业中具有明显优势；河北只有一些大型支柱性企业、龙头企业和少数高新技术企业在培育自有关键核心技术和产品创新方面走在产业的前列，大多数企业仍处于研发实力薄弱、产品结构单一、运营质量偏低的状态中，这些因素在一定程度上制约着产业结构的优化速度，影响着整体产业的发展。

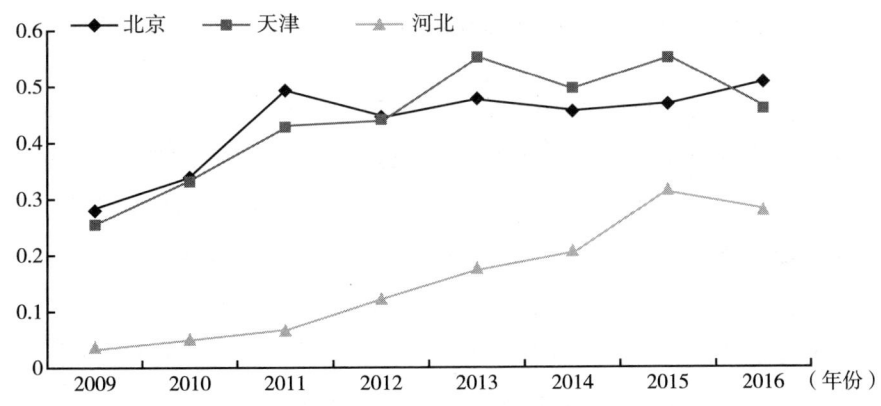

图17 2009~2016年京津冀电子及通信设备制造业产业治理综合评价得分

由图 18 可知，在研究期内，京津冀三地计算机及办公设备制造业综合评价得分大体上处于上升态势，但地区间上升幅度差异明显。北京一直处于领先状态，产业治理综合评价得分由 2009 年的 0.279 增长到 2016 年的 0.581；天津产业治理综合评价得分进步最快，由 2009 年的 0.082 增长到 2016 年的 0.450，进一步缩小了与北京的差距；而河北计算机及办公设备制造业产业发展较为缓慢，到 2016 年，产业治理综合评价得分仅为 0.101，与京津差距明显。2016 年，北京计算机及办公设备制造业有近 50 家，资产总计超过 1000 亿元；天津企业数为 14 家，资产不足 200 亿元；而河北从事该产业的企业数量仅为 11 家，资产总计 20 多亿元，产业发展严重滞后。

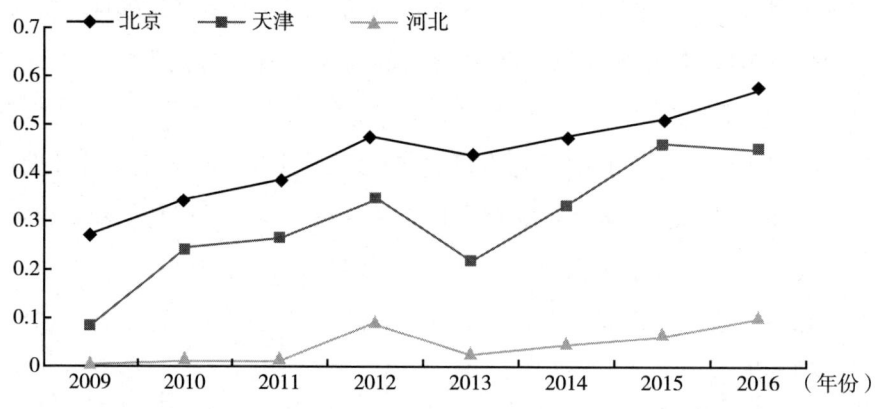

图 18　2009～2016 年京津冀计算机及办公设备制造产业治理综合评价得分

由图 19 可知，2009～2016 年，京津冀三地医疗仪器设备及仪器仪表制造业综合评价得分大体上处于上升趋势。其中，北京产业治理综合评价得分由 2009 年的 0.311 增长到 2016 年的 0.729，产业竞争优势明显；天津和河北产业治理综合评价得分交替领先，前者由 2009 年的 0.059 上升到 2016 年的 0.350；后者则由 2009 年的 0.055 上升到 2016 年的 0.322。2016 年，北京医疗仪器设备及仪器仪表制造业企业数达 241 家，产业从业人数超过 4.7 万人，而天津与河北两地企业总数为 214 家，产业从业人数不足 3.5 万人，与北京差距明显。

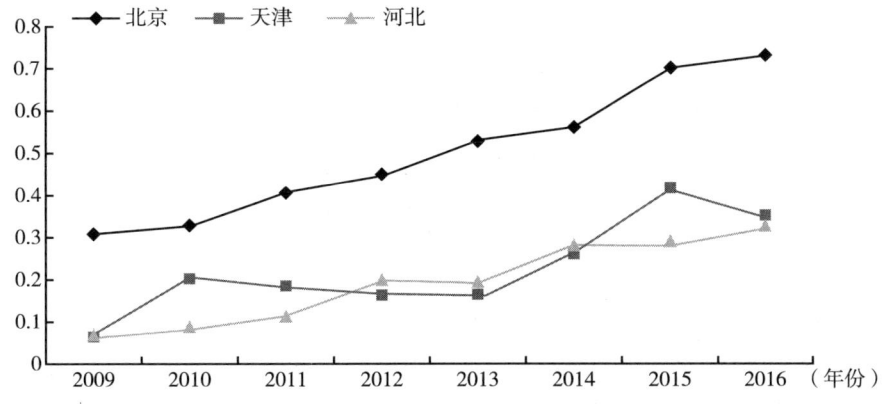

图19　2009~2016年京津冀医疗仪器设备及仪器仪表制造业产业治理综合评价得分

综上所述，在研究期内，京津冀三地高技术产业整体治理水平是逐步提高的，但河北与京津治理水平还是存在很大差距的。分行业而言，河北在医药制造业治理上优势明显；北京的优势则是医疗仪器设备及仪器仪表制造业，天津和北京在航空航天器及设备制造业和电子及通信设备制造业治理方面交替领先，河北在这些产业方面的治理水平增长缓慢。京津冀高技术产业治理水平差距明显的主要原因可分为两方面：一方面，受行政级别差异的影响，京津冀在集聚创新要素、制定产业政策等方面存在显著差距，京津集聚了该地区全部的985大学和大部分的科研院所，这为两地产业治理水平的提升提供了强有力的支撑，也扩大了其与河北的差距；另一方面，由于经济发展阶段和主导产业选择的不同，北京、天津、河北分别处于后工业化阶段、工业化后期阶段和工业化中期阶段，主导产业分别为高端服务业、先进制造业和一般制造业，虽然河北在医药制造业方面优势明显，但在其他产业方面与京津仍存在较大差距，主导产业选择的不同为产业治理增加了难度。

四　推进京津冀高技术产业治理的对策建议

京津冀高技术产业治理能力的提升，不仅需要产业内主体——企业自身治理能力的提高，更需要与产业发展相关的政府治理能力的提升。基于此，本报告从企业、产业和政府三方面提出相应对策建议，以提升京津冀高技术产业治理能力，进而更好地促进京津冀协同发展。

第一，在企业层面，特别是在资金使用、人才引进、人事管理和技术研发等方面，以高技术产业中本行业内治理结构优、治理能力强的企业为重点学习对象。作为推动产业发展的主要力量，企业应完善自身治理体系，主要包括优化内部环境、加强风险评估、保持信息畅通和强化内部监督四个方面。首先，优化企业内部环境。企业内部环境是企业治理的基础，包括企业治理结构、权责分配、企业文化等方面。京津冀高技术企业通过完善公司治理结构，明确各部门权力与责任，制定科学的引人用人政策，树立正确的企业文化，不断优化企业内部环境。其次，加强风险评估。高技术企业不仅意味着高资本回报率和发展潜力大，同样也意味着高风险。因此，应强化企业识别和分析高技术发展所面临的风险的能力，根据预估风险制定相应的策略，降低企业发展风险。再次，保持信息畅通。信息畅通不仅是企业与外部之间，更重要的是企业内部不同部门之间、部门内部不同个人的信息能被准确、及时地收集、传递。确保信息在企业内部、企业与外部之间的有效沟通，有利于企业降低经营风险。最后，强化内部监督。内部监督能够使高技术企业对内部控制的建立与实施情况进行监督检查，评价内部控制的有效性，发现内部控制缺陷，以便及时改进。

第二，在产业层面，根据京津冀三地现有产业基础和竞争优势，在巩固已有优势的同时，增强产业间的协同治理能力。首先，紧密围绕京津冀协同发展的重大现实需求，在巩固北京在计算机及办公设备制造业和医疗仪器设备及仪器仪表制造业、天津在航空航天器及设备制造业和电子及通信设备制造业、河北在医药制造业的产业治理优势的基础上，加强京津冀三地产业间协作，特别是增强河北与京津差距较大的高技术产业，形成区域高技术产业协同互补发展格局，提升产业整体治理能力。其次，充分发挥市场机制在配置资源中的决定性作用，培育和完善京津冀区域高技术产业相关成果转化平台，加速科技成果转化，积极推动高技术成果转化为商业化应用，特别是加强京津高技术成果在河北的商业化应用，缩小区域高技术产业发展差距。最后，加强京津冀跨地区高技术成果交流，创新产业研究跨区域交流机制，打造区域产学研合作创新战略联盟，降低高技术成果跨区域转化成本，夯实高技术产业发展基础，全面提升京津冀高技术产业治理能力。

第三，在政府层面，通过政府调控和引导京津冀产业资源合理配置，保障和提升高技术产业治理能力。京津冀三地经济发展阶段不同，高技术产业发展各异，因此，政府层面的调控和引导是建立在因地制宜的基础上的。首先，充分发挥政府职能作用，不断优化高技术产业的发展环境，进一步简化政府办事手续，降低对高技术产业发展的不合理干预。其次，充分发挥政府对高技术产业的积极引导作用，组织制定和实施本地区高技术产业规划，将本地区高技术产业发展与其他产业优化升级紧密结合，进而推动地区产业转型升级；同时，鉴于高技术产业的高风险性，对本地区高技术产业相关投资规模和投资结构保持适度探索，在某一区域先试先行，逐步推广，增强高技术规划的有效性和准确性。再次，建立规模适度、灵活多变的高技术产业扶持政策，运用财政补贴、无息或低息贷款、税收减免等优惠政策促进本地区高技术企业发展；最后，吸引域外高技术企业到本地区开展与高技术产业相关的活动，共同推进本地区高技术产业发展。

参考文献

Humphrey, J. and Schmitz, " H. Govemance and Upgrading: Linking Research on Industrial Districts and Global Value Chains", Brighton: Institute of Development Studies, 2000.

Gereffi, G. , Humphrey, Sturgeon, T. , "The Governance of Global Value Chains", *Forthcoming in Review of international political economy*, 2003.

黄永明、聂鸣：《全球价值链治理与产业集群升级国外文献研究综述》，《北京工商大学学报》（社会科学版）2006 年第 2 期。

邓伟根、王然：《全球价值链治理与外向型经济产业转型——以珠三角地区为例》，《学术研究》2010 年第 1 期。

汪延明、杜龙政：《基于关联偏差的产业链治理研究》，《中国软科学》2010 年第 7 期。

彭本红、屠羽、鲍怡发：《移动互联网产业链的演化与治理——基于双重网络嵌入的视角》，《财经科学》2016年第6期。

王伟：《资源型产业链的演进、治理与升级——以铜陵市铜产业链为例》，《经济地理》2017年第3期。

张聪群：《产业集群治理的逻辑与机制》，《经济地理》2008年第3期。

魏江、孔小磊、周泯非、李红：《基于集群治理的产业集群内企业知识资产保护模式研究》，《科学学研究》2010年第9期。

吴定玉、张治觉、刘叶云：《企业社会责任视角下产业集群治理的逻辑与机制》，《湖南师范大学社会科学学报》2017年第1期。

臧维、秦凯、于畅：《基于资源视角的京津冀高新技术产业协同创新研究》，《华东经济管理》2015年第2期。

崔松虎、刘莎莎：《京津冀高技术产业协同创新效应研究》，《统计与决策》2016年第16期。

武玉英、魏国丹、何喜军：《京津冀高技术制造业与要素协同度测度及实证研究》，《软科学》2016年第5期。

王丽平、周龙：《京津冀高技术产业技术创新效率评价及资源配置研究》，《科技管理研究》2016年第8期。

王双进、李新刚：《京津冀高技术产业R&D活动效率测度》，《科技进步与对策》2018年第5期。

B.11 京津冀电子信息产业一体化与治理

吕静韦*

摘　要： 信息技术的进步是整合复杂要素资源、消除行政壁垒、推动公共服务、改善管理方式的重要保障。探索区域联动发展的技术和制度格局是推动京津冀电子信息产业一体化的重要途径。一方面，京津冀电子信息产业一体化要求三地在协同框架下谋划自身发展；另一方面，三地应摒弃或避免高成本与低效率的治理模式。根据京津冀电子信息产业一体化现状和产业一体化支撑能力评判指标体系，运用熵权/TOPSIS 评价分析法，聚焦京津冀地区和长三角地区并进行对比分析，得出京津冀电子信息产业发展存在发展能力不均衡、政府支持能力和企业战略能力有待提高、产业创新能力相对不足等问题。在京津冀电子信息产业发展时空失衡背景下，应坚持消除体制机制障碍、合理规划协调、探索新的产业增长点等治理对策。

关键词： 京津冀　电子信息产业　发展能力　产业治理

《京津冀协同发展规划纲要》指出，推动京津冀协同发展，应在有序疏解北京非首都功能的基础上，在京津冀产业升级转移等方面率先取得突破。在当前工业、产业、企业与互联网深度融合，云服务概念风起云涌的背景下，电子信息产业助力各行各业自主研发、生产销售的机遇纷至沓来。技术

---

* 吕静韦，博士、天津社会科学院城市经济研究所副研究员，研究方向为区域资源优化及管理。

创新和新兴服务模式不断涌现，经济结构转型升级和京津冀一体化建设的加快，为京津冀电子信息产业一体化发展提供了广阔的发展空间。京津冀电子信息产业一体化过程包含政策互动、资源共享、市场开放、要素资源整合、行政壁垒打破等多个层面，既涵盖产业、项目等"硬件"，也包括区域行政职能、公共服务等"软件"。

自 2010 年《国务院关于加快培育和发展战略性新兴产业的决定》提出战略性新兴产业主要包括节能环保、新一代信息技术、生物、高端装备制造、新能源、新材料、新能源汽车七个产业以来，电子信息产业得到迅速发展，产业体系不断完善，电子信息技术产业竞争力不断增强。2017 年 1 月 25 日，国家发改委第 1 号公告发布的《战略性新兴产业重点产品和服务指导目录》中，再次将新一代信息技术产业纳入战略性新兴产业八大产业。随着新的经济增长点在物联网领域、3D 领域、三网融合领域、移动支付领域的不断涌现，电子信息产业自主创新能力和关键技术的不断突破成为产业发展的瓶颈，同时，对京津冀电子信息产业一体化和创新治理能力提出新的要求。

2016 年发布的中国百强电子信息企业结果（见图 1）显示，2016 年中

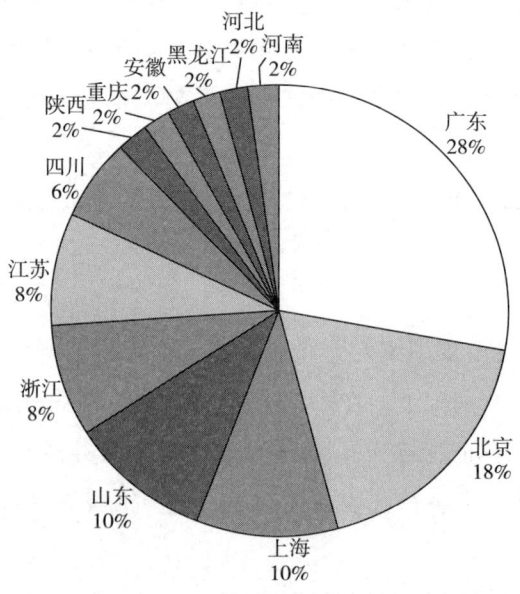

图 1　2016 年中国百强电子信息企业空间分布

国百强电子信息企业总资产达 3.4 万亿元，主营业务收入达 2.96 万亿元。从产品种类上看，百强电子信息企业共生产计算机 3160 万台、彩电 11530 万台、手机 3.7 亿部、集成电路 430 亿块，占全行业的比重分别为 10.1%、71.1%、20.3%、39.6%；从地域上看，广东、北京、上海、山东拥有的百强电子信息企业数量在全国处于领先地位，所占比重分别为 28%、18%、10% 和 10%。

一 京津冀电子信息产业一体化的理论基础

（一）相关理论基础

京津冀产业一体化是京津冀协同发展重要的一环，是在三地要素禀赋的基础上，积极开展产业对接和产业分工，促进产业结构优化升级，形成三地资源优势互补、经济社会共同发展新格局的系统工程。其主要理论基础包括要素禀赋理论、产业集群理论、产业链理论、空间相互作用理论和协同理论。

1. 要素禀赋理论

要素禀赋理论包括绝对优势理论、相对优势理论及资源禀赋理论。从相对静态意义上来说，要素禀赋理论是对一国资源要素禀赋对贸易结构影响的阐述，也是由单一要素理论到多要素理论研究的演变过程。1776 年，英国古典经济学家亚当·斯密在《国富论》一书中对分工理论首次进行了阐述，为绝对要素理论的提出奠定了基础。绝对要素优势理论的主要思想是：当一个国家或地区生产某种商品的绝对成本低于其他国家或地区时，这个国家或地区就会在该商品的贸易中受益，形成分工和贸易中的绝对优势。自亚当·斯密提出"绝对优势"理论后，大卫·李嘉图对该理论进行了修正和发展，提出了"相对优势"理论，赫克歇尔-俄林提出了资源禀赋理论。大卫·李嘉图通过构建两个国家（地区）、两种产品和劳动要素的模型，提出的"相对优势"理论认为：一个国家或地区只要在生产某种产品时具有相对于其他国家或地区较低的成本，就可以在产品出口中具有比较优势，从而在贸易中获利。在此基础上，日本经济学家进一步提出了"动态比较优势理论"，从动态和发展的角度为国家优势产业发展和产业结构调整提供了理论支持。

2. 产业集群理论

1980年，马歇尔基于"分工"的概念，首次提出"集群"概念，他认为，小型专业化企业在特定空间上形成的集聚可以被称为"专业化工业区"。"专业化工业区"通过企业集聚促进区域内新知识、新技术、新创意、新信息的应用和传播，通过中间投入品的大规模生产降低销售成本，通过潜在劳动力的集聚保障企业的劳动力供给，从而能够使相关行业的企业在集群中产生规模经济。"产业集群"的概念首次由波特于1990年提出，并用来对企业集群现象进行分析，他认为产业集群是业务相关的企业和机构在特定区域上的集中，有利于创新机制和竞争优势的形成。

3. 产业链理论

1776年，亚当·斯密在《国富论》中提出的分工理论被理论界视为产业链理论诞生的基础。20世纪初，马歇尔提出的分工协作思想，被称为产业链理论的真正起源。产业链是企业在生产经营的一系列环节中通过各项投入引起价值增加最终形成的一条成本链，是原材料转换成一系列最终产品并不断实现价值增值的过程，包括上游研发环节和下游销售环节。产业间的相互供给和相互需求关系，是产业链生存和发展的基础和动力。产业间的要素支撑一旦破裂，其他产业的需求和发展就会受到威胁，产业发展的生命力就会丧失。根据产业间再生产过程中产品的需求关系进行分类，产业链主要有前向产业链和后向产业链、直接产业链与间接产业链、单向产业链与多向产业链。产业链的概念通常较为少用，较为常见的概念是价值链、生产链等。

4. 空间相互作用理论

空间相互作用理论最早由美国学者乌尔曼于1957年提出。该理论认为，区域间要素的交换和联系过程在一定程度上与区域经济水平有关，区域间资源的互补性、可交换性是区域空间作用发挥的必要条件。1972年，海格特根据物理学原理，将空间相互作用划分为三种类型，即以要素移动为表现形式的对流、以交易活动为表现形式的传导和以技术扩散为表现形式的辐射。

资金、技术、信息、知识、人力资源等生产要素在区域间的互相流动和相互作用促进了区域间的产业联系,促进了产业集群的产生和生产效率的提高,但区域间产业关联引发的资源要素争夺容易引发恶性竞争,造成产业同构、重复建设、环境恶化现象,对区域协调发展不利。

5. 协同理论

协同理论是一门新兴的交叉学科,最早由德国的赫尔曼·哈肯(Harmann Haken)教授提出。该理论主要采用类比方法阐述在开放条件下系统内部各子系统间形成有序结构(空间结构、时间结构和功能结构)的机制和规律,其核心思想包括自组织理论和伺服理论。首先,自组织理论认为,各子系统或各要素之间相互协调合作能够形成序参量,它可以支配自组织结构和功能的形成,主宰系统演化进程,进而决定演化结果;其次,自组织功能要求系统必须同时具备非线性相关性和开放性特征,从而实现驱动系统从非平衡状态到平衡状态的过渡。伺服理论要求系统内的快变量服从慢变量的衰减速度和状态,在系统接近状态临界点时,能够对系统演化的整个过程起到主宰和控制作用。协同机制主要包括共生机制、自组织机制、集散机制和竞合机制。

(二)研究现状

根据区域发展战略和产业优势,各国或地区也往往形成不同的电子信息产业集群,如以生产高科技电子产品著称的硅谷产业园区。硅谷依托斯坦福、伯克利、加州理工等大学,以高技术中小型公司为基础,聚集了思科、英特尔、苹果、惠普等世界知名科技公司,通过知识、技术和生产的融合,完善了半导体、PC、Internet 产业链,成为全球科技发展的风向标。

从产业环境角度来看,学者们认为产业发展面临的环境差异是国内电子信息产业相对落后的主要原因。吴利华等(2014)通过对中美电子信息制造业上下游产业关联度的比较分析得出,美国电子信息制造业的上游产业主要为生产性服务业和知识密集型服务业,下游产业与政府公共采购政策的拉动作用密切相关,而中国电子信息制造业的上游产业主要为传统制造业,下游产业主要面向国外用户,产业环境、技术环境、市场环境和政策环境的差异是中国电子信息制造业高端化发展的制约因素。

从产业集群角度来看，学者们认为技术创新机制和政府服务能力是影响电子信息产业一体化进程的重要方面。朱英明（2007）以长三角城市群为例，对产业一体化进程开展研究，提出加快城市间产业一体化的关键是正确选择城际战略产业链类型并合理布局产业链环节。肖岣等（2016）认为协调创新机制有助于京津冀电子信息产业一体化的实现和电子信息技术的提高。朱传言等（2015）认为京津冀电子信息产业一体化发展需要建立实质性的协同管理机构，优化决策执行机制，在因地制宜选择技术的同时，充分发挥产业集群优势。王小芳等（2017）通过对武汉和上海光电子信息产业集群进行对比分析，认为上海和武汉光电子信息产业发展与政府推动和政策支持密不可分，政府在生活服务、通信设备、交通运输等方面的公共服务能够为产业发展提供保障；在技术、资金、人才、信息等方面的服务能够为产业集群发展提供支持。沈小平等（2014）认为创新性产业集群在区域协调发展和产业结构转型升级方面具有重要作用，其基于创新性产业集群形成的条件和影响因素，从自组织和他组织动力系统两个角度提出竞合机制、协同机制、创新机制、诱导机制和调节机制。

二 京津冀电子信息产业一体化进程

根据工信部电子信息产业公报统计，电子信息产业分为电子信息制造业、软件与信息技术服务业。电子信息制造业主要生产手机、彩色电视机、微型计算机、集成电路；软件和信息技术服务业包括运营相关服务、电子商务平台技术服务、集成电路设计、其他信息技术服务，具体包含在线软件运营服务、平台运营服务、基础设施运营服务、在线交易服务平台、信息技术咨询设计服务、系统集成、运维服务、数据服务等。

（一）京津冀电子信息产业发展现状

电子信息产业主要包括以下几种类型：（1）半导体产业，包括IC设计、IC制造、模拟IC、封测、支撑、通信芯片、基于MCU的FPGA新型元器件、传感器、汽车电子、医疗器件；（2）智能终端产业，包括彩电、手机、数码、数字广电、平板显示器；（3）家用电器产业，包括厨电、小家电、冰箱、空调、洗衣机；（4）LED产业，包括外延芯片、封装器件；（5）新能源产业，包括太阳能光伏、智能电网、新能源汽车、可再生能源；（6）移动互联产业，包括4G/3G、固定宽带、移动互联网、物联网；（7）云计算产业，包括服务器、安全、服务、存储、应用软件、网络。

随着电子智能的演进，电子信息产业发展呈现行业间技术渗透的新特点，电子信息产业正逐步渗透到工业、汽车、医疗、教育、交通、物流等各个产业领域，相关技术也在促进其他产业的智能化进程。工业领域，"人工智能+工业大数据+工业互联网"正在促进工业从感知智能向无人驾驶演进；医疗领域，虚拟现实技术在医疗教学训练与模拟演练、手术规划、心理辅导、术后康复、家居养老等环节的应用，正在加速远程诊疗技术的发展；物流领域，智能搬运机器人、智能分拣机器人协助智能仓储物流进行无人化管理，正在大幅度提高物流效率和降低人力资源成本。2016年，行业排名第二的联想集团，在经营台式电脑、服务器、笔记本电脑、智能电视、打印机、掌上电脑、主板、手机、一体机电脑等传统商品的基础上，积极向PC业务、移动业务、企业级业务、云服务业务拓展，并与VISA、京东方、AMD、腾讯、EMC、联发科等企业进行合作。

图2给出了2007~2016年京津移动通信手机的生产量变动情况。从图中可以看出，虽然北京在产量上高于天津，但2013年以来，京津手机行业均出现生产量逐年减少的态势，进入低速波动发展期。随着全球智能机普及率的快速上升，以及印度制造等东南亚制造业的兴起，国内手机市场集中度从2014年的43.6%上升到2016年的66.5%，市场竞争激烈程度不断提高，国内手机市场增量规模下降，屏幕和内存等上游元器件涨价造成利润压缩，手机产量逐渐回落。市场集中度和生产成本不断提高使得手机价格不断攀升，根据中国信息通信研究院的数据，2014年国内市场国产手机的平均价格为980元左右，2016年为1350元左右。[①] 随着消费水平和手机

---

① 数据来源于中国信息通信研究院。

硬件配置的不断提高,手机产业高端化和产品升级的压力越来越大,手机产量也受到影响。

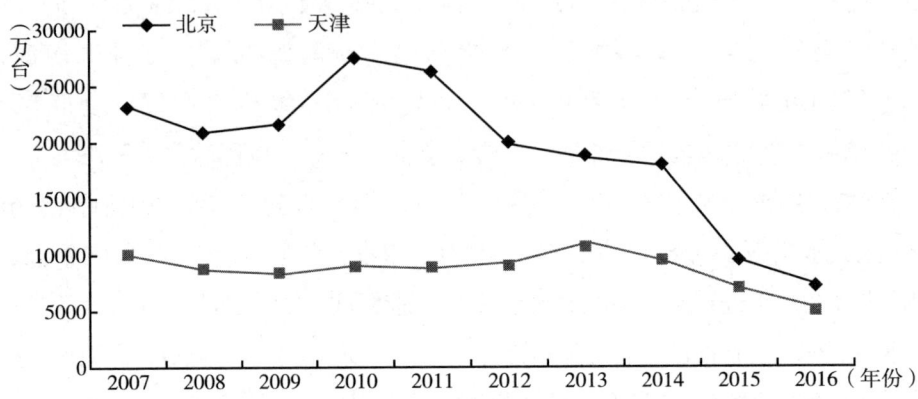

图2　2007~2016年京津移动通信手机生产量变动情况

图3反映了2007~2015年京津微型计算机设备生产量变动情况。从图中可以看出,2007~2012年天津市微型计算机设备生产量一直维持在较低的水平,与北京的生产能力差距悬殊,而2013年天津微型计算机设备产量激增至1072.2万台,并在2014年产量首次超过北京,反映了十八大以来,北京微型计算机设备生产逐渐向天津转移的趋势。

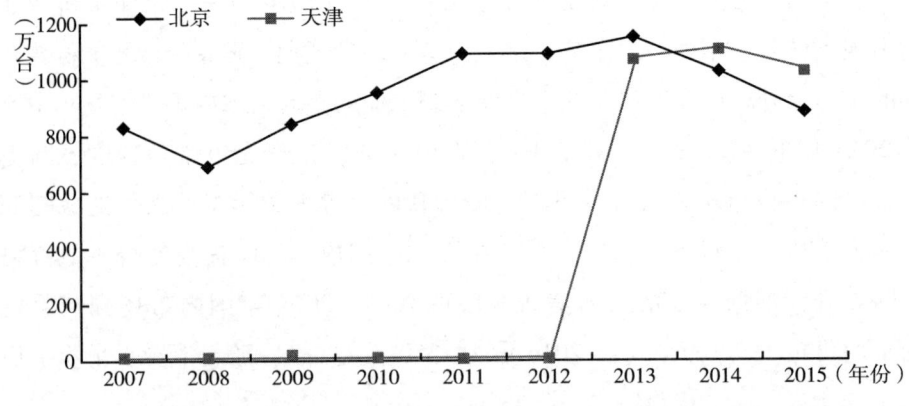

图3　2007~2015年京津微型计算机设备生产量变动情况

图 4 为 2007～2016 年京津冀三地集成电路的产量情况。从图中可以看出，北京集成电路生产方面的优势日益显著，与天津、河北的差距逐步拉大，这符合北京作为国家京津冀协同发展战略中的"科技创新中心"的定位。经过多年发展，北京中关村已经聚集了同方微电子、君正、紫光展讯等集成电路设计企业，产业集群已经形成。作为承接电路设计的专业园区，中关村集成电路设计园的投入使用，更加明确了其以芯片设计、基础软件、物联网、云计算、智能硬件为主体的发展定位，并将与北京亦庄生产制造基地和河北正定封装测试基地形成京津冀集成电路产业链，区域产业集聚和辐射带动效应逐步显现。

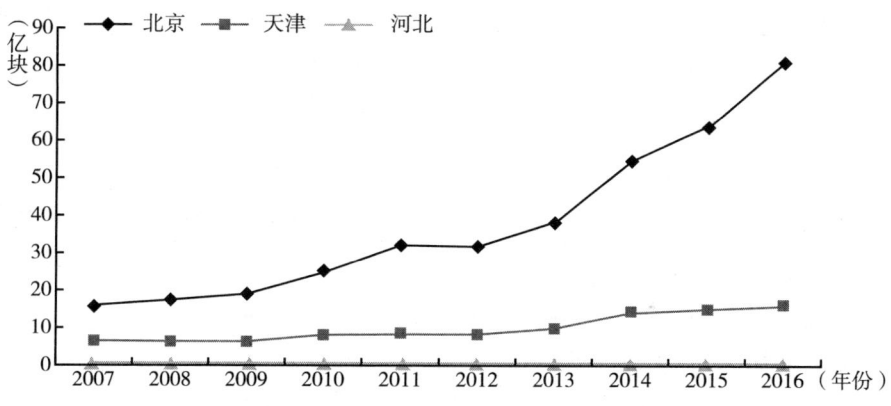

图 4　2007～2016 年京津冀集成电路的产量情况

（二）京津冀电子信息一体化现状

2016 年《中国电子信息产业统计年鉴》的数据显示，北京作为电子信息制造业的研发高地，电子信息制造业综合发展指数居全国第四位，其中，研发创新指数和产业发展环境指数分别居全国第一位和全国第二位；天津电子信息制造业综合发展指数居全国第十一位，在产业机遇把握、产业发展环境、产品竞争力和产业效益方面表现突出。

与作为电子信息产品加工密集区的珠三角和世界电子信息产业重点投资地区的长三角不同，京津冀地区电子信息产业发展的基础和配套设施较弱，

区域内不同省份之间的经济条件也存在较大差异,工业基础、科研实力、区位优势各不相同。比如,北京电子信息产业具有较强的技术研发能力,在研制、规模生产各类计算机系统及软件、半导体分立器件及集成电路通信、广电设备、电子测量仪器和专用设备、元器件等方面具有较强的综合能力,是全国重要的软件基地和主要的电子技术研究开发基地、生产基地;天津则在手机生产方面具有较大优势,拥有国内最完整的手机生产及配套企业和相对完备的基础设施,移动通信设备及终端产品、集成电路、新型元器件、彩管、彩显、磁卡、软件等产品生产方面在全国具有较大影响力。

近年来,京津冀电子信息产业一体化态势逐步显现。京津冀协同发展战略提出以来,中关村多家企业积极与天津、河北各地展开合作,用友软件等476家企业在河北设立1029家分支机构;神州数码等393家企业在天津设立503家分支机构。通过企业产业链条的构建和合作共建园区的设立,京津冀电子信息产业,尤其是软件产业在一体化方面有了实质性进展。

企业层面,京津冀电子信息产业一体化的代表为用友软件和神州科技企业。(1)用友公司成立于1988年,是中国最大的管理软件、ERP软件、集团管理软件、人力资源管理软件、客户关系管理软件、小型企业管理软件、财政及行政事业单位管理软件、汽车行业管理软件、烟草行业管理软件、内部审计软件及服务提供商,也是中国领先的企业云服务、医疗卫生软件、管理咨询及管理信息化人才培训提供商。用友软件企业管理软件研发体系拥有规模最大的支持、咨询、实施、应用集成、培训服务网络,以及完备的产业生态系统。近年来,用友软件在京津冀分别设立公司,开展不同业务,总部北京用友软件园设有研发中心,主要负责企业技术研发;天津用友软件技术有限公司主要业务为电子与信息、机电一体化的技术及产品的开发、咨询、服务、转让、培训;邯郸用友软件有限公司则主要致力于邯郸地区成长型企业的信息化建设,包括财务及管理软件产品、实施服务、管理咨询与应用。用友软件在京津冀的企业战略布局,不仅获得了自身发展,还有效促进了京津冀电子信息产业一体化的进程,形成了科技研发(北京)—软件开发、生产、咨询、服务、转让、培训(天津)—软件及服务供应、云服务(河北）的产业链条。（2）神州数码控股有限公司成立于 2000 年，是联想集团顺应互联网时代电子信息产业发展的产物，以打造 IT 服务价值链为主要业务，服务涉及 IT 规划咨询、IT 基础设施系统集成、解决方案设计与实施、应用软件设计及开发、IT 系统运维外包、物流维保等领域。神州数码的五大业务集团分别是面向智慧城市的"神州数码智慧城市服务集团"、面向大行业和农业信息化的"神州数码信息服务股份有限公司"，以及神州数码集团、供应链服务本部和金融服务集团。近年来，神州数码顺应国家新型工业化、信息化的宏观趋势，与北京工业大学开展研究合作，并在京津冀地区积极布局公司产业链，将北京公司的经营范围定位为包括批发自行开发后的产品、计算机硬件及辅助设备，将天津神州数码融资租赁有限公司经营范围定位为融资租赁业务、向国内外购买租赁财产等，将神州数码河北信息服务有限公司的经营范围定位为计算机软件研发与咨询、计算机系统集成、计算机软硬件及外围辅助设备的销售等，形成了软件产品研发及批发（北京）—融资租赁（天津）—软件产品销售（河北）的产业链条。

产业园区层面，宝坻中关村科技城和石家庄中关村集成电路产业基地的建设与发展成为京津冀电子信息产业一体化的重要表现形式。（1）宝坻中关村科技城由中关村管委会、中关村发展集团与宝坻区政府合作打造，并通过成立天津京津中关村科技城发展有限公司对园区进行运营管理。园区建设有效推动了电子信息产业的京津一体化进程，目前已有数十家来自北京的电子科技公司入驻，包括北京金鸿泰科技有限公司、北京清大国华环境股份有限公司、北京韬盛科技发展有限公司、北京佳格天地科技有限公司等，并且有北京金约应科技发展有限公司、北京斯帕克科技有限公司、北京中科汉天下电子技术有限公司、中寰卫星导航通信有限公司、航天数字传媒有限公司、北京广厦网络技术股份公司、北京金索恒盾防护设备有限公司等多家电子信息企业拟入驻园区，产生了较强的电子信息产业集聚效应，对天津电子信息产业发展具有重要的带动作用。（2）石家庄中关村集成电路产业基地由石家庄市政府与北京中关村科技园管委会共建。该基地在充分发挥中关村在集成电路设计方面的研发和先导优势的基础上，将带动石家庄智能硬件、

智能制造、测试封装等产业的发展,对于建设京津冀集成电路产业链条,促进京津冀电子信息产业一体化具有重要意义。

三 京津冀电子信息产业一体化面临的问题

(一)产业集聚角度

京津冀电子信息产业一体化进程中还存在一些问题,比如,产业地域协调性不强、产业交叉性偏弱、链条优势难以发挥等。京津冀部分电子信息企业名称及主营业务见表1。

表1 京津冀部分电子信息企业名称及主营业务

	公司名称	主营业务
北京	北京创意兴晟科技发展有限公司	开发、制造 RFID、ZIGBEE
	北京星之海自动化工程技术有限公司、润川实业(北京)发展有限公司、北京海特科工自动化有限公司、北京信方华泰工业技术有限公司	自动控制系统工程、传动技术、可编程控制器
	北京捷信自动化设备有限公司、北京仁欧诺液压传动设备有限公司、北京建典致远自动化系统技术有限公司、北京市韦斯德科技发展有限公司、北京舟达科技有限公司、北京辉瑞科技发展有限公司、北京风速风向科技有限公司、北京三维麦普导航测绘技术有限公司、北京欧港科技开发有限公司、北京中仪华世网络技术有限公司、北京东惠博实科技有限公司	液压元件、气动元件、控制器、传动设备、编码器、传感器、手持GPS、自动化控制系统
	北京喜仕达科技有限公司、北京乐波尔科技有限公司、北京瑞米特科技发展有限公司、北京爱迪泰克科技有限公司	管理系统产品终端及管理软件开发、系统集成及开发、楼宇自控设备
	北京北方远思科技有限公司、北京维保瑞工业技术有限公司、北京幻视联创数字科技有限公司	网络监控、视频电话会议、程控交换机、企业信息化服务、故障在线监测、安全管理、多媒体设备、互动多媒体系统
	北京富盛芯创科技有限公司、北京美尔斯通科技发展有限公司、北京同方微电子有限公司、北京君正集成电路有限公司、北京紫光展讯科技有限公司	集成电路

续表

	公司名称	主营业务
天津	天津市腾远电气有限公司、天津机电元件公司、天津普利莱科技有限公司、天津诺沃泰克自动化技术有限公司、天津森斯特科技有限公司、天津市海苏仪表有限公司、天津市恒源传感器技术有限公司、天津联科思创科技发展有限公司、天津市杰泰克自动化技术有限公司、天津朋路德科技有限公司	传感器、电子元器件、可编程控制器、调速器
	天津中环半导体股份有限公司、中芯国际集成电路制造（天津）有限公司、天津大学专用集成电路设计中心、天津市特新电子厂	集成电路
河北	保定极智工控电子科技有限公司、保定市冀中电力设备有限责任公司	电子元器件、网络连接设备、网络控制设备、互感器
	河北新华集成电路有限公司、石家庄美通科技有限公司、石家庄中晶微电子科技有限公司	集成电路
	晋州市银付电子科技有限公司、河北华视锐腾科技有限公司、石家庄北翱网络科技有限公司、衡水零叁壹捌信息科技有限公司、保定根号网络科技有限公司、邢台蒙亨信息技术咨询有限公司、河北康适爱思科技有限公司、唐山思润网络科技有限公司、沧州市掌和天下信息技术有限公司、保定市佛佑电子科技有限公司	电子、通信与自动控制技术、软件开发、通信设备

与天津、河北相比，北京的电子信息产业较为多元化，基本形成以元器件科技研发为主导的电子信息产业格局，且主要集中在海淀区和朝阳区等高校和科研院所密集的地区；天津在电子信息领域的电子元器件开发生产方面优势显著，主要集中在华苑产业园区，并形成了一定的产业集聚效应，具备与北京开展产业对接的条件；河北在电子信息产业方面的资源较为分散，电子元器件企业主要分布在保定地区，集成电路封装测试企业主要集中在石家庄地区，而软件开发、通信设备等在石家庄、保定、邢台、衡水、唐山、沧州等地均有分布，产业集聚优势尚未形成。

（二）支撑能力角度

近年来，有关产业能力评价的研究日益增多，且主要以区域为研究对象。如曹贤忠、曾刚（2014）运用熵权/TOPSIS法对芜湖经济技术开发区产业转型升级的评价研究，查建平等（2015）运用数据包络分析法对旅游产业发展模式的评价研究，程钰等（2012）运用熵权/TOPSIS法对山东省17地市发展情况进行的实证评价分析，王肇英（2012）运用AHP与模糊综合评判法对企业转型升级模式的评价研究，等。基于以往的相关评价方法，本报告选取熵权/TOPSIS法对京津冀电子信息产业一体化支撑能力进行分析。

作为一种理论数学方法，熵值法可作为度量特定经济研究中各项指标权重的算法，而在考察某个地区特定经济活动在全部经济活动中的相对表现时，一般采用区位熵作为衡量某一地区在经济总量中所处地位的重要指标。TOPSIS法由Wang和Yoon提出，是一种对理想目标进行优选决策的技术方法，此方法通常被应用于经济规划、经济评价和城乡差异测度等研究领域。在对京津冀电子信息产业一体化支撑能力进行评价时，采用熵值法和TOPSIS法组合运算的理念。假设对 m 个地区的评价指标有 n 个，则原始指标数据表示为 $X = \{X_{ij}\}_{mn}$，其中，$0 \leq i \leq m, 0 \leq j \leq n, x_{ij}$ 为第 i 个区域的第 j 个指标值。第 j 个属性下第 i 个方案 A_i 的贡献度 $P_{ij} = x_{ij} / \sum_{i=1}^{m} x_{ij}$。第 j 项指标的熵值 $E_j = -K \sum_{j=1}^{n} P_j \ln(P_j)$，其中，$K = 1/\ln(m)$。评价指标 j 的差异性系数 $g_j = 1 - E_j$，评价指标 j 的权重 $w_j = g_j / \sum g_j$，各要素层综合权重 $S = \sum_{j=1}^{n} w_j P_{ij}$，$i = 1, 2, \cdots, m$。

1. 指标体系构建

政府对电子信息产业一体化的支持主要通过为产业或企业，尤其是国有企业提供资金资助实现对技术创新的影响，或通过采取税收政策等鼓励措施实现对产业或企业的激励。技术的进步可以提升新产品开发的速度，降低产品的开发成本，并能显著提高新产品的销售收入，从而提高企业的创新绩效。新产品的销售收入和产品的出口情况是产业发展和创新能力的直接体现，其效益直接影响企业或产业在技术研发方面的投入。高技术企业数和企业用于内部研发活动的投资是企业进行战略性扩张的具体体现，是推进产业一体化最直接有效的手段。

基于以往学者的研究，结合本报告的研究目的和数据的可获取性，根据指标选择的科学性、简明性、系统性、可操作性原则，构建的有关电子信息产业一体化支撑能力评价指标体系如表2所示。其中，电子信息产业一体化支撑能力评价指标体系包括政策支持能力、技术创新能力、市场拓展能力、企业战略能力四个模式层，包括政府投资、研发投入、产品销售、企业发展四个表达层，以及国有企业投资额（亿元）、国有企业新增固定资产（亿元）、R&D人员折合全时当量（人/年）、专利申请数（件）、出口交货值（亿元）、新产品销售收入（万元）、高技术企业数（个）、R&D经费内部支出（万元）八个变量层。

表2 电子信息产业一体化支撑能力评价指标体系

模式层	表达层	变量层
政策支持能力	政府投资	国有企业投资额（亿元）
		国有企业新增固定资产（亿元）
技术创新能力	研发投入	R&D人员折合全时当量（人/年）
		专利申请数（件）
市场拓展能力	产品销售	出口交货值（亿元）
		新产品销售收入（万元）
企业战略能力	企业发展	高技术企业数（个）
		R&D经费内部支出（万元）

2. 数据来源与分析

本报告以2011年和2017年《中国高技术产业年鉴》《中国电子信息产业统计年鉴》《中国统计年鉴》《中国工业统计年鉴》中京津冀地区与长三角地区相关数据为样本，运用熵权/TOPSIS法对京津冀和长三角电子信息产业一体化支撑能力进行评价和分析，从时空角度对电子信息产业一体化支撑能力进行深入的比较研究。

表3给出了样本数据2010年和2016年的各指标层权重，从北京、天津、河北、上海、江苏、浙江、安徽七省市电子信息产业的总体情况来看，

权重上升的指标有国有企业新增固定资产和新产品销售收入,权重基本维持不变的指标为出口交货值,权重下降的指标有国有企业投资额、R&D人员折合全时当量、专利申请数、高技术企业数和R&D经费内部支出。

表3 2010年和2016年各指标层的权重

指标层	2010年权重	2016年权重
国有企业投资额	0.1267	0.1266
国有企业新增固定资产	0.1222	0.1257
R&D人员折合全时当量	0.1342	0.1338
专利申请数	0.1301	0.1277
出口交货值	0.1102	0.1104
新产品销售收入	0.1268	0.1310
高技术企业数	0.1199	0.1186
R&D经费内部支出	0.1297	0.1276

表4给出了2010年和2016年电子信息产业发展过程中,政府支持能力、技术创新能力、市场拓展能力和企业战略能力的综合评价得分情况,四类能力得分分别由2010年0.0251、0.0473、0.0329、0.0339提高到2016年的0.0628、0.0765、0.0438和0.0565。从电子信息产业总体发展的情况来看,四类能力对产业一体化进程均有积极的作用,且随着时间的推移和产业的发展,积极作用不断提高。

表4 2010年和2016年模式层的综合评价得分情况

单位:分

	政府支持能力	技术创新能力	市场拓展能力	企业战略能力
2010年	0.0251	0.0473	0.0329	0.0339
2016年	0.0628	0.0765	0.0438	0.0565

表5给出了2010年和2016年京津冀和长三角地区电子信息产业一体化支撑能力评价指数。从电子信息产业各项能力增长情况看,2010~2016年,京津冀政府支持能力、技术创新能力、市场拓展能力和企业战略能力的增长率分别为24.34%、68.93%、23.18%和14.73%,长三角地区政府支持能

力、技术创新能力、市场拓展能力和企业战略能力的增长率分别为5.08%、-22.96%、-8.56%和1.38%；从地区差异来看，2010年，长三角地区政府支持能力、技术创新能力、市场拓展能力、企业战略能力较京津冀地区分别高0.0739、0.0859、0.0695、0.0924，2016年该差距分别为0.0608、-0.0122、0.0326、0.0838。由此可见，近年来京津冀地区在政府支持、技术创新、市场拓展、企业战略方面对电子信息产业一体化的支撑能力不断提高，增长速度均超过长三角地区，且京津冀与长三角之间各项能力的差距逐渐缩小，技术创新能力甚至超过长三角地区，但在政府支持能力和企业战略能力方面与长三角地区的差距仍然显著。

表5　2010年和2016年京津冀和长三角地区电子信息产业一体化支撑能力评价指数

	政府支持能力		技术创新能力		市场拓展能力		企业战略能力	
	2010年	2016年	2010年	2016年	2010年	2016年	2010年	2016年
京津冀	0.0875	0.1088	0.0853	0.1441	0.0975	0.1201	0.0740	0.0849
长三角	0.1614	0.1696	0.1712	0.1319	0.1670	0.1527	0.1664	0.1687

（三）京津冀电子信息产业一体化面临的问题

综合京津冀电子信息产业链构建和产业一体化支撑能力评价结果，得出京津冀电子信息产业一体化目前面临以下问题。

第一，京津冀电子信息产业发展能力不均衡。京津两地在元器件和传感器领域已经各自形成产业集群，北京具有技术研发优势，天津具有产品生产制造优势，具备一定的产业转移和对接能力，但河北省在元器件领域的生产和研发能力较弱，通信与自动控制技术、软件开发等企业的分布也较为分散，难以形成产业集聚效应，虽然具有承接北京电子信息产业转移的空间和成本优势，但目前的产业状况使其难以发挥作用。

第二，政府支持能力和企业战略能力有待提高。京津冀地区政府支持能力、企业战略能力得分虽然有所上升，但增长率低于北京、天津、河北、上海、江苏、浙江、安徽地区，与长三角地区有0.0608和0.0838的差距。从变量层来看，国有企业投资额的相对下降及企业数量、R&D 经费内部支出的悬殊分别是京津冀地区政府支持能力和企业战略能力低于长三角地区的重要原因。

第三，京津冀电子信息产业创新能力相对欠缺。京津冀地区技术创新能力和市场拓展能力得分均有所上升，但创新能力和新产品销售情况地区研发能力不均衡和新产品销售能力较低。从变量层来看，R&D 人员折合全时当量的大幅提升是京津冀地区技术创新能力超过长三角地区的主要原因。据统计，北京集中了全国近三分之一的软件开发人才，且电子信息产业主要分布在中关村科技园区，集聚在天津高新技术开发区的电子信息产业也有了长足发展，但河北省的研发型企业和创新人才欠缺导致的创新能力的不足成为制约京津冀电子信息产业一体化进程的重要原因。

四 京津冀电子信息产业治理对策

基于京津冀电子信息产业一体化现状，及其与长三角地区在支撑能力方面的对比分析，提出如下治理对策。

第一，破除京津冀三地间的体制机制障碍，加强地区间产业融合。构建京津冀协同发展的体制机制，推动资源要素市场一体化，推进基于互联网和云服务的电子信息产业一体化进程，充分开发利用"中关村"品牌和能力的辐射效应，以"中关村"先进的发展经验和管理理念，带动河北在电子元器件、信息服务软件方面产业集聚能力和生产能力的提高，增强津冀两地承接北京非首都功能的实力。

第二，结合地域优势合理进行规划协调，创新产业发展新模式。京津冀明显的产业差异性和互补性，奠定了电子信息产业一体化的基础，也为提升落后地区电子信息产业能力提供了空间。三地政府应将电子信息产业作为一个生态系统进行统一规划和协调，在科学合理配置市场资源的基础上，以构建区域协同发展的产业链和价值链为目标，围绕京津冀各自发展需求和产业条件，推动电子信息产业在三地的科学分工和布局，实现京津冀产业结构优化升级和产业转移。除建设石家庄中关村集成电路产业基地外，还应探索建立京津关于元器件的产业合作基地及三地合作模式。

第三，推进信息产业与传统产业融合发展，探索新的产业增长点。"电子（智能）+传统产业"的发展态势为京津冀电子信息产业一体化带来新的发展机遇，在发展高端智能化产业的同时，应将电子信息制造业与传统产业的智能化改造相结合，与推动工业、农业、服务业信息化相结合，充分利用信息技术与信息资源探索传统产业发展创新点，在用新模式和新业态改造提升传统产业的同时，促进先进地区与落后地区电子信息产业的一体化发展，形成新的区域经济引擎。

参考文献

曹贤忠、曾刚：《基于熵权 TOPSIS 法的经济技术开发区产业转型升级模式选择研究——以芜湖市为例》，《经济地理》2014 年第 4 期。

查建平、王挺之、冯宇：《低碳经济背景下中国旅游产业发展模式研究》，《资源科学》2015 年第 3 期。

程钰、任建兰、崔昊等：《基于熵权 TOPSIS 法和三维结构下的区域发展模式——以山东省为例》，《经济地理》2012 年第 6 期。

王肇英：《企业转型升级模式选择方法研究——基于 AHP 与模糊综合评判法》，《吉林工商学院学报》2012 年第 3 期。

褚英敏、李素喜、刘金平：《基于锡尔系数及改进生态足迹的河北省旅游环境承载力研究》，《陕西师范大学学报》（自然科学版）2014 年第 4 期。

刘维跃、王海龙、刘凯歌等：《运用熵权/TOPSIS 组合模型构建智慧城市的评价体系——以京津沪为实例探究》，《现代城市研究》2015 年第 1 期。

张小蒂、曾可昕：《基于产业链治理的集群外部经济增进研究——以浙江绍兴纺织集群为例》，《中国工业经济》2012 年第 10 期。

Ozernoy V. M., "Choosing the 'Best' Multiple Criteria Decision-making Method", *Infor*, vol. 30, 1992.

王一卉：《政府补贴、研发投入与企业创新绩效——基于所有制、企业经验与地区差异的研究》，《经济问题探索》2013 年第 7 期。

吴利华、纪静：《中美电子信息制造业产业环境比较分析——基于关联产业的视角》，《科学学研究》2014 年第 2 期。

朱英明：《长三角城市群产业一体化发展研究——城际战略产业链的视角》，《产业经济研究》2007年第6期。

肖岣、邓希颖、朱传言：《京津冀电子信息产业集群企业协调创新机制研究》，《现代经济信息》2016年第4期。

朱传言、肖岣：《京津冀电子信息产业协同创新机制构建》，《人民论坛》2015年第5期。

王小芳、余晓燕：《上海和武汉光电子信息产业集群的比较分析》，《技术与创新管理》2017年第6期。

沈小平、李传福：《创新型产业集群形成的影响因素与作用机制》，《科技管理研究》2014年第14期。

Koga T., "Firm Size and R&D Tax Incentives", *Technovation*, vol. 23（7）, 2003.

Berchicci L., "Towards an Open R&D System: Internal R&D Investment, External Knowledge Acquisition and Innovative Performance", *Research Policy*, vol. 42（1）, 2013.

Tsai K. H., Wang J. C., "External Technology Sourcing and Innovation Performance in LMT Sectors: An Analysis based on the Taiwanese Technological Innovation Survey", *Research Policy*, vol. 38（3）, 2009.

Bronwyn H. Hall, Francesca Lotti, Jacques Mairesse, "Evidence on the Impact of R&D and ICT Investments on Innovation and Productivity in Italian Firms", *Economics of Innovation & New Technology*, vol. 22（3）, 2013.

B.12 京津冀协同发展背景下的区域流动人口治理研究

刘国燕 李媛媛*

摘　要： 京津冀协同发展的核心在于北京非首都功能的疏解，而流动人口的空间转移速度与程度是疏解过程中的重点与难点。本报告首先分析了京津冀流动人口的空间分布特征，指出当前京津冀在制度设计、政策法规、管理和服务、统计标准、管理理念等方面还存在诸多不足，进而提出实施"以人为本"的非首都核心功能疏解、完善流动人口公共服务和社会保障体系、加大对流动人口治理的投入和多方参与流动人口治理4个方面的京津冀流动人口治理对策建议。在此背景下研究京津冀流动人口治理对探索人口经济密集地区优化开发新模式，推进京津冀协同发展具有重大的理论和现实意义。

关键词： 流动人口　空间分布　治理理念　京津冀

一　引言

纵观西方发达国家经济发展史可以发现，城市化是经济发展所必需的阶

---

* 刘国燕，河北工业大学经济管理学院教师，主要研究方向为区域经济学；李媛媛，河北工业大学经济管理学院副教授，主要研究方向为区域经济学。

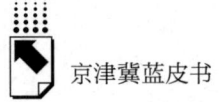

段，其速度决定了由传统的农业国向现代化工业国转变的时间跨度，城市化水平决定着国家的现代化水平。城市化进程本身也是根据工业化和城市发展的需要不断出现人口流动的过程，本质上是人口主要由农业向工业、服务业转移。与西方国家发展情况不同，城镇是我国经济社会发展的主体形态，特别是随着乡镇企业的崛起，其为农村剩余劳动力向第二、第三产业转移提供了可能。据统计，1978～2016年，我国城镇人口增加了6.2亿人，到2016年末，城镇化率已经达到57.35%，流动人口达2.45亿人。随着我国城镇化的快速发展，重外延、轻内涵的简单粗放式无序扩张带来的问题也越来越多，特别是资源的无节制消耗和对自然生态环境的破坏，这也注定了必然要对早期城镇化发展模式进行调整与改变。认识、适应和加快推进新型城镇化建设是我国当前城镇化发展的大逻辑，也是需要长期坚持的重大战略。新型城镇化注重大中小城市和小城镇协调发展，强调城镇城市化和城市现代化，人口的规模、结构及空间布局对于城镇经济活动的集散具有重要作用，人口合理分布与人口资源的变迁将成为新型城镇化的核心议题。

作为经济和社会发展的增长极之一，京津冀地区长期以来都是我国人口流动的主要区域，2016年京津冀区域流动人口规模达2404.11万人，占全国流动人口总数的9.81%，占京津冀地区常住人口比重接近21%。然而，区域内部发展的极度不平衡，导致京津冀城市群各城市人口规模差异巨大，流动人口主要集中在京津。虽然京津冀区域间人口流动的限制与制约越来越少，但流动人口的长期生存与发展保障仍非常不足，特别是在教育、医疗等基本公共服务方面。流动人口在流入地社会劳动者体系中的地位和居民身份仍没有确立，大量流动人口既脱离了流出地的区域发展体系又不能有效融入流入地的区域发展体系，流动人口生存发展环境与区域长期、持续发展之间的关系被忽略。这不仅使北京"大城市病"变得严重，还使河北大多数城市陷入对人口吸纳不足的困境，最终陷入大城市与中小城市不和谐发展的恶性循环。2014年，京津冀协同发展正式上升为国家战略，目的就是要疏解北京非首都核心功能，解决北京"大城市病"，探索京津冀区域人口发展与经济、社会、环境等多方面的协调发展。然而，由于京津冀城市群内部实力悬殊，特别是河北一些城市在承接产业、人口转移方面还存在差距，影响了北京非首都核心功能的疏解，也使京津冀协同发展的步伐减缓。2017年4月1日，以习近平同志为核心的党中央决定设立河北雄安新区，这是深入推进京津冀协同发展的一项重大决策部署，有利于疏解北京非首都核心功能和探索人口经济密集区优化开发新模式，具有重大现实意义和深远历史意义。人口是经济发展的核心要素，而雄安新区的开发建设必将对京津冀区域人口流动产生重要影响。本报告以治理为研究视角，通过分析京津冀地区人口流动现状和特征，明确当前京津冀人口流动管理所面临的主要问题，阐述区域流动人口治理的必要性与可行性，并提出京津冀流动人口治理的政策建议，以期更好地推动京津冀协同发展。

二 文献综述

流动人口问题一直是学术界关注的热点问题之一，学者们的研究主要集中在流动人口的空间分布特征、流动人口对经济发展的影响、流动人口与城市融合和流动人口管理四个方面。在流动人口空间分布特征方面，湛新民和吴森富（2003）研究广东省内的人口流动特征时发现，人口空间分布呈现两极分化格局，地区分布与外资和我国港澳台地区投资密切相关；叶裕民和黄壬侠（2004）指出人口流动与城市化水平高度相关，并提出迁移距离以邻近流动和中程流动为主；马红旗和陈仲常（2012）基于全国第六次人口普查总结了我国省级流动人口的七大特征；陈锐等（2014）也使用"六普"数据并借助社会网络分析法，比较研究了基于交通成本和重力模型的人口流动网络特征和空间分布特征；孙祥栋和王涵（2016）基于"五普"和"六普"数据研究了2000年以来我国流动人口分布特征演变，结果表明，流动人口主要向东部发达省份集中，且对当地城镇化有重要贡献；进一步地，茹长宝和穆光宗（2016）研究发现，浙江省流动人口分布呈现带状模式，并受经济、政府、交通等多方面影响；戚伟等（2017）则以县市为研究单元，梳理了四期人口普查数据，将流动人口地域类型划分为6种，研究表明，我国大部分地区正逐步转化为净流出活跃型，并指出经济、社会、行政等是影响人口流动的重要因素。在流动人口对经济发展的影响方面，段成荣（1998）从城市和农村两个方面分别讨论了流动人口对经济发展的积极影响和消极影响，并指出积极作用是主要的；孙峰华等（2006）研究了2005年我国人口流动所引起的资金分配，结果表明，流动人口引起的资金由流入地向流出地的回流，有利于缩小区域间的发展差距，并指出农村地区的人口流动是解决"三农问题"的主要途径之一；张力（2015）将流动人口对经济的贡献进行了分解，指出流动人口对经济的贡献主要集中在财富流通和分配环节。也有学者通过构建模型，从实证角度研究了其对经济的影响，马晓微和张岩（2004）将 Sharp 值法引入经济贡献量化计算中，并以北京市为例研究了外来人口对 GDP 的贡献；于潇和孙悦（2017）采用分位数回归与分解，研究了城镇与农村流动人口收入差异，结果表明，流动人口收入差距明显，社会分层严重，并提出户籍制度改革有利于缩小这一差距。在流动人口与城市融合方面，田明和彭宇（2014）以东部地区的北京、东莞、无锡、温州、青岛和沈阳等城市为研究对象，通过问卷调查分析流动人口城市融入的空间差异，结果表明，沈阳、青岛、北京等北方人口流动城市的融入程度高于东莞、无锡、温州等南方城市；杨菊华等（2016）运用线性回归和二元逻辑斯蒂回归法，分析了我国流动人口身份认同的地区差异，研究发现，东部大城市流动人口的融入状况并不乐观，且省内流动人口具有"内部优势"；湛东升等（2017）基于我国40个主要城市的流动人口宜居性进行问卷调查，研究发现，流动人口在城市安全性、公共服务便利性、自然环境舒适性和社会人文环境舒适性4个维度的宜居性感知较低。在流动人口管理方面，张再生（1999）首先分析了流动人口给城市带来的问题，进而对城市流动人口管理提出了相应的对策建议；罗仁朝（2004）以南京和苏州为研究对象，提出了"属地管理模式"和"委托管理模式"并讨论了两种模式的适用性；傅崇辉（2008）分析了深圳流动人口管理政策历史转变过程，指出其在认识、制度和体制方面存在诸多问题；樊士德和周睿（2015）通过分析长三角人口政策发现，其在制度约束、区域协作、政策等方面存在诸多不足；任远（2018）指出城市病的原因不在于人口总量和密度，而在于城市管理和服务能力的滞后，在此基础上，提出精细化管理的思路。近年来，学者们对京津冀地区的人口流动的相关研究也进行了一些探索，如王文录（2008）从解决北京劳动力短缺和结构失衡角度出发，提出京津冀应建立统一的流动人口和劳动力发展规划，将"指标制度"改为"门槛制度"，并根据不同的流动人口给予不同的政策待遇；还有学者从流动人口空间分布角度，指出京津作为区域中心城市，充分享受了对劳动力等生产要素的聚集作用，而扩散作用却被严重弱化，并认为可以从公共服务均等化、产业布局优化等方面提出对策建议。

虽然已有文献为本研究奠定了坚实的理论基础，但这些研究多集中于全国性的或几大经济区之间的对比研究，有关京津冀流动人口相关问题的研究还不多；且现有研究多基于第六次全国人口普查，数据存在严重时滞，得出的结论可能存在一定的误差；另外，现有研究多集中于人口流动空间分布特征、对经济发展的影响等方面，基于治理视角的京津冀流动人口分析较少。因此，本报告首先对京津冀人口流动现状进行详细梳理与深入分析，明确京津冀流动人口所面临的问题，进而提出流动人口治理的对策建议，以期为更好地实施京津冀协同发展提供科学决策。

三 京津冀流动人口的主要特征

经济社会发展水平、产业基础与结构、区位条件等均是影响京津冀流动人口的重要因素。本报告以京津冀城市群中 13 个城市为研究单元，考察流动人口[①]的空间分布特征，发现京津冀城市群的流动人口空间分布

---

① 本报告中的流动人口指离开户籍所在的县、市、区半年及以上的人口。

主要有以下特征。

1. 各城市流动人口均呈现增长态势，但差异明显

如表1所示，2007年到2016年，京津冀区域流动人口变化量超过1000万人，规模庞大的流动人口反映了京津冀整体劳动生产率的提高，而这对缩小区域间经济发展差距至关重要。然而，从表1中不难发现，虽然流动人口规模均有增长，但城市群内部变化量差异明显。在研究期内，北京流动人口数量共增加了347.40万人，是京津冀13个城市中增量最多的城市，占京津冀流动人口变化总量的32.28%；天津流动人口增量仅次于北京，增加了261.70万人，占比为24.32%；而京津冀城市群中的其他城市流动人口规模偏小，在除北京和天津的城市中，石家庄流动人口增量最大，但占比仅为3.84%。

表1　2007年和2016年京津冀城市群流动人口数量变化量及占比

单位：万人，%

城　市	2007年流动人口数量	2016年流动人口数量	变化量	各市变化量占比
北　京	462.70	810.10	347.40	32.28
天　津	255.90	517.60	261.70	24.32
石家庄	103.03	140.46	37.43	3.48
唐　山	94.25	124.80	30.55	2.84
秦皇岛	29.69	61.46	31.77	2.95
邯　郸	-42.49*	-111.70*	69.21	6.43
邢　台	-36.24*	-56.41*	20.17	1.87
保　定	-87.98*	-164.50*	76.52	7.11
张家口	-56.53*	-97.09*	40.56	3.77
承　德	-28.23*	-83.01*	54.78	5.09
沧　州	-47.32*	-88.99	41.67	3.87
廊　坊	62.36	98.40	36.04	3.35
衡　水	-21.15*	-49.59*	28.44	2.64
合　计	1327.87	2404.11	1076.24	100

注：*表示该城市当年人口净流出。

2. 各城市流动人口空间分布不均衡，主要分布在京津两市

根据第六次全国人口普查数据和 2016 年流动人口数据计算，得到 2010 年和 2016 年京津冀城市群流动人口密度空间分布区间（见表 2）。

表 2　2010 年和 2016 年京津冀城市群流动人口密度空间分布区间

单位：人/平方公里

城市	2010 年流动人口密度空间分布区间	2016 年流动人口密度空间分布区间
北　京	［300, 500］	［300, 500］
天　津	［100, 300］	［300, 500］
石家庄	［50, 100］	［50, 100］
唐　山	［50, 100］	［20, 50］
秦皇岛	［50, 100］	［20, 50］
邯　郸	［20, 50］	［10, 20］
邢　台	［20, 50］	［10, 20］
保　定	［20, 50］	［50, 100］
张家口	［10, 20］	［5, 10］
承　德	［10, 20］	［5, 10］
沧　州	［20, 50］	［10, 20］
廊　坊	［50, 100］	［20, 50］
衡　水	［20, 50］	［10, 20］

从表 2 可以看出，在京津冀城市群中，北京和天津两市流动人口密度明显高于其他城市，特别地，天津每平方公里流动人口密度区间由 2010 年的［100, 300］增长到 2016 年的［300, 500］，与北京处于相同水平。然而，张家口、承德、秦皇岛、唐山、廊坊、衡水 6 个城市人口密度下降明显，特别是张家口和承德，到 2016 年，每平方公里流动人口数不足 10 人。此外，由表 1 可知，在京津冀区域 13 个城市中，2016 年北京流动人口总量为 810.10 万人，位列第一；天津流动人口总量为 517.60 万人，排名第二，而京津两市的人口总量占京津冀人口总量整体比重超过 70%，其他 11 个城市的流动人口总量占比还不足 30%。从城市流动人口规模看，在剩余的 11 个城市中，河北的石家庄、邯郸、保定和唐山流动人口数量在 100 万人以上，其余的 7 个城市流动人口数量均在 100 万人以下，其中，衡水流动人口数量最少，仅为 49.59 万人，表 1 和表 2 充分反映了流动人口过度在京津集聚的事实。

3. 各城市流动人口增长速度下降，集聚态势有所放缓

流动人口增长率可以反映流动人口的趋势，本报告根据基础数据，计算了 2009～2016 年的京津冀城市群流动人口增长率（见表 3）。

表 3 2009～2016 年京津冀城市群流动人口增长率

单位：%

城市	2009 年	2010 年	2011 年	2012 年	2013 年	2014 年	2015 年	2016 年
北 京	13.51	14.65	5.24	4.10	3.53	2.49	0.88	-1.90
天 津	19.81	26.59	14.14	17.08	11.49	6.90	3.95	-0.48
石家庄	-40.95	164.86	8.33	8.47	40.54	-21.54	12.53	-2.08
唐 山	-6.86	79.98	10.34	-1.88	27.79	-26.29	6.09	-1.20
秦皇岛	6.77	1.42	0.84	1.48	7.85	-3.98	2.91	-1.88
邯 郸	18.06	-18.59	25.50	14.97	-4.67	49.76	15.86	4.69
邢 台	51.69	4.46	3.25	35.40	42.82	14.71	7.83	10.72
保 定	8.59	25.03	-16.67	10.33	281.49	18.51	0.11	-1.67
张家口	0.86	-19.78	-3.57	-3.23	-11.51	3.04	1.40	0.93
承 德	-3.48	-8.59	0.28	3.62	1.22	5.18	4.71	2.59
沧 州	19.25	13.27	-9.42	33.07	17.08	32.22	-2.59	-3.69
廊 坊	-42.42	144.56	-13.12	-29.14	128.41	-92.72	170.22	74.64
衡 水	27.59	-3.11	-7.14	-32.69	90.00	54.29	-14.62	9.47

由表 3 可知，在研究期内，京津冀城市群流动人口增长率大体上在逐步放缓。具体而言，2009～2016 年，北京流动人口增长率由 13.51% 逐渐下降到 -1.90%；天津则由 2009 年的 19.81% 下降到 2016 年的 -0.48%，均系首次出现负增长，说明京津两市虽然集聚了大量的流动人口，但集聚态势有所放缓。受京津影响，其他 11 个城市人口增长率逐渐趋于平缓，虽然未出现较大幅度的增长（原因可能在于京津不是唯一流出地），但净流出人口数量进一步放缓，也说明流动人口向京津集聚的态势有所缓和。

4. 京津同为流动人口主要流入地，其他城市为主要流出地

如前分析，京津是区域流动人口主要集聚区，然而，京津的流动人口可能的主要来源不是河北，而河北的主要流出地也并非京津。因此，需要进一步探讨京津冀流动人口的户籍构成，整理结果如表 4 所示。

表4　2007年和2016年京津冀地区内部流动人口构成

单位：%

	2007年户口登记地			2016年户口登记地		
	北京	天津	河北	北京	天津	河北
北京	—	1.77	32.61	—	2.13	35.67
天津	0.76	—	25.22	0.74	—	30.01
河北	5.32	4.63	—	3.51	3.03	—

根据表4可知，在研究期内，北京和天津的流动人口中有相当大的比例来自河北；而河北的流动人口来自京津的比例不高。具体而言，2016年，北京流动人口中，35.67%的人户口登记地在河北，比2007年提高了约3个百分点；天津外来人口中，河北占比由2007年的25.22%增长到2016年的30.01%，提高了近5个百分点。然而，在河北的流动人口构成中，京津两市占比由2007年的5.32%和4.63%分别下降至2016年的3.51%和3.03%，降幅明显。结合表1可知，邯郸、邢台、保定、张家口、承德、沧州、衡水7个城市长期处于人口净流出状态，说明在京津冀区域内，京津为流动人口集聚地，河北则为流出地。

四　京津冀流动人口所面临的主要问题

流动人口所面临的问题本质上是与对流动人口的管理和服务相关的问题。京津冀流动人口的大规模涌入京津，一方面，使得北京"大城市病"越来越严重；另一方面，河北因人口净流出面临的问题也不容忽视。虽然京津冀近年来在人口管理与服务上取得了一些成效（如北京积分落户等），但是仍存在以下问题。

1. 从京津冀协同发展角度制定的人口管理制度和政策法规不足

受行政区划限制，当前京津冀制定的人口管理相关政策是基于城市自身发展的，例如，积分落户、居住证制度、就业、购房等方面的流动人口准入门槛，以高于北京、天津和河北行政级别的部门来协调和制定的人口规模调

控及合理分布等相关事宜的制度和政策法规不足。随着京津冀协同发展正式上升为国家战略，特别是河北雄安新区的设立，核心在于疏解北京非首都功能，本质上还是通过产业、医疗、教育等方面的转移来达到疏解人口的目的。京津冀流动人口管理不仅需要跨部门，更需要跨区域，建立全方位、多层次、网络化的流动人口管理模式。此外，流动人口与城市发展密不可分，流动人口的管理应与城市规划相衔接。然而，梳理现有的京津冀流动人口管理相关政策和城市发展规划后发现，缺乏从京津冀世界级城市群建设的角度统筹规划安排域内流动人口的相关问题，不同城市间的城市发展规划缺乏协调，人口流动管理政策的目标指向也大不相同。

2. 管理和服务的不到位导致流动人口缺乏认同感

京津冀流动人口面临的实际问题主要在户籍、居住、就业、医疗等方面，虽然政府在某些方面出台了一些措施，如及时发布就业信息、法律援助等，但措施的供给与流动人口需求还存在明显差距。京津冀人口流动门槛主要是户籍制度，特别是北京，单纯通过户籍管理并不能控制流动人口，人口流动的渠道是畅通的，大量的流动人口可以以较低的成本进入城市（如租住地下室等）。流动人口进入城市参与城市建设，但并未享受到同市民一样的待遇，面临强烈的被排斥感，导致流动人口对城市本身的认同感较低。认同感不足有可能会导致城市内不同阶层的矛盾和摩擦增多，甚至可能引发社会治安问题。此外，也有当地人对流动人口充满误解与偏见，只看到了流动人口增加导致的公共服务领域的压力，忽视了其为城市化建设做出的巨大贡献，有可能会进一步激化社会矛盾。

3. 区域流动人口统计标准不科学、信息不充分

目前，有关京津冀人口流动对经济社会的影响，特别是对资源和环境承载力方面的研究还存在诸多不足。一方面，京津冀地区是我国区位条件最复杂的地区，北京是首都，天津是直辖市，河北则是包围京津的一般省级行政区。对京津冀流动人口管理更多的是基于北京资源、环境等方面的承载力进行规划和控制，然而，作为首都，北京享有得天独厚的政策优势，无论是国家层面还是区域层面，北京的承载力水平并不仅基于自然资源，更多的是基

于国家战略的考量,此时,若再用自然资源承载力对北京流动人口进行管理和规划,难免会出现偏差。另一方面,流动人口信息采集难度大,准确性不高。当前对流动人口的统计主要是自愿登记,管理部门的摸底排查需要大量人员与精力,完全掌握流动人口情况不现实。此外,流动人口管理是个动态过程,特别是对于京津这样的大城市而言,在资金、技术、人员等投入不足的情况下,其很难实现对流动人口的动态管理。

4. 对流动人口管理的理念认识不清

近年来,虽然京津冀城镇化和工业化发展迅速,但是其对于流动人口管理的理念还很滞后,甚至是有"计划经济"的烙印,比如,北京市曾对流动人口实施"严格控制,积极疏导"的基本方针,过度强调了对人口总量的控制。京津冀现行的流动人口管理政策主要依赖户籍、住房和就业等限制,市场所起的作用十分有限。实际上,在城市发展的过程中,人口应该是服务的对象,而不是政策调控的对象,特别是对流动人口而言,管理和控制人口流动应当提升城市管理和服务水平。对京津冀区域而言,应当加大天津和河北公共服务供给,缩小其与北京的差距,进而吸引人口向津冀流动,而非盲目控制北京人口总量。城市人口管理的原则是以人为本,重管理、轻服务的思想只会造成恶性循环。此外,当前的流动人口管理主要依靠政府,行业协会、社团等非政府组织的参与程度不够,不能及时发现流动人口的心理、需求等方面的变化,容易导致管理方式不当,不利于建立良好的管理秩序。

五 京津冀流动人口治理政策建议

综上,对于京津冀流动人口的管理要从更高的角度来看待问题,一方面,需要站在区域经济发展的角度,以设立雄安新区为契机,通过北京非首都核心功能的疏解,实现流动人口在区域内的合理流动;另一方面,京津冀三地政府应转变人口管理理念,未来的人口管理不应以调控人口总量为主要目标,应建立符合人口发展需求的公共服务和社会保障制度体系,尊重市场规律和人口迁徙规律,将"流动人口管理"变为"流动人口治理",促进京

津冀协同发展。基于此，本研究提出如下建议。

1. 实施"以人为本"的非首都核心功能疏解

京津冀协同发展的提出，尤其是雄安新区的设立，本质上是解决北京大城市问题，通过产业、人口等的转移缓解北京发展压力，并带动周边地区发展。然而，违反城市发展规律、市场规律和人口迁徙规律的行政管理模式只会导致流动人口管理越来越混乱。京津冀人口流动管理应当在"以人为本"的基础上，明确区域各城市功能定位、产业布局及发展规划，通过区域间的相互协作，引导人口合理流动；将治理理念引入流动人口管理中，逐步取消以户籍为主的多种行政管控制度，探索实施以"人口服务"为导向的居住证制度。将流动人口分类管理也是"以人为本"治理的应有之义，一方面，对于有意愿和能力留在城市的流动人口，应逐步放开落户条件，更加包容地接纳；另一方面，对于没有意愿和能力留在城市的流动人口，探索有弹性的制度设计，通过京津冀三地联动，对区域流动人口进行动态管理。

2. 完善流动人口公共服务和社会保障体系

对于流动人口的治理，不仅体现在制度约束上，而且体现在服务保障上。当前，流动人口管理困难的一个重要原因在于：重管理、轻服务。治理理念注重保障流动人口的基本需求和基本权益，前者主要是购房、租房、交通等方面，后者则主要是教育、医疗、养老等方面。京津冀流动人口向京津过度集中的主要原因是河北与京津在基本公共服务上的差距。因此，一方面，需要加强河北基础设施建设和公共服务供给，提高其对流动人口的吸纳能力；另一方面，对于京津优质公共服务资源（如医院、学校等）有选择地向河北转移或者建立分支机构，提升河北公共服务质量。此外，京津冀流动人口治理要敢于打破行政壁垒和部门分割的限制，探索成立京津冀区域流动人口公共服务平台，对现有三地公共服务管理部门进行整合，实现对流动人口在区域内部的无缝隙服务。

3. 加大对流动人口治理的投入

在"互联网+"时代背景下，流动人口治理需要借助信息化手段，探索建立京津冀流动人口信息系统。流动人口治理是动态过程，因此，简单依靠"以房管人""以业管人"都不能满足新形势下的流动人口治理的需要，特别是对于北京而言，其流动人口基数大，对基层流动人口管理人员的素质和数量要求较高，"门对门"的沟通不仅成本高，而且动态性较差。建立京津冀流动人口信息系统可以保证信息的动态性，流动人口可以选择主动更新，只有及时准确的个人信息才能享受到相关的公共服务，政府也可以对流动人口进行抽样调查，对于信息不实的流动人口给予相应的惩罚措施；另外，探索京津冀流动人口管理系统与个人征信系统、出行记录等的互联互通，更加全面掌握流动人口个人信息，有利于流动人口治理。

4. 多方参与流动人口治理

完全依靠政府力量治理流动人口不仅会增加政府治理成本，也不利于流动人口治理。治理强调流动人口参与方的多样性，不仅有政府，还有其他社会力量，包括居委会、行业协会、民间社团等组织。多方参与的流动人口治理要求政府转变治理理念，放弃以控制为导向的行为模式，以引导方式与社会力量开展合作。在京津冀区域内部，选择城市中的一些社区作为试点，鼓励流动人口积极参与日常社区活动和管理，社区也相应地为流动人口提供基本公共服务，试行"融合式"的流动人口服务管理模式，提高流动人口的归属感，增强流动人口对自己的身份认同。此外，多方参与下的流动人口治理，有利于及时、准确地了解流动人口的心理和需求的变化，可能会使一些阶层冲突在萌芽之中得到解决，也有利于社会稳定。

参考文献

王振坡、姜智越、郑丹：《京津冀城市群人口空间结构演变及优化路径研究》，《西北人口》2016年第5期。

刘玉：《中国流动人口的时空特征及其发展态势》，《中国人口·资源与环境》2008年第1期。

谌新民、吴森富：《流动人口的结构特征与影响因素研究——以广东省为例》，《中国人口科学》2003第1期。

叶裕民、黄壬侠：《中国流动人口特征与城市化政策研究》，《中国人民大学学报》2004年第2期。

马红旗、陈仲常：《我国省际流动人口的特征——基于全国第六次人口普查数据》，《人口研究》2012年第6期。

陈锐、王宁宁、赵宇：《基于改进重力模型的省际流动人口的复杂网络分析》，《中国人口·资源与环境》2014年第10期。

孙祥栋、王涵：《2000年以来中国流动人口分布特征演变》，《人口与发展》2016年第1期。

茆长宝、穆光宗：《流动人口分布演变机制与城镇化——以浙江省为例》，《人口学刊》2016年第4期。

戚伟、赵美风、刘盛和：《1982～2010年中国县市尺度流动人口核算及地域类型演化》，《地理学报》2017年第12期。

段成荣：《流动人口对城乡社会经济发展的影响》，《人口研究》1998年第4期。

孙峰华、李世泰、杨爱荣：《2005年中国流动人口分布的空间格局及其对区域经济发展的影响》，《经济地理》2006年第6期。

张力：《流动人口对城市的经济贡献剖析：以上海为例》，《人口研究》2015年第4期。

马晓微、张岩：《城市流动人口的经济贡献量化初探》，《人口研究》2004年第4期。

于潇、孙悦《城镇与农村流动人口的收入差异——基于2015年全国流动人口动态监测数据的分位数回归分析》，《人口研究》2017年第1期。

田明、彭宇：《流动人口城市融入的空间差异——以东部沿海6个城市为例》，《城市规划》2014年第6期。

杨菊华、张娇娇、吴敏：《此心安处是吾乡——流动人口身份认同的区域差异研究》，《人口与经济》2016年第4期。

湛东升、张文忠、党云晓：《中国流动人口的城市宜居性感知及其对定居意愿的影响》，《地理科学进展》2017年第10期。

张再生：《城市流动人口管理问题探讨》，《山东师大学报》（社会科学版）1999年第1期。

罗仁朝：《我国城市流动人口管理现状及策略优化探析——以南京、苏州为例》，《城市规划》2004年第8期。

傅崇辉：《流动人口管理模式的回顾与思考——以深圳市为例》，《中国人口科学》2008年第5期。

樊士德、周睿：《长三角地区流动人口管理和服务问题与对策研究》，《现代经济探讨》2015年第8期。

任远：《城市病和高密度城市的精细化管理》，《社会科学》2018年第5期。

王文录:《北京劳动力市场供求变化与京津冀人口流动》,《人口学刊》2008年第4期。

叶裕民、李彦军、倪稞:《京津冀都市圈人口流动与跨区域统筹城乡发展》,《中国人口科学》2008年第2期。

封志明、杨玲、杨艳昭:《京津冀都市圈人口集疏过程与空间格局分析》,《地球信息科学学报》2013年第1期。

张耀军:《京津冀城市圈人口有序流动及合理分布》,《人口与发展》2015年第2期。

刘爱华:《京津冀流动人口的空间集聚及其影响因素》,《人口与经济》2017年第6期。

王瑜、武继磊:《京津冀协同发展视角下北京流动人口管理政策综述分析》,《人口与发展》2015年第5期。

B.13 后记

本书为国家社科基金重大项目"雄安新区创新生态系统构建机制与路径研究"（18ZDA044）、天津市科技发展战略研究计划项目"创新生态系统对天津高质量发展的支撑研究"（18ZLZDZF00240）、天津市教委社科重大项目"创新驱动、绿色发展与天津产业生态系统及政策优化研究"（2018JWZD45）和国家社会科学基金一般项目"基于知识溢出的区域协同创新路径与机制研究"（17BGL206）的阶段性成果，并得到河北省双一流建设学科"管理科学与工程"经费的资助。

本书由张贵教授负责框架设计，王雅洁副教授负责组织和协调撰写工作。在书稿付梓之际，感谢河北工业大学经济管理学院领导对皮书的支持；衷心感谢参与本书的撰写者胡悦教授、王雅洁副教授、张超副教授、李峰副教授、梁林副研究员和梁馨月、刘国燕、吕静韦等教师辛勤付出，以及李佳钰、孔伟、李涛等博士硕士生；最后，要特别感谢社会科学文献出版社经济与管理分社的恽薇社长、高雁副社长、王婧怡、张春玲编辑及其同人为本书出版付出的辛勤劳动及给予的大力支持。

社会科学文献出版社　**皮书系列**

❖ 皮书起源 ❖

"皮书"起源于十七、十八世纪的英国,主要指官方或社会组织正式发表的重要文件或报告,多以"白皮书"命名。在中国,"皮书"这一概念被社会广泛接受,并被成功运作、发展成为一种全新的出版形态,则源于中国社会科学院社会科学文献出版社。

❖ 皮书定义 ❖

皮书是对中国与世界发展状况和热点问题进行年度监测,以专业的角度、专家的视野和实证研究方法,针对某一领域或区域现状与发展态势展开分析和预测,具备原创性、实证性、专业性、连续性、前沿性、时效性等特点的公开出版物,由一系列权威研究报告组成。

❖ 皮书作者 ❖

皮书系列的作者以中国社会科学院、著名高校、地方社会科学院的研究人员为主,多为国内一流研究机构的权威专家学者,他们的看法和观点代表了学界对中国与世界的现实和未来最高水平的解读与分析。

❖ 皮书荣誉 ❖

皮书系列已成为社会科学文献出版社的著名图书品牌和中国社会科学院的知名学术品牌。2016年,皮书系列正式列入"十三五"国家重点出版规划项目;2013~2018年,重点皮书列入中国社会科学院承担的国家哲学社会科学创新工程项目;2018年,59种院外皮书使用"中国社会科学院创新工程学术出版项目"标识。

权威报告·一手数据·特色资源

皮书数据库
ANNUAL REPORT(YEARBOOK) DATABASE

当代中国经济与社会发展高端智库平台

所获荣誉

- 2016年，入选"'十三五'国家重点电子出版物出版规划骨干工程"
- 2015年，荣获"搜索中国正能量 点赞2015""创新中国科技创新奖"
- 2013年，荣获"中国出版政府奖·网络出版物奖"提名奖
- 连续多年荣获中国数字出版博览会"数字出版·优秀品牌"奖

成为会员

通过网址www.pishu.com.cn访问皮书数据库网站或下载皮书数据库APP，进行手机号码验证或邮箱验证即可成为皮书数据库会员。

会员福利

- 使用手机号码首次注册的会员，账号自动充值100元体验金，可直接购买和查看数据库内容（仅限PC端）。
- 已注册用户购书后可免费获赠100元皮书数据库充值卡。刮开充值卡涂层获取充值密码，登录并进入"会员中心"—"在线充值"—"充值卡充值"，充值成功后即可购买和查看数据库内容（仅限PC端）。
- 会员福利最终解释权归社会科学文献出版社所有。

卡号：427411243285
密码：

数据库服务热线：400-008-6695
数据库服务QQ：2475522410
数据库服务邮箱：database@ssap.cn
图书销售热线：010-59367070/7028
图书服务QQ：1265056568
图书服务邮箱：duzhe@ssap.cn

S 基本子库
SUB DATABASE

中国社会发展数据库（下设 12 个子库）

全面整合国内外中国社会发展研究成果，汇聚独家统计数据、深度分析报告，涉及社会、人口、政治、教育、法律等 12 个领域，为了解中国社会发展动态、跟踪社会核心热点、分析社会发展趋势提供一站式资源搜索和数据分析与挖掘服务。

中国经济发展数据库（下设 12 个子库）

基于"皮书系列"中涉及中国经济发展的研究资料构建，内容涵盖宏观经济、农业经济、工业经济、产业经济等 12 个重点经济领域，为实时掌控经济运行态势、把握经济发展规律、洞察经济形势、进行经济决策提供参考和依据。

中国行业发展数据库（下设 17 个子库）

以中国国民经济行业分类为依据，覆盖金融业、旅游、医疗卫生、交通运输、能源矿产等 100 多个行业，跟踪分析国民经济相关行业市场运行状况和政策导向，汇集行业发展前沿资讯，为投资、从业及各种经济决策提供理论基础和实践指导。

中国区域发展数据库（下设 6 个子库）

对中国特定区域内的经济、社会、文化等领域现状与发展情况进行深度分析和预测，研究层级至县及县以下行政区，涉及地区、区域经济体、城市、农村等不同维度。为地方经济社会宏观态势研究、发展经验研究、案例分析提供数据服务。

中国文化传媒数据库（下设 18 个子库）

汇聚文化传媒领域专家观点、热点资讯，梳理国内外中国文化发展相关学术研究成果、一手统计数据，涵盖文化产业、新闻传播、电影娱乐、文学艺术、群众文化等 18 个重点研究领域。为文化传媒研究提供相关数据、研究报告和综合分析服务。

世界经济与国际关系数据库（下设 6 个子库）

立足"皮书系列"世界经济、国际关系相关学术资源，整合世界经济、国际政治、世界文化与科技、全球性问题、国际组织与国际法、区域研究 6 大领域研究成果，为世界经济与国际关系研究提供全方位数据分析，为决策和形势研判提供参考。

法律声明

"皮书系列"(含蓝皮书、绿皮书、黄皮书)之品牌由社会科学文献出版社最早使用并持续至今,现已被中国图书市场所熟知。"皮书系列"的相关商标已在中华人民共和国国家工商行政管理总局商标局注册,如LOGO( )、皮书、Pishu、经济蓝皮书、社会蓝皮书等。"皮书系列"图书的注册商标专用权及封面设计、版式设计的著作权均为社会科学文献出版社所有。未经社会科学文献出版社书面授权许可,任何使用与"皮书系列"图书注册商标、封面设计、版式设计相同或者近似的文字、图形或其组合的行为均系侵权行为。

经作者授权,本书的专有出版权及信息网络传播权等为社会科学文献出版社享有。未经社会科学文献出版社书面授权许可,任何就本书内容的复制、发行或以数字形式进行网络传播的行为均系侵权行为。

社会科学文献出版社将通过法律途径追究上述侵权行为的法律责任,维护自身合法权益。

欢迎社会各界人士对侵犯社会科学文献出版社上述权利的侵权行为进行举报。电话:010-59367121,电子邮箱:fawubu@ssap.cn。

社会科学文献出版社